Mit Nadel und Faden durch die Jahrhunderte

Aus der Kulturgeschichte vom Sticken, Stricken und Häkeln

Prof. Dr. Marianne Stradal · Ulrike Brommer

Heidenheimer Verlagsanstalt · C. F. Rees GmbH
Postfach 1780 · D-7920 Heidenheim

Reproduktion und Druck: C. F. Rees GmbH
ISBN 3-451-21608-6
Redaktion Ulrike Brommer
Kulturhistorische Bearbeitung Erwin Roth
Produktion Hermann Leinberger

INHALT

Vorwort

Es war das Anliegen von Frau Professor Marianne Stradal, die Erkenntnisse und Forschungsergebnisse ihrer lebenslangen Beschäftigung mit der Geschichte der Handarbeitstechniken einem größeren Leserkreis zugänglich zu machen. Sie war der Auffassung, daß nur das Wissen um diese kulturhistorischen Zusammenhänge die Aufgeschlossenheit der Leser für die Handarbeitskunst fördern könne und ihr letztlich damit auch dienlich sei. Es war ihr großer Wunsch, der Handarbeit neue Impulse zu geben und ihr vielleicht den Stellenwert vergangener Zeit zurückzuerobern.

Marianne Stradal hat die kleinen Anekdoten, die sie in all den Jahren ihres inhaltsreichen Lebens am Rande des Geschehens im Zuge ihrer wissenschaftlichen Tätigkeit erlebte, gesammelt und festgehalten. Sie sind in diesem Buch gesondert – in Schrägschrift – ausgedruckt und in den jeweiligen historischen Zusammenhang eingebettet.

Es war der Handarbeitsexpertin jedoch nicht mehr möglich, im hohen Alter die Mühen, die zur Erfüllung ihres großen Wunsches notwendig waren, allein auf sich zu nehmen; deshalb habe ich mich bereit erklärt, ihr bei der Verwirklichung ihres Lebenswerkes zu helfen.

Da sie das Erscheinen dieses Buches leider nicht mehr miterleben durfte – sie starb im Alter von 82 Jahren – hoffe ich, daß es in ihrem Sinne ausgefallen ist und sie stolz darauf sein könnte.

Möge es nun vielen Freunden der Handarbeitskunst Impulse geben und ihnen die Stunden der Muse und Besinnlichkeit mit einer liebenswerten Lektüre verschönen.

Ulrike Brommer

Junges Mädchen der Biedermeierzeit am Stickrahmen. Gemälde aus dem 19. Jahrhundert.
Foto: Archiv für Kunst und Geschichte, Berlin.

Einführung

Menschliche Kultur beginnt eigentlich mit den ersten Versuchen, einfache Bekleidungsstücke anzufertigen. Dabei ist bemerkenswert, daß sich die Gestalt des Werkzeugs Nadel im Laufe der Jahrtausende nicht wesentlich verändert hat, lediglich das Material wurde mit den Zeiten ein anderes.

Die ersten Fellstücke wurden schon zusammengenäht, als die Menschen ihr Leben noch mit Jagen und Sammeln verbrachten. Von ihrer Pelzkleidung bis hin zu den heutigen Modeschöpfungen hat uns die Nähnadel viele Kapitel der Kulturgeschichte mitgestaltet.

Dieser Streifzug durch die Kulturgeschichte der Handarbeitstechniken Sticken – Stricken – Häkeln soll dem interessierten Leser vermitteln

- wie die textile Kunst sich zunächst vom Mittleren Osten her entlang der großen Handelsstraßen bis zum Mittelmeerraum ausbreitete,

- wie durch historische Ereignisse wie etwa die Völkerwanderung, die Ausdehnung des Christentums durch die rivalisierenden Kirchen des Römischen Reiches im Westen und die griechisch-orthodoxe des Byzantinischen Reiches im Osten, durch die Kreuzzüge und durch Kriege, den Handel zwischen Ost und West, Kulturgut vermischt wurde und den Okzident mit dem Orient verband,

- wie unsere Vorfahren verschiedenartige Handarbeitstechniken mit erstaunlichem Können und Geschick nachgeahmt und weiterentwickelt haben und

- wie der Stand der aufgeführten Handarbeitstechniken eng mit der kulturhistorischen Bedeutung einzelner Epochen zusammenhängt; indem kulturelle Blütezeiten von Ländern auch ausgeprägte Höhen der Textilkunst bewirkt haben.

Die verschiedenen Entwicklungsphasen des Stickens, Strikkens und Häkelns ließen eine streng chronologische Gliederung des Buches nicht immer zu, da eine genaue zeitliche Abgrenzung kaum möglich ist. Es ging in erster Linie um das Aufzeigen von Zusammenhängen, weshalb gelegentliche geschichtliche Vor- und Rückgriffe unumgänglich waren.

In den letzten Jahren hat das allgemeine Interesse an alten Textilien beträchtlich zugenommen. Wesentliches Anliegen dieses Buches ist es deshalb, dem Leser in Text und Bild die Schönheit der mit Nadel und Faden geschaffenen Werke nahezubringen. Anleitungen zu Handarbeiten sollten allerdings weiterhin der Vielzahl einschlägiger Publikationen, besonders den häufig erscheinenden Fachzeitschriften, entnommen werden.

Das Buch möchte dem Leser vermitteln, daß Handarbeit eine beglückende Tätigkeit ist, daß ein handarbeitender Mensch als ruhender Pol in einer ruhelosen Zeit Behagen und Gemütlichkeit verbreiten kann.

Die erste bekannte deutsche Dichterin Roswitha von Gandersheim, die in einem Frauenstift theologische und literarische Bildung erwarb, schrieb um 962 im Vorwort zu ihren Heiligenlegenden die bezeichnenden Worte: „Wenn meine Arbeit den Lesern Vergnügen bereitet, so freut es mich, wenn sie aber niemandem gefällt, so hat sie wenigstens mir selbst Freude bereitet.“

In diesem Sinne möge auch dieses Werk Freude bereiten und der Handarbeit neue Impulse verleihen.

DAS STICKEN

Malen mit der Nadel

Die Stickkunst ist von jeher ein Stück Kulturgeschichte, mit Nadel und Faden geschrieben. Mit ihnen vermochten die Schöpfer ihre Gefühle und Empfindungen auszudrücken. Schon in der Antike sprach man vom „Malen mit der Nadel". Oft spiegelt die Stickkunst nicht nur in einzelnen Stücken, sondern im gesamten Stickgut die Gefühlswelt einer ganzen Zeitepoche wider, für die z. B. im Biedermeier die sentimentale Blumen-Stickerei auf gegittertem Grund charakteristisch war. Im Gegensatz zu allen anderen Textilkünsten will die Stickerei nichts anderes als schmücken. Das textile Material kommt diesem Bedürfnis in idealer Weise entgegen. Höhepunkte dieser Kunst sind zweifellos die Prunkgewänder der kirchlichen und weltlichen Fürsten, bei denen das Zusammenspiel von Materialien und Schmuckempfinden zu höchster Vollendung gelangte.

Die Stücke, bei welchen es sich meistens um kostbare weltliche und kirchliche Krönungsmäntel und Ornate handelte, wurden in früheren Zeiten in Klöstern, den Hütern abendländischer Kultur, und später in Museen aufbewahrt. Man hat sie also nicht verbraucht und verschlissen wie die gestrickten Arbeiten, die vorwiegend als Bekleidungsstücke für den Alltag dienten. Deshalb besitzen wir noch eine Fülle prachtvoller Beispiele, die uns beweisen, daß Sticken nicht nur eine gehobene Freizeitbeschäftigung adliger Damen, sondern auch ein selbstverständliches Arbeitsgebiet fleißiger Nonnen und Bürgersfrauen war. Sie alle bemühten sich um ein Verzierungsverfahren, bei dem sie mit weißen und farbigen Fäden, mit Metallteilen und Perlen in verschiedenartigen Techniken allen Arten von Geweben ein schöneres Aussehen verleihen konnten.

Wie es begann

Die Geschichte des schimmernden Leinenfadens – aus der blaublühenden Flachspflanze gewonnen – greift weit in die Jahrtausende zurück. Mit ein paar unscheinbaren Knochenteilen, die man bei Ausgrabungen an der altsteinzeitlichen Kulturstätte am Petersfels im Hegau fand, hielt man vor einigen Jahren das zur Zeit wohl älteste Zeugnis menschlicher Kunstfertigkeit in der Hand: aus der Eiszeit stammende, mit einem Öhr versehene Knochennadeln (Abbildung 1). Ihr Vorgänger war der einfache Pfriem, mit dem man die Felle durchlöcherte, ehe sie mit Tiersehnen zusammengefügt wurden. Diese Knochennadeln gebrauchte man sicherlich, um die langen Röcke

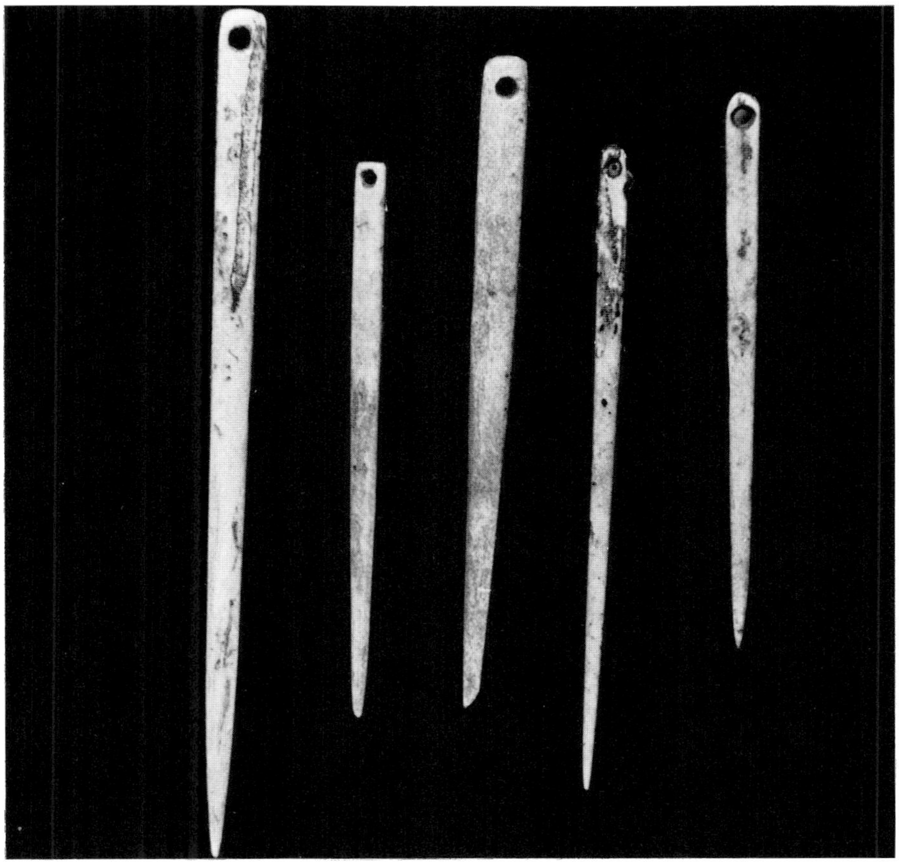

Abbildung 1: Knochennadeln. Ausgrabungsfund der altsteinzeitlichen Kulturstätte am Petersfels im Hegau. *Museum für Ur- und Frühgeschichte, Freiburg im Breisgau.*

der Frauen zusammenzunähen, Kleider von der Art, wie sie auf spanischen Felsenbildern der Nacheiszeit zu sehen sind. Auch in den Höhlen von Lascaux, im französischen Departement Dordogne, wo einst der Cromagnon-Mensch seine kultischen Handlungen vollzog, fand man solche Nähnadeln. Schon die Menschen des Paläolithikums kannten Nadeln mit Öhr. Sie wurden aus Knochen, Holz und Horn hergestellt, später auch aus Kupfer und Bronze.

Kleidungsstücke jener Zeit sind uns zwar nicht erhalten geblieben, doch wissen wir inzwischen, daß die Steinzeitmenschen bereits Gewebe aus Pflanzenfasern herstellten und auch tierisches Material verwendeten. Die Verarbeitung der ersten Gewebe und Garne war nur mit der Nadel möglich, die seither ein kaum wesentlich verändertes Handwerkszeug geblieben ist (Abbildungen 2–4).

Abbildung 2: Knochennadel. Späteiszeitlicher Ausgrabungsfund aus einer Höhle am Hochrhein, um 15 000 v. Chr. *Rosgartenmuseum, Konstanz.*

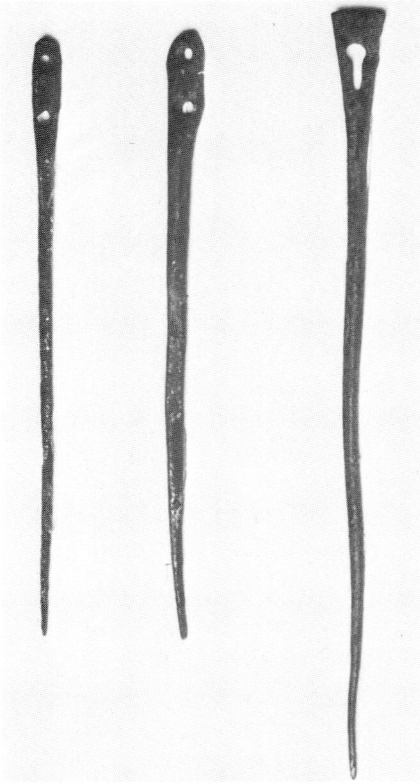

Abbildung 3: Nähnadeln der frühen Römerzeit. *Römisch-Germanisches Museum, Köln.*

Abbildung 4: Nähnadeln aus Eisen in verschiedenen Ausführungen.

Die Säume von Bekleidungsteilen waren vermutlich die ersten Textilien, die mit Stickstichen geschmückt wurden. Spätägyptische Gräberfunde zeugen von der Kunst des Stickens ebenso wie Darstellungen der Assyrer und Babylonier, die neben gewirkten auch gestickte Wandbehänge und prunkvolle Gewänder mit phantasievollen farbigen Stickereien fertigten. Die Ägypter bestickten sogar die Leinenbinden, mit denen sie ihre Mumien umwickelten. Aus dem Ägypten der Nagada-Kultur in vordynastischer Zeit sind ausgezeichnete Kupferstiche vorhanden. Griechen und Römer sahen in den Phrygiern, die den Nordwesten Kleinasiens bewohnten, die Erfinder des Stickens, worauf die Bezeichnung „opus phrygium“ zurückzuführen ist. Im antiken Griechenland trugen die Frauen schon um 500 vor Christus buntbestickte Leinengewänder, was Darstellungen auf Vasenbildern bezeugen. Auch die Etrusker schätzten farbenprächtige Stickereien sehr.

In China und Indien, wo es eine alte und hochstehende Stickereitradition gibt, ist mit größter Wahrscheinlichkeit die Wiege der Stickkunst zu suchen. Schon aus dem 5. vorchristlichen Jahrhundert stammt ein im Kettenstich auf Seide gearbeiteter Vogel (Abbildung 5). Von dort breitete sich vermutlich das Sticken über Vorderasien in den europäischen Raum aus.

In den „Kurgane“ genannten Hügelgräbern im Altai-Gebirge Südsibiriens wurden Aufnäharbeiten aus Leder und Filz ausgegraben; diese Applikationsstickerei aus dem 4./3. Jahrhundert vor Christus ist in der berühmten Leningrader Eremitage ausgestellt. Hier kann man eine hochentwickelte Nähtechnik erkennen, bei der sehr feine Nadeln, Roßhaar und verschiedene Gewebearten aus Wolle verwendet wurden (Abbildung 6).

Das Fragment einer Stickerei in „Nadelmalerei“ aus dem späten 5. Jahrhundert vor Christus fand man in Attika. Hier handelt es sich um Reste einer Stikkerei auf feinem Leinengrund, die in regelmäßigen Abständen Löwen mit erhobenem Schwanz zeigt. Es sind die ersten antiken Textilfunde, die man in der Nähe Athens in einer Bronzekalpis entdeckte (Abbildung 7). Da das Stickgarn ausgefallen ist und nur die zurückgebliebenen Löcher von Nadel und Faden das Muster andeuten, läßt sich weder das verwendete Garn noch die Stichart bestimmen.

Wollstoffe sind die Grundlage griechischer Stickereien mit Woll- und Leinenfaden in Ketten- und Stielstich aus dem 4. vorchristlichen Jahrhundert, die auf der Insel Krim erhalten geblieben sind. Ebenfalls Stickereien auf Wollstoff fand man in mongolischen Gräbern. Gezwirnter Wollfaden in Braun, Beige und Schwarz ist hier, im 1. Jahrhundert vor unserer Zeitrechnung, in Anlegetechnik mit Überfangstichen auf dunkelroten Wollrips gestickt (Abbildung 8).

Grabfunde in Skandinavien datieren bis in die Bronzezeit (um 1000 vor Christus) zurück. Auch Fragmente einfach bestickter Wollkleider existieren aus dieser Epoche. In Dänemark wurde 1935 bei Ausgrabungen in Südjütland eine gut erhaltene wollene Bluse gefunden, die am Halsausschnitt und an den Ärmeln mit Knopflochstich verziert ist und anscheinend einer jüngeren Frau gehörte (Abbildung 9).

Auch im alten Kreta der minoischen Kultur (bis etwa 1150 vor Christus) war die Nähnadel bereits ein Begriff, was verschiedene Ausführungen im Archäologischen Museum von Heraklion belegen.

Abbildung 5: Vogelmotiv in Kettenstich auf Seidengrund. Chinesischer Grabfund aus dem 5. Jahrhundert v. Chr.

Die bedeutende Rolle der Stikkerei im Mittelmeerraum lassen außerdem Fragmente erkennen, die von der Insel Sizilien und besonders aus Mesopotamien und Ägypten stammen. Dort, am Schnittpunkt von Orient und Okzident, hat die handwerkliche Kunst der frühen Sarazenen Spuren hinterlassen, die auf regelrechte Stickschulen hinweisen, wo offenbar nach Vorlagen gearbeitet wurde, die auf den Stoff gezeichnet waren.

Nach alten Erzählungen halfen die Ägypter den berberischen Mauren im 8. Jahrhundert die

Abbildung 6: Satteldecke. Der Ausschnitt zeigt einen Greif. Applikationsstickerei aus farbigen Filzteilen. Altai, Südsibirien, 4.–3. Jahrhundert v. Chr. *Eremitage, Leningrad.*

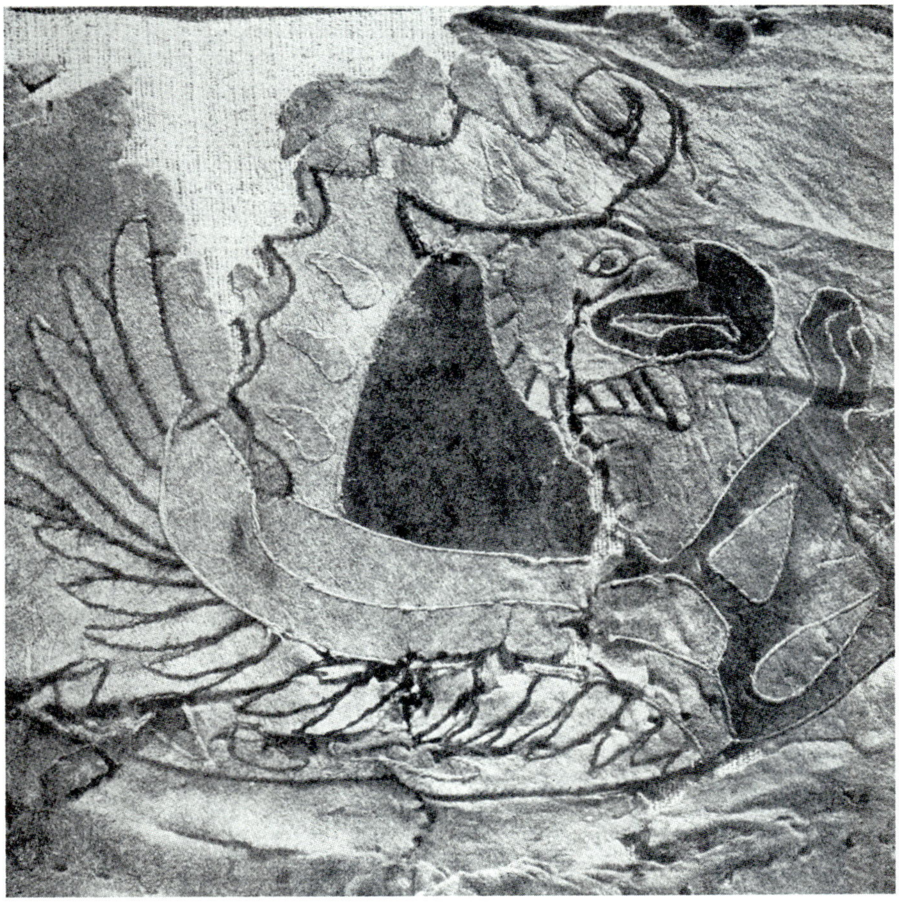

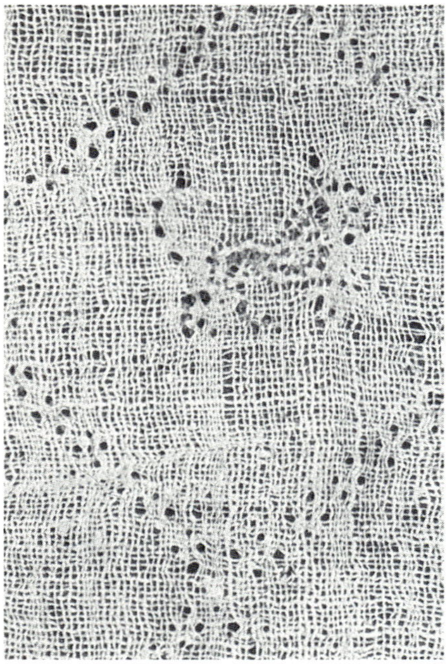

Abbildung 7: Fragment einer Leinenstickerei mit Löwen (Ausschnitt). Attika, spätes 5. Jahrhundert v. Chr. Textilfund aus einer Bronzekalpis bei Athen. *Viktoria und Albert Museum, London.*

spanische Halbinsel zu erobern. Jedenfalls entstanden großartige maurische Stickereien – unter koptischem Einfluß – sowohl in Marokko als auch in Granada. In Toledo, wo die Stickerei ihre längste ununterbrochene Tradition hat, wurden manche Arbeiten auch an Keramik-Effekte angelehnt.

Stickereien können biblische, allegorische oder mythologische Geschichten erzählen, aber auch nur rein ornamentale Muster wie Blüten, Blattranken, Grotesken, Wappenschilder oder Monogramme aufweisen. Aus dem ersten Jahrtausend nach Christus sind nur wenige Stücke erhalten geblieben. Kriege und Revolutionen brachten die Zerstörung und Umfunktionierung kostbarer Stickereien mit sich. Oft wurden Perlen, Edelsteine und Metallteile von zerschlissenen Gewändern abgetrennt, um sie für neue wieder zu verwenden. In Palästen, Kathedralen und Klöstern erlitten wertvolle Bekleidungsstücke das Schicksal systematischer Vernichtung; nur in manchen Chroniken sind sie noch detailliert beschrieben.

Natürlich ist es schwierig, die wenigen übriggebliebenen Stickereien einem bestimmten Land oder gar einem einzelnen Sticker zuzuschreiben; die Stilrichtungen waren sich in Mitteleuropa sehr ähnlich, und die verschiedenen Themen und Motive wiederholten sich im Laufe der Jahrhunderte häufig. Bei den späteren ländlichen Stickereien entwickelten sich dagegen ganz besondere Muster, die eine regionale Zuordnung erleichtern.

Reste von Stickereien aus Wikingergräbern nahe Stockholm verweisen auf Handelsbeziehungen sowohl zu Byzanz als auch zu westeuropäischen Ländern, weil sie Einflüsse aus beiden Richtungen erkennen lassen.

In der Merowinger-Zeit soll man schon auf Stickereien gestoßen sein, die vermutlich bereits in grauer Vorzeit hergestellt worden waren. Die älteste Stickerei französischen Ursprungs finden wir an den Fragmenten einer Tunika aus der Abtei von Chelles bei Paris. Dort war zuvor eine Pfalz der Merowinger, eines Königsgeschlechts der salischen Franken, das um 425 in die Geschichte eintrat und mit Chlodwig I. das

Abbildung 9: Wollenes Kleidungsstück einer Frau aus der Bronzezeit. Knopflochstickerei. Skrydstrup/Südjütland. *Nationalmuseum Kopenhagen, Dänemark.*

Abbildung 8: Fragment eines Wandbehangs (Ausschnitt: Hunnenkopf). Noin-Ula, nördliche Mongolei, 1. Jahrhundert v. Chr. *Eremitage, Leningrad.*

Fränkische Reich zur führenden Macht im Abendland ausbaute, ehe es im 8. Jahrhundert von aufsteigenden Karolingern verdrängt wurde. Die Tunika-Fragmente zeigen um den Halsausschnitt bereits farbige Seidenverzierungen.

Das seltene Zeugnis einer Stickerei nach Vorzeichnung bot die Ausstellung „1400 Jahre Bayerische Frömmigkeit", die anläßlich des Eucharistischen Weltkongresses 1960 im Stadtmuseum München eröffnet wurde, mit einem Tuch, das im Jahre 600 (evtl. auch früher) entstanden und mit einer gestickten verschlüsselten griechischen Schrift verziert ist. Aus dem Domschatz von Monza schenkte es Papst Gregor I. der bayerischen Prinzessin Theodolinde, die ihren Mann, den Langobarden-Herzog, zum Christentum bekehrt hatte, zur Geburt ihres ersten Sohnes. Das kostbare Tuch, in das ein Fächer mit Kamm gewickelt war, diente später der Liturgie der Kirche.

Zu den wenigen frühen Exponaten gehört auch ein in der westchinesischen Oase Turfan gefundenes Mustertuch, das der Entdecker Albert von LeCoq, ein preußischer Expeditionsleiter, auf die Zeit um 850 nach Christus datiert hat. Im Victoria und Albert Museum in London, das wohl die reichsten Schätze der Textilkunst beherbergt, kann man ein rundes Leinenbesatzstück bestaunen, das in Flach-, Spalt-, Überfang- und Kreuzstich mit glänzendem Seidenfaden voll bestickt ist. Sein Motiv von der Verkündigung

Abbildung 10: Medaillon mit Verkündigungsszene. Farbige Seidenstickerei auf Leinen. Koptisch, 7.–8. Jahrhundert. *Viktoria und Albert Museum, London.*

Abbildung 11: Porträt einer koptischen Frau. Farbige Wollstickerei in Kettenstich auf Wollgrund, 5. Jahrhundert. *The Brooklyn Museum, New York, Charles Edwin Wilbour Fund.*

und Heimsuchung Mariä ordnet man den Kopten des 7./8. Jahrhunderts zu (Abbildung 10). Derartige Medaillons wurden häufig aus verbrauchten Gewändern herausgeschnitten und auf neue aufgenäht.

Das Brooklyn-Museum in New York besitzt ein weitgehend erhaltenes Stickporträt aus dem 5. Jahrhundert. Diese koptische Handarbeit besteht aus farbiger Wolle, im Kettenstich auf Wollgrund gestickt (Abbildung 11). Vermutlich späteren Datums ist eine ebenfalls koptische Stickerei, die den heiligen Georg mit dem Drachen darstellt und im Louvre in Paris aufbewahrt wird (Abbildung 12).

Kunstwerke aus früher Zeit

Frühzeitig übernahmen die Klöster die Stickkunst für liturgische Zwecke. Die englischen Benediktinermönche etwa fertigten um die Jahrtausendwende Stickereien. In der mächtigen Kathedrale der nordostenglischen Stadt Durham befinden sich hochwertige Stickereien, die im Grab St. Cuthberts gefunden wurden und wegen ihrer Inschriften exakt zu datieren waren. Es handelt sich um eine fragmentarisch erhaltene priesterliche Stola mit Bildnissen der Propheten und um eine vom Priester am linken Arm getra-

Abbildung 13: Stola des Hl. Cuthbert (Ausschnitt). Farbige Seidenstickerei auf Seidentaft. England zwischen 909 und 916. *Kathedrale von Durham, England.*

gene Manipel mit einer Inschrift, die besagt, daß Königin Ethelfleda diese Stickereien für Bischof Friedestan (von 905 bis 931 Kirchenoberhaupt in Winchester) in Auftrag gegeben hat. Die Stiel- und Spaltstiche sind mit farbiger Seide ausgeführt (Abbildung 13). Ihre starren Strukturen weisen auf byzantinischen Einfluß hin, auf den auch die nordfranzösische Buchmalerei und die von ihr beflügelte englische Miniaturmalerei zurückzuführen sind.

Abbildung 12: Der Hl. Georg mit dem Drachen. Fragment einer koptischen Stickerei, vermutlich aus dem frühen Mittelalter. *Musée du Louvre, Paris, Antiquités Chrétiennes.*

Die Chronik berichtet auch von zwei Königinnen aus dem angelsächsischen Reich, die ausgeprägten Sinn für schöne Handarbeiten hatten. Die eine, die Gemahlin Edwards des Bekenners (1042–1066), soll selbst den Krönungsmantel ihres Mannes gestickt haben. Die andere hieß Margareta und war die Frau des Schottenkönigs Malcolm III. (1057–1093). Sie stickte zahlreiche liturgische Gewänder.

Vermutlich ein Geschenk der Königin Gerberga von Frankreich zur Kaiserkrönung ihres Bruders Otto I. im Jahr 962 ist die sogenannte Kriegsstandarte, eine Stickerei auf Seidengewebe (Abbildung 14). Auch in der Echternacher Handschrift, einem Evangelienbuch, das der Regierungszeit der römisch-deutschen Kaiserin Theophano († 991) zugeschrieben wird, zeigt die „Parabel zum Gastmahl" einen gedeckten Tisch, den ein Tuch mit einer wahrscheinlich gestickten Borte ziert.

Abbildung 14: Kriegsstandarte. Seidenstickerei auf Seidengrund. Angefertigt für Otto I. zur Kaiserkrönung im Jahr 962. *Kölner Dom, Schatzkammer.*

Abbildung 15: Behang: Adlerflug Alexander des Großen. Seidenstickerei auf Leinen, Süddeutschland, 10. Jahrhundert. *Mainfränkisches Museum, Würzburg.*

Abbildung 16: Wandteppich von Bayeux. Wollstickerei auf Leinengrund in Ketten-, Stiel- und Spaltstich. Normandie oder England 1066–1077. *Musée de la Reine Mathilde Bayeux (mit Sondergenehmigung der Stadt Bayeux).*

Aus dem Würzburger Domschatz stammt ein Behang aus weißem Leinen mit farbiger Seidenstickerei. Er zeigt den Adlerflug Alexanders des Großen – ein beliebtes mittelalterliches Thema – und weist an der nur teilweise erhaltenen Randbordüre eine lateinische Inschrift auf. Die Stickerei ist im versetzten Flachstich sowie mit Stiel- und Kettenstichen ausgeführt (Abbildung 15).

Als wohl bekanntester und wertvollster Kulturschatz des Normannen-Reiches gilt der Teppich von Bayeux aus den Jahren 1066 bis 1077. Sein Ursprung – ob französisch, normannisch oder englisch – ist umstritten. Jedoch handelt es sich um die einzige komplett erhaltene Stikkerei des frühen Mittelalters mit Darstellungen aus der zeitgenössischen Geschichte (Abbildungen 16–18). Heute wird er in einem Museum neben dem Dom von Bayeux aufbewahrt.

Eigentlich ist es kein Teppich („Tapisserie de Bayeux"), sondern ein riesiger Wandbehang, der rund 50 Zentimeter hoch und mehr als 70 Meter lang ist. Szene für Szene zeigt er, wie ein heutiger Filmstreifen, den Kriegszug Wilhelms des Eroberers nach England, der im Jahre 1066 seinen Höhepunkt in der Schlacht bei Hastings fand. Doch nicht nur der Krieg selbst, sondern auch alle Vorbereitungen wie das Bauen der Schiffe und das Beladen mit Waffen werden dargestellt. Die Stickerei ist auf weiße Leinwand mit gezwirntem Wollfaden, Schrift und Konturen in Spalt-, Stiel- und Kettenstichen ausgeführt; die restliche Fläche wurde mit Spannstichen ausgefüllt. Marie Schuette schreibt in ihrem großartigen Stickereiwerk dazu: „Wohl die berühmteste aller Stickereien, nicht allein wegen der Größe und der künstlerischen Bedeutung, sondern auch als historisches Ereignis." Diese alte Handarbeit sollen Wilhelms Gattin Mathilde und sein Halbbruder, der Bischof Odo von Conteville, veranlaßt haben.

Man weiß nicht, was man mehr bewundern soll, die kühnen Zeichner oder Zeichnerinnen, die das Kriegsgeschehen so dramatisch erfaßten, oder die fleißigen Hände der Stickerinnen, die alle Details genau ausführten. So gaben sie dem Gesicht eines Verräters mit geneigtem Kopf fast hämische Züge, so „malten" sie Schiffe, Pferde und verschiedene Tätigkeiten der damaligen Zeit in aller Sorgfalt mit der Nadel.

Weil in das Jahr 1066 auch die Erscheinung des Halleyschen Kometen fiel, den damals der Aberglaube mit großen Ereignissen in Verbindung brachte, zeigt eine Szene des Bildstreifens das Erscheinen dieses Himmelskörpers und eine Gruppe von Menschen, die ihn von einem Söller aus beobachten. Darüber steht: „Esti mirant stella" (Sie bewundern den Stern). Hält sich die Bordüre des Bilderteppichs bis gegen Schluß mit Tieren und Wappen in herkömmlichen Formen, so wird

Abbildung 17: König Harald von England auf dem Thron in Westminster. Detail aus dem Wandteppich von Bayeux.

ihr letzter Teil im dramatischen Wirbel der Schlacht mit Pferden, Waffen und toten Kriegern in das Geschehen einbezogen.

Der Wandbehang sollte zur Einweihung der neuen Kathedrale von Bayeux (1077) die Empore schmücken. Er muß also in wenigen Jahren entworfen, gezeichnet und gestickt worden sein. Damals ahnte wohl niemand, welch bewegtes Schicksal ihm später beschieden sein sollte. Während der Französischen Revolution lag der Teppich angeblich als Plane auf einem Kanonenwagen. Napoleon habe ihn, so wird behauptet, 1804

Abbildung 18: Kampfszene. Detail aus dem Wandteppich von Bayeux.

Abbildung 19: Krönungsmantel des Hl. Römischen Reiches. Seiden- und Goldstickerei auf Seidenköper. Sizilien, Palermo 1133–1134. *Weltliche Schatzkammer, Wien.*

nach Paris bringen lassen, um seine Generäle an Hand der Bilder zu überzeugen, daß eine Invasion in England durchaus möglich sei. Wohl das einzige Mal in der Geschichte wäre damit eine kostbare Handarbeit als strategisches Anschauungsmaterial verwendet worden.

Im Byzantinischen Reich und in seiner Einflußsphäre beginnt erst um die Jahrtausendwende eine neue Blütezeit der Stickkunst. Sizilien und der weitere Mittelmeerraum gewinnen eine führende Position, die über die gesamte Epoche der Romanik von 900 bis 1250 nach Christus anhält.

Das südliche Gegenstück zu den Wandbehängen von Bayeux – wenn auch zeitlich etwas später entstanden – ist der prächtige Krönungsmantel des Heiligen Römischen Reiches (Abbildung 19). Er wurde von König Roger II. von Sizilien (Abbildung 20) 1133 in Auftrag gegeben und bereits im Jahr darauf vollendet. Dieser Mantel, von hervorragenden sarazenischen Künstlern in Palermo angefertigt, zeugt von überlegener Textilkunst. In der Stickerei aus farbiger Seide und Goldfaden in versenkter Anlegetechnik auf purpurnem Seidengrund heben doppelte Perlenreihen und Goldschmiedearbeiten mit Edelsteinen und Email die Konturen hervor. Zu beiden Seiten eines Lebensbaums schlägt jeweils ein Löwe ein Kamel. Die Inschrift der Randborte in Kufi bezeugt die Herstellung des Mantels „in der königlichen Werkstatt der Hauptstadt Siziliens im Jahre 528 der Hedschra".

Abbildung 20: König Roger II. von Sizilien. Ausschnitt aus dem Martorana-Mosaik, Palermo, 12. Jahrhundert.

Der Mantel war seit den Staufern ein Teil des Krönungsornats deutscher Kaiser und Könige. Seine Entstehung ist dem Umstand zu verdanken, daß der Normannenkönig Roger II. als Schutzherr der textilen Künste arabische Sticker in die berühmte Werkstatt des Arabers Tiras nach Palermo holte und dort auch Sizilianer in verschiedenen Kunstfertigkeiten ausbilden ließ. Auch die Handschuhe Kaiser Friedrichs II., ebenfalls Kleinodien des Heiligen Römischen Reiches, wurden vor 1220 in Sizilien angefertigt. Die Goldstickerei in Anlegetechnik ist reich mit Rubinen, Saphiren und Perlen bestickt. Die Hand-

Abbildung 21: Handschuh Kaiser Friedrichs II. Goldstickerei in Anlegetechnik. Sizilien, Anfang 13. Jahrhundert. *Weltliche Schatzkammer, Wien.*

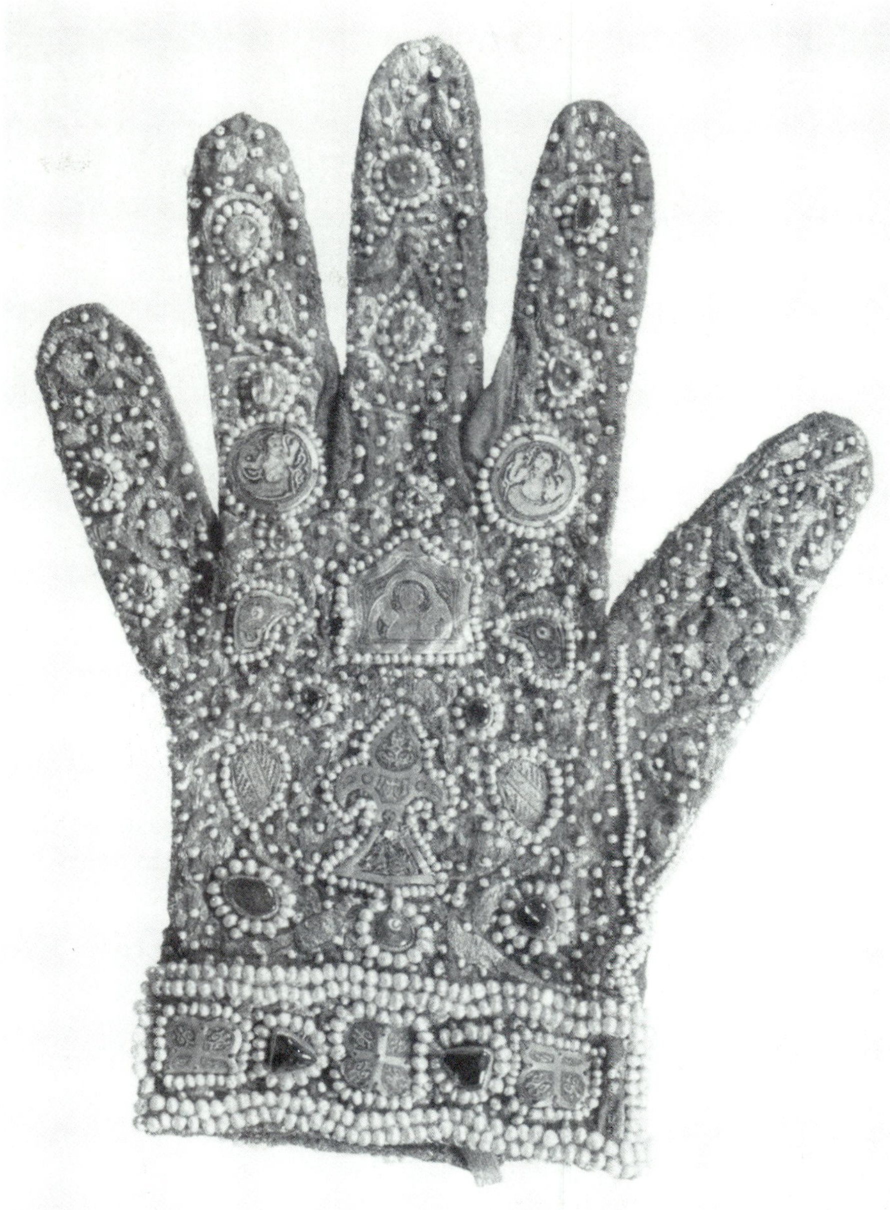

schuhe wurden von Kaiser Friedrich II. bei seiner Krönung 1220 getragen (Abbildung 21).

Hier in Palermo erfuhr die Stickkunst der Romanik ihre höchste Vollendung, bis 1266 die Franzosen Sizilien einnahmen und die besten Sticker nach Italien flohen. Von da an beschränkte sich die Handarbeit in Sizilien im wesentlichen auf den Haushaltsbedarf; dies hinderte sie jedoch nicht daran, zum Beispiel auf einer Leinenbettdecke mit feinsten Steppstichen Szenen aus der Tristan-Legende, nach einer Novelle aus dem 14. Jahrhundert und Inschriften in sizilianischem Dialekt, darzubieten (Abbildung 22).

Die Stickerei war in Italien, mehr als in anderen europäischen Ländern, bis zum Ausgang des 16. Jahrhunderts eine schöpferische Kunst und weniger ein Handwerk. An kostbaren Materialien wurden Goldfäden, Edelsteine, Perlen und getriebene Silberplättchen verwendet und vorwiegend in versenkter Anlegetechnik mit Überfangstichen gestickt.

Weil der Sitz des westkirchlichen Oberhauptes immer Rom war und weil es in Italien keine Revolutionen oder Reformationen wie im nördlichen Europa gab, können wir noch heute prächtige kirchliche Gewänder

Abbildung 22: „Coperta Guicciardini", Bettdecke mit Motiven der Tristanlegende. Sizilianische Steppstickerei um 1400, doppelte Leinwand, gequiltet und mit Wolle ausgestopft. Leinengrund mit dichten Reihen kleiner Vorstiche ausgefüllt. *Viktoria und Albert Museum, London.*

Abbildung 23: Mantel der Hl. Kunigunde. Goldstickerei in Anlegetechnik und Seidenstickerei auf Seidenköper. Süddeutschland, um 1020. *Bamberger Domschatz.*

von damals bewundern. Nur der reformerische Mönch Savonarola (1452–1498) verwarf die reich bestickten sakralen Stücke und verlangte energisch liturgische Schlichtheit.

Aus der Zeit der Jahrtausendwende stammen die ersten Zeugen deutscher Stickkunst. Die zu Gottesdiensten getragenen Gewänder Kaiser Heinrichs II., seiner Gemahlin Kunigunde und ihres Bruders König Stephan von Ungarn sind mit das Kostbarste an mittelalterlichen Stickereien, die uns durch die Kirche überliefert worden sind. Die vorwiegend süddeutschen Arbeiten lassen eine seltene Harmonie der kirchlichen und weltlichen Gewalten erkennen.

Der Mantel der hl. Kunigunde (um 1020) mit verschiedenen Szenen aus dem Alten und Neuen Testament trägt eine byzantinisch beeinflußte Goldstickerei in Anlegetechnik auf blauem Seidenköper. Die Binnenzeichnung ist in Stielstichen mit verschiedenfarbiger Seide ausgeführt. Er wurde im 16. Jahrhundert restauriert und ist heute ein Teil des Bamberger Domschatzes. Das thematische Zentrum des Mantels bilden Darstellungen von der Menschwerdung Christi, die Vorhersage seines Kommens durch Propheten sowie die Geschichte der Apostel Petrus und Paulus, der

Abbildung 24: Sternenmantel Kaiser Heinrichs II. des Heiligen. Gold- und Seidenstickerei in Anlegetechnik auf Seidenköper. Süddeutschland, um 1010–1020. *Bamberger Domschatz.*

Abbildung 25: Reitermantel Kaiser Heinrichs II. des Heiligen. Goldstickerei in Anlegetechnik. Italien 12. Jahrhundert. *Bamberger Domschatz.*

Schutzpatrone des Bamberger Doms. Im zentralen Feld des Rückens tritt Christus segnend aus dem Himmelstor (Abbildung 23).

Den sogenannten Sternenmantel erhielt Kaiser Heinrich II. († 1024) vom Fürsten Ismael von Bari, der 1020 in Bamberg starb, als Symbol der Macht.

Die Gold- und Seidenstickerei, die in Anlegetechnik auf dunkelviolettem Seidenköper ausgeführt wurde, schnitt man im Jahre 1503 aus dem Grundstoff aus und nähte sie auf blauen Seidendamast aus Italien auf (Abbildung 24).

Ebenfalls zum Bamberger Domschatz zählt der halbkreisförmige Reitermantel Heinrichs II., des Heiligen. Vermutlich in Italien entstanden seine dreizehn Medaillons als Darstellung eines reitenden Herrschers. Die vorderen Ränder des Mantels wurden durch Aufnähen einer Goldborte aus dem 11. Jahrhundert miteinander verbunden. Im 16. Jahrhundert unterlegte man die Rahmen der Medaillons mit einem dunkelblauen Seidenstoff aus dem 11. Jahrhundert. Wegen der verschiedenen Seidenfäden wirkt der Reitermantel besonders farbenprächtig (Abbildung 25).

In der Stiftskirche St. Michael in Beromünster bildet das Fragment einer Reliquienhülle den Apostel Paulus mit einer oberrheinischen Seiden- und Goldstickerei aus dem 11. Jahrhundert ab (Abbildung 26).

Abbildung 26: Reliquienhülle mit Darstellung des Apostels Paulus. Gold- und Seidenstickerei. Oberrhein/Nordschweiz, 11. Jahrhundert. *Stiftskirche St. Michael, Beromünster/Schweiz.*

Abbildung 27: Antependium aus dem Bamberger Dom (Ausschnitt). Gold- und Seidenstickerei auf Leinengrund. Süddeutschland, um 1300. *Bayerisches Nationalmuseum, München.*

Im Bayerischen Nationalmuseum befindet sich ein Antependium (Altartuch) aus dem Bamberger Dom, das um 1300 in Süddeutschland, vermutlich in Franken, gestickt wurde. Auf ihm sind die Prozession der Drei Könige zu Unserer Frau, die auf einem Thron sitzt, in vier Medaillons dargestellt und an den Ecken das Bamberger Hochstiftswappen appliziert.

Die Seidenstickerei auf Leinen bevorzugt den Kettenstich, die Goldstickerei ist eine Überfangarbeit, wobei bereits der Übergang zum neuen Formalismus des gotischen Stils erkennbar wird. Für den langjährigen Gebrauch und die große Wertschätzung dieser Stickerei sprechen noch Rechnungen aus den Jahren 1481/82, nach denen ein Seidensticker den Altarbehang überarbeitet und ausgebessert hat (Abbildung 27).

Eine alte Chronik erzählt, Elisabeth von Teck habe im 12. Jahrhundert zusammen mit neun Jungfrauen ihres Gemaches neun Jahre lang an einem gestickten Teppich gearbeitet. Sie habe nämlich „die ganze Historie des Zuges (Kreuzzuges) ihres Mannes und ihrer weiland zwee Schwäger gen Jerusalem geworket in ein Tuch“. Überhaupt trugen die Kreuzzüge nach Palästina wesentlich dazu bei, daß auch verschiedene kulturelle Einflüsse aus dem Orient in nördliches Stickgut gelangten.

Als eine Art Bilderzählung, gleichsam als Familienchronik, wirkte manche Frau in ihren Teppich, was ihren männlichen Verwandten draußen in der Welt an Freud und Leid widerfuhr. Heute, in der hastigen Zeit der Illustrierten, der modernen Massenmedien und – horrible dictu – der Bilderstreifen, die Comics, wäre ein Teppich, in welchen wir unsere Gedanken einsticken wollten, höchst unaktuell geworden, bis er fertig wäre. Nein, die Mühe des Ausdenkens, das Zeichnen der Vorlagen und das Ausführen der Stickerei wäre zu zeitaufwendig.

Der um 1200 entstandene sogenannte Kaisermantel Ottos IV. ist heute ein Schmuckstück in der reichen Paramentensammlung des Herzog-Anton-Ulrich-Museums in Braunschweig.

Otto, der Sohn Herzog Heinrichs des Löwen von Braunschweig und Lüneburg, und seine Gemahlin Mathilde, eine englische Königstochter, schenkten den purpurfarbenen Mantel dem unter ihrem Schutz stehenden Braunschweiger St.-Ägidien-Kloster. Der byzantinische Seidenstoff wurde in England mit Goldstickereien in versenkter Anlegetechnik verziert (Abbildungen 28/29). Die vorwiegend in Flach- und Stielstichen gearbeitete Seidenstickerei ist größtenteils ausgefallen.

Bei dieser Gold- und Seidenstickerei handelt es sich um eine Sticktechnik, die eine Besonderheit der berühmten und langen Stickereitradition Englands ist.

Abbildung 28: Kaisermantel Ottos IV. Gold- und Seidenstickerei. England (?) Anfang 13. Jahrhundert. *Herzog-Anton-Ulrich-Museum, Braunschweig.* Fotonachweis: Museumsfoto B. P. Keiser.

Sie erlebte ihre Blüte im 13. und 14. Jahrhundert als reine Seidenstickerei – und als höchste Vollendung – in Verbindung mit Goldstickerei. Abbildung 30 zeigt ein Beispiel dieses „opus anglicanum".

Auf dem Gewand Ottos IV. (1182–1218) sind Löwen zwischen Sternen und Monde und auf der Rückseite Adler dargestellt. Die Vorderkanten zieren Engel mit Weihrauchbehältern und jeweils ein Medaillon mit Christus und Maria.

Der Mantel wurde zu unbekannter Zeit in Teile zerschnitten und zu einer Decke verarbeitet, im 19. Jahrhundert jedoch wieder in seine Urform zurückversetzt. Die Löwen und die Adler in der Zeichnung verweisen, wie man annimmt, auf einen Zusammenhang von Welfen und Kaisertum, denn Otto IV. wurde 1198 von der welfischen Partei in Aachen zum Gegenkönig gewählt und 1209 vom Papst zum Kaiser gekrönt. Nachdem ihn der Staufer Friedrich II. vom Thron verdrängt hatte, vermachte er in seinem Testament die Reichsinsignien dem Nachfolger, den „Pallium" genannten Kaisermantel jedoch dem Ägidien-Kloster.

Im Gegensatz zu der modischen Alltagskleidung des Mittelalters wurden die Gewänder geistlicher und weltlicher Würdenträger von der Tradition des

Abbildung 29: Kaisermantel Ottos IV. (Ausschnitt).

Abbildung 30: Detail einer Seiden- und Goldstickerei (opus anglicanum). Die Kreuzigung. England, frühes 14. Jahrhundert. *Viktoria und Albert Museum, London.*

spätrömischen Kaisertums bestimmt, in dessen Nachfolge sich die deutschen Könige seit Karl dem Großen sahen. Nach der Übernahme Siziliens durch Kaiser Heinrich VI. diente den Staufern der Ornat der normannischen Könige als Krönungsmantel. Jedoch besaßen die Herrscher des Mittelalters neben den offiziellen auch persönliche Gewänder, die zum größten Teil aus Seidengewebe bestanden. Sie wurden in Anlegetechnik mit Gold- und Silberfäden, die auf dem Stoffgrund mit Überfangstichen befestigt wurden, und mit farbiger Seide bestickt, wobei möglichst wenige Fäden auf der Rückseite der Stoffe lagen, um den Verbrauch der kostspieligen Stickmaterialien einzuschränken. Später bürgerte sich für diese Technik, die von den Klöstern übernommen wurde, die Bezeichnung „Klosterstich“ ein.

Bei ihren Entwürfen richtete sich die Stickerei vor allem nach der Buchmalerei der Stundenbücher für christliche Gebete. Diese Miniaturen waren eine allgemeine Stilrichtung der bildenden Kunst. Heiligenfiguren und Ornamente wurden von Buch- und Glasmalern, Goldschmieden und namhaften Künstlern wie den beiden Hans Holbein (Vater und Sohn) mit Feder oder Pinsel direkt auf den zu bestickenden Stoff gezeichnet. Beim Entwerfen der Vorlagen, das zu jener Zeit schon ein Männerberuf war, wählte man besonders gern Themen aus dem Alten und Neuen Testament, aus volkstümlichen Erzählungen und aus dem mittelalterlichen Sagengut.

Weil die Stickerei ihre Bildmotive der zeitgenössischen Gegenwart entnahm, wurde sie für die Nachwelt zugleich ein wertvolles Stück Geschichtsschreibung. Das zeigen z. B. zwölf aufwendige Wandteppiche, die nach der Überlieferung von 1174 bis 1179 im Augsburger Kloster St. Afra und Ulrich der Bruder Beretha angefertigt haben soll, um dem des Lesens meist unkundigen Kirchenvolk mit zeitgemäßen Figuren die Heilsgeschichte anschaulich nahezubringen.

Das Benediktinerkloster St. Paul im Lavanttal in Kärnten besitzt eine romanische Glokken-Kasel in „Nadelmalerei“ aus dem späten 12. Jahrhundert. Dieses halbkreisförmige Meßgewand ist mit zahlreichen Szenen aus der Bibel bestickt, wobei farbige Seide in Zopf- und Kettenstichen auf Leinengrund benützt wurde. Die Bordüre zieren Medaillons mit Halbfiguren der Apostel, Propheten, Evangelisten und Herrscher wie Kaiser Konstantin und Otto I. Man vermutet, daß die Stickerei im Benediktinerkloster St. Blasien im Schwarzwald gearbeitet wurde, weil der Stil auf süddeutsche Buchmalereien hinweist und sich die Mönche von St. Blasien nach der Aufhebung ihres Klosters Anfang des 19. Jahrhunderts nach Öster-

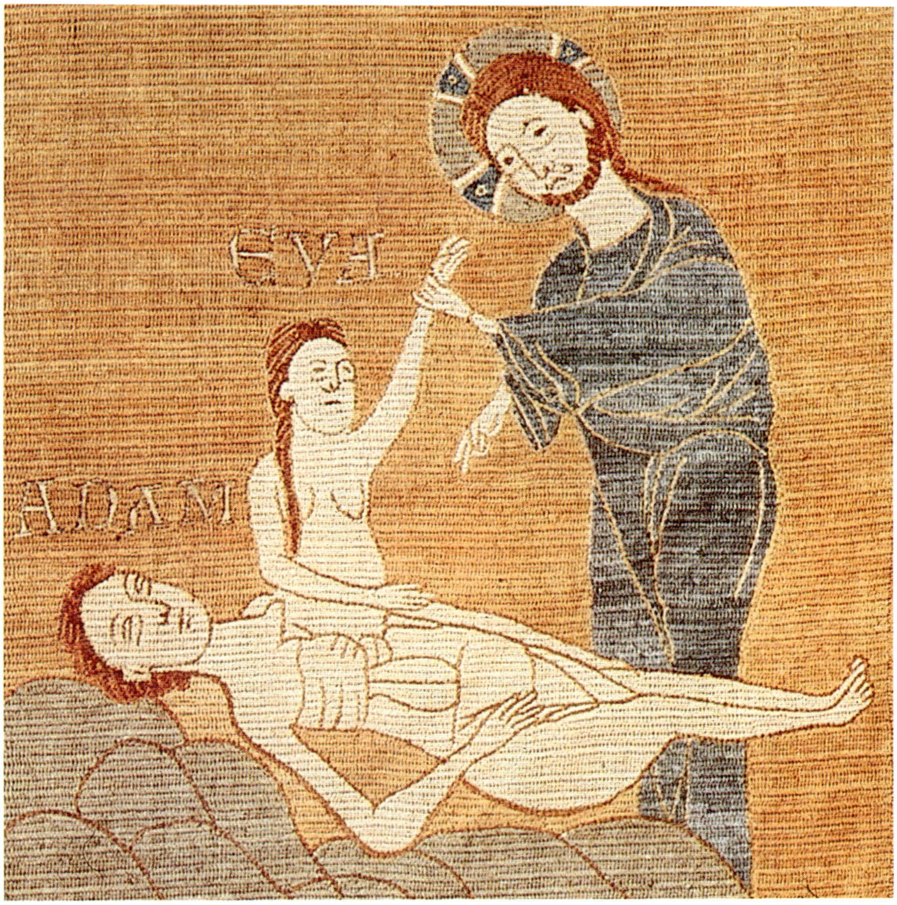

Abbildung 31: Glockenkasel. Die Erschaffung Evas (Ausschnitt). Seidenstickerei auf Leinen. Südwestdeutschland, Ende 12. Jahrhundert. *Benediktinerstift St. Paul in Lavanttal, Kärnten.*

reich zurückzogen. Der Ausschnitt zeigt die Erschaffung Evas aus einer Rippe Adams (Abbildung 31).

Österreichische und süddeutsche Stickereien sind wegen ihrer ähnlichen Techniken und Motive nicht immer eindeutig zu unterscheiden. Romanische Seidenarbeiten aus Süddeutschland verkörpert ein kirchlicher Ornat im Österreichischen Museum für angewandte Kunst in Wien. Er stammt aus Goeß in der Steiermark und besteht aus einer Altardecke und vier Gewändern, die mit bunter Seide in Stiel-, Zopf-, Flach-, Gobelin- und Hexenstich auf straminartigem Leinen bestickt sind. Dem in Symbolen denkenden Menschen jener Zeit werden charakteristische Tiergestalten in Medaillons und Quadraten dargeboten. An verschiedenen Stellen bekunden Inschriften, daß eine Äbtissin Kunegundis um die Mitte des 13. Jahrhunderts als Auftraggeberin oder gar als Stickerin anzusehen ist (Abbildung 32).

Marie Schuette schreibt in ihrem „Stickereiwerk" zu dieser Stikkerei: „Die einzigartige Bedeutung des Goesser-Ornates liegt in seinem großartigen monumentalen Stil und seiner Vollständigkeit und Einheitlichkeit aus dieser frühen Zeit."

Abbildung 32: Der Gösser Ornat (Kasel). Seidenstickerei auf Leinengrund. Benediktinerinnenkloster Göss, Steiermark, Mitte 13. Jahrhundert. *Österreichisches Museum für angewandte Kunst, Wien.*

Abbildung 33: Glockenkasel mit der Legende des Hl. Nikolaus. Gold- und Seidenstickerei. Oberrhein, Mitte des 13. Jahrhunderts. *Österreichisches Museum für angewandte Kunst, Wien.*

Ein weiteres Kunstwerk in diesem Wiener Museum ist die Seidenstickerei auf einer Glocken-Kasel, die wohl ebenfalls aus der Klosterwerkstatt von St. Blasien stammt. Sie „malt" mit Nadel und Faden Darstellungen aus der Heilsgeschichte und 28 Szenen aus der Legende des Heiligen Nikolaus (Abbildung 33). Die Kasel ist im Auftrag des Klosters gestickt worden, wie aus lateinischen Inschriften hervorgeht.

Sie ist in Goldstickerei in Anlegetechnik mit Überfangstichen gearbeitet. Die Seidenstickereien, die teilweise ausgefallen sind, wurden vorwiegend in Zopf-, Gobelin- und Kettenstichen auf lockerer Leinwand ausgeführt.

Die Darstellungen aus der Nikolaus-Legende zeigen u. a. die Errettung eines Schiffes aus Seenot, die Beisetzung des Heiligen und die Heilung eines Kranken an seinem Grab. In der letzten Szene bringt der Abt das Gewand dem Heiligen dar und bittet ihn um seinen Schutz. Neben diesen Darstellungen weist die Kasel zahlreiche Inschriften auf, zeigt das apokalyptische Lamm, die 4 Evangelisten, 4 Propheten und die Heilsgeschichte in 10 Szenen.

Die um die Mitte des 13. Jahrhunderts von Mönchen angefertigte Stickerei kam nach Aufhebung der Benediktinerabtei im Jahre 1805 mit den Klosterbrüdern in das Stift St. Paul im Lavanttal in Kärnten und ist seit 1940 Eigentum des österreichischen Staates.

Ebenfalls in der Mitte des 13. Jahrhunderts entstand eine reizvolle Stola aus dem Kloster St. Marienberg in Helmstedt. Dieser Stoffstreifen, den der Geistliche zur Amtskleidung trug, ist aus feinem, bräunlichem Leinen gearbeitet und mit einem Seidenstoff gefüttert. Die Gewänder der Figuren und die Bögen über ihnen sind in Goldlegearbeit, der Hintergrund sowie die Gesichter und Hände in farbiger Seidenstickerei mit Spaltstich gearbeitet.

Dieses Fragment einer Stola zeigt den thronenden Christus, der die rechte Hand segnend erhoben hat und in der linken Hand das Buch des Lebens hält, mit einer Stifterfigur sowie drei unter Rundbogen stehende Apostel. Der Rand der Stola ist mit schmalen aufgenähten Schriftbändern eingefaßt, die in Silber gewebte Inschriften aufweisen (Abbildung 34).

Man vermutet, daß die Stola auf der anderen, nicht mehr erhaltenen Hälfte mit weiblichen Heiligen geschmückt war. Dafür spricht ein noch vorhandenes

Abbildung 34: Fragment einer Stola. Der thronende Christus (Ausschnitt). Helmstedt (?), Mitte des 13. Jahrhunderts. *Kloster St. Marienberg, Helmstedt.*

Teilstück, welches an den abgebildeten Stolateil angestückelt war und eine weibliche Heiligenfigur mit einem Schlüssel als Attribut darstellt.

Aus derselben Zeit stammt ein norwegischer Wandbehang mit Woll- und Leinenstickerei auf Wolle, der „Hoyland-Gobelin" mit doppeltem Vorstich (Abbildung 35). Er unterscheidet sich sowohl in der Qualität der Ausführung als auch in der Wahl des Materials sehr stark von den süddeutschen Stickereien jener Zeit.

Abbildung 35: Wandbehang „Hoyland-Gobelin" (Ausschnitt). Woll- und Leinenstickerei auf Wolle. Norwegen, frühes 13. Jahrhundert. *Universitätssammlung Trondheim.*

Wachsender Einfluß der Klöster

Wie in Deutschland und Österreich waren auch in der Schweiz die Klöster Zentren der kirchlichen Stickereien, so z. B. das Kloster Engelberg in der Innerschweiz. Ein Antependium (Altartuch) im St. Gallener Industrie- und Gewerbemuseum ist ein typisches Beispiel aus dem 14. Jahrhundert (Abbildung 36). Es zeigt in der Mitte Christus, wie er mit der Fahne aus dem Grab aufersteht, umgeben von schlafenden Wächtern und Engeln mit Schriftbändern.

Abbildung 36: Antependium mit Christi Auferstehung.

Der linke Teil ist Maria, der rechte zwei Engeln mit Sakramentalien vorbehalten. Gold- und Silberfäden sind in Anlegetechnik mit Überfangstichen auf dem Stoffgrund befestigt und farbige Seidenfäden in Stielstichen eingearbeitet – die typischen Merkmale für schweizerische Stickereien. Mit diesem Antependium wird Königin Agnes von Ungarn in Verbindung gebracht, die eine Tochter Albrechts I. von Habsburg war und schon nach vierjähriger Ehe mit dem ungarischen König Andreas Witwe wurde. Sie reiste mit ihrer Mutter Elisabeth von Wien, dem damaligen Mittelpunkt des habsburgischen Großreiches, an den Rhein und veranlaßte möglicherweise in den Klöstern Engelberg und Königsfelden verschiedene erhalten gebliebene Stickereien.

Die liturgische Stickerei war in der Schweiz weniger stark ausgeprägt, da es an geistlichen und weltlichen Auftraggebern mangelte. Das Altartuch in Abbildung 37, das sog. Grandson-Antependium, stammt aus der Kathedrale von Lausanne. Es wird um den Anfang des 12. Jahrhunderts datiert und einem griechischen Künstler, der im Westen arbeitete, zugeschrieben. Es stellt die thronende Madonna zwischen den Engeln Gabriel und Michael dar. Die Goldstikkerei ist in Anlegetechnik, die farbige Seidenstickerei in Flach-, Stiel-, Gobelin- und Spaltstich ausgeführt. Die Entstehung der Stickerei konnte bisher noch nicht eindeutig geklärt werden. Die Farben der Wappen des ebenfalls dargestellten Ritters weisen auf die alte Familie der Grandsons im Kanton Waadt als Stifter hin, die Würdenträger im Domkapitel zu Lausanne waren.

Ein Antependium mit „Sieben Szenen aus der Leidensgeschichte unseres Herrn“ (siben ziten unseres Herrn) stellt das besterhaltene Exemplar der Wiener Stickerei um die Mitte des 14. Jahrhunderts und zugleich die einzige große Arbeit aus einer Habsburger Schenkung dar. Albrecht II. widmete es dem Königsfeldener Kloster im schweizerischen Kanton Aargau zum Andenken an seinen Vater. Königin Agnes erwähnte diese Stickerei übrigens in einer selbstverfaßten Inventarliste 1357 als „von unserem lieben Bruder Herzog Albrecht“ (Albrecht II. von Österreich). In Entwurf und Ausführung

Seiden- und Metallstickerei. Kloster Engelberg, 1. Hälfte 14. Jahrhundert. *Textilmuseum, St. Gallen.*

kommt die zarte „Nadelmalerei" auf Goldgrund mit ihren reichen Effekten und Farbschattierungen der Miniaturmalerei sehr nahe (Abbildung 38).

Eine besonders reizende Seidenstickerei auf Leinen ist ein niedersächsischer Altarbehang aus der Zeit um 1370. Dieses Werk besteht aus zwei Außenstücken und einem Mittelteil, das im Zweiten Weltkrieg verbrannte. Eingestickte Wappen weisen auf eine Herkunft aus der Nikolaus-Kapelle des Klosters Weende bei Göttingen hin. Die beiden erhaltenen Seitenbehänge zeigen jeweils sechs Szenen aus dem Leben des Hl. Nikolaus von Myra, umrahmt von Eichenlaubranken. Die Gewänder der Figuren sind in farbiger Seidenstickerei, die Gesichter und die Hände in weißem Leinen ausgeführt. Der linke Teil (Abbildung 39) zeigt von der Nikolaus-Legende die Geburt des Heiligen, seine Nahrungsverweigerung am Mittwoch und Freitag, seinen Besuch mit den Eltern bei einem Lehrer, den Unterricht in der Heiligen Schrift, den Tod des Bischofs von Myra und die Verkündigung des Engels, wonach Nikolaus bischöflicher Nachfolger werden sollte. Auf dem rechten Teil (Abbildung 40) ist u. a. zu sehen, wie Nikolaus dem Königspaar im Traum erscheint und wie er einen Knaben aus Seenot errettet.

Neben der Woll- und Seidenstickerei befaßte sich die Romanik auch mit der Perlstickerei, einer Tradition des Orients. Verwendete man dazu gewöhnlich Materialien wie Perlen, Edelsteine, Edelmetalle und Korallen, so fand man in den Klöstern Niedersachsens künstlichen Ersatz für die unerreichbaren Kostbarkeiten, die zwar begehrt, meist jedoch nicht verfügbar oder viel zu teuer waren. Diese Kostbarkeiten ersetzte man durch Materialien aus der heimischen Umgebung und ver-

Abbildung 37: Grandson-Antependium. (Detail: Engel Gabriel). Gold- und Seidenstickerei eines griechischen Künstlers, der im Westen arbeitete (?). Ende 12., Anfang 13. Jahrhundert (?). *Historisches Museum, Bern.*

lieh ihnen dadurch Pracht und Güte. Man stickte farbige Glasperlen, Pailletten und ähnliches in die Stickereien, um sie wertvoll erscheinen zu lassen. Dies verdeutlichen sehr eindrucksvoll die beiden folgenden Stickereien aus niedersächsischen Klöstern.

Das Antependium des Halberstädter Hochaltars aus der zweiten Hälfte des 13. Jahrhunderts, heute im Dommuseum von Halberstadt, besteht aus altrosa Seidenatlas, der ursprünglich rot war. Flußperlen, Korallen, bunte Glasperlen und vergoldete Metallauflagen sind in diese niedersächsische Stickerei eingearbeitet. Diese Perlstickerei stellt auf Pergament- und Leinenunterlage den Thron Christi dar, ursprünglich umrankt von Blattwerk in romanischer Stilrichtung, das jedoch ausgefallen ist (Abbildung 41).

Abbildung 39: Altarbehang. 6 Szenen aus der Legende des Hl. Nikolaus (linker Teil). Seidenstickerei auf Leinengrund. Niedersachsen, um 1370. *Kunstgewerbemuseum Berlin* (gegenüberliegende Seite).

Abbildung 40: Altarbehang. 6 Szenen aus der Legende des Hl. Nikolaus (rechter Teil). Seidenstickerei auf Leinengrund. Niedersachsen, um 1370. *Kunstgewerbemuseum Berlin* (gegenüberliegende Seite).

Abbildung 38: Antependium „mit den siben Ziten unsers Herrn" (sieben Darstellungen aus der Leidensgeschichte Christi). (Ausschnitt: Christus vor Pilatus.) Seidenstickerei auf Leinengrund, um 1340–1350. *Historisches Museum, Bern.*

Abbildung 41: Antependium des Halberstädter Hochaltars (Ausschnitt). Perlstickerei mit Leinenunterlage auf Halbseidenatlasgrund. Niedersachsen, 2. Hälfte 13. Jahrhundert. *Ev. Stadt- und Domgemeinde Halberstadt, Domschatz.*

Auch das Antependium „Christus in der Glorie", eine Perlenstickerei des frühen 14. Jahrhunderts aus dem niedersächsischen Kloster Marienwerder, ist mit zahlreichen Halbedelsteinen, Flußperlen, Korallen und Pailletten ausgestattet. Die Figuren haben eine Pergamentunterlage und sind auf roten chinesischen Seidendamast aufgenäht. Die Silberblättchen der Außenumrandung tragen das Wappen einer Familie Hamersen (Abbildung 42).

Die romanische Stickkunst findet in den Leinenarbeiten ihren reinsten Ausdruck. Ob es ein Zeichen der Armut oder der unmöglichen Beschaffung kostbarer Seide war, jedenfalls wurde vornehmlich in den norddeutschen Klöstern diese Art der Stickerei mit Durchbruchsarbeiten und Weißstickerei eine typisch deutsche Handarbeit (opus teutonicum). Man wählte aus praktischen Gründen das billigere Material, während „opus anglicanum" aus teurer Gold- und Seidenstickerei bestand. Die künstlerische Qualität war jedoch bei beiden gleichwertig.

Aus früheren Zeiten kennen wir bereits Gewandreste mit Leinenstickereien. Wie schon erwähnt, fand man in den ägyptischen Königsgräbern aus reinem Leinen gewebte und bestickte Mumienbinden, und der Römer Tacitus beschreibt die Linnengewänder germanischer Frauen. Von dem Benediktinermönch Bonifatius (673–754), dem „Apostel der Deutschen", wissen wir, daß er ein leinenes, im Kettenstich gearbeitetes „Pallium", eine kirchliche Schmuckbinde, an den Gesandten Priskus verschenkte.

Diese Weißstickerei wird urkundlich im 11. Jahrhundert auch in den Klöstern von St. Gallen und jenen an Rhein und Donau nachgewiesen. Dort wurde versucht, die kostbaren Stickereien nachzuahmen, die Kreuzfahrer aus dem Nahen Orient mitbrachten. Die Nonnen hatten zwar keine Seidengewebe und keine Fäden aus Gold oder Silber, aber sie hatten den heimischen Flachs, den edlen Leinenfaden und das handgewebte Leinen als Grundstoff. Sie zogen Fäden, umspannten Durchbrüche und übten Ziersticheiller Art auf weißem Grund. Als erste Arbeit des Leinendurchbruchs entstand der fadengebundene Stich, den wir als Hohlsaum kennen. Ihn hat man sehr schnell künstlerisch weiterentwickelt, verbreitert, nochmals durchgezogen und verschieden gemustert. Diese interessanten Weißstickereien auf Leinengrund waren wie geschaffen für die Bedürfnisse der Kirche.

Abbildung 42: Antependium aus Marienwerder. Christus in der Glorie (Ausschnitt). Perlstickerei auf Seidendamast. Niedersachsen, 14. Jahrhundert. *Kestner Museum, Hannover.*

Ein hervorragendes niedersächsisches Beispiel ist das bedeutendste Parament der Marienberger Sammlung, ein Leinen-Antependium aus dem Kloster Heiningen bei Wolfenbüttel. Durch die Verwendung von gebleichtem und ungebleichtem Leinen wurden farbliche Unterschiede, vor allem bei den Figuren, erzielt. Die Gewänder sind im Flachstich, die Schrift und die Ornamente in farbiger Seide im Kreuzstich herausgearbeitet. Das Zusammenfassen der Schuß- und Kettfäden ergab ein feines Netz, das den auf einem Regenbogen thronenden Christus von den restlichen Figuren

Abbildung 43: Leinenantependium aus Kloster Heiningen. Christus in der Mandorla (Ausschnitt). Niedersachsen 1260. *Kloster St. Marienberg, Helmstedt.*

Abbildung 44: Tischtuch mit Tierdarstellungen und Ornamentrahmen (Ausschnitt). Schweizer Leinenstickerei 14. Jahrhundert. *Schweizerisches Landesmuseum, Zürich.*

Abbildung 45: Altarbehang. Niedersächsische Leinenstickerei, 13. Jahrhundert. *Kestner Museum, Hannover.*

wirkungsvoll abhebt. Die Innenfläche der fast kreisförmigen Umrahmung ist mit gebleichtem Leinenfaden besonders dicht bestickt (Abbildung 43).

Es gibt zwei Arten der Weißstickerei, die fadengebundene, bei der die Muster den Anordnungen der Webfäden folgen und somit geometrisch bleiben (siehe z. B. Abbildung 44), und die ornamentale, bei der man auf den Leinengrund erst die Motive zeichnet und dann stickt (siehe z. B. Abbildung 45). Weißer Leinenfaden wurde bisweilen auch mit heller Seide zur Hervorhebung bestimmter Partien – z. B. der Heiligenscheine – gepaart. Eine Fülle von verschiedenen Sticharten war dabei möglich (Abbildung 46). Der Hintergrund wurde meistens als Durchbruchmuster gearbeitet; die Figuren, die mit verschiedenen Zierstichen ausgefüllt wurden, blieben ausgespart.

Mit einem Hunger- oder Fastentuch verhüllte man im Mittelalter am Aschermittwoch den Chorraum einer Kirche – zum Zeichen der Buße zu Beginn der Fastenzeit. Dieser Brauch verbreitete sich im 13. Jahrhundert über ganz Deutschland, Österreich, die Schweiz, Frankreich, die Niederlande und England.

Diese Tücher waren regional verschieden und wiesen jeweils typische Merkmale der Stickereien auf. Als Motive wählte man vorwiegend Szenen aus dem Alten und Neuen Testament oder die Initialen Jesu Christi. Solche Tücher anzufertigen und bestimmten Kirchen zu stiften, war vor allem adligen Damen vorbehalten.

Im niedersächsischen Kloster Lüne bei Lüneburg sind noch

Abbildung 46: Altarbehang (Ausschnitt). Niedersächsische Weiß- und Seidenstickerei, um 1300. *Kloster Wienhausen.*

zahlreiche Paramente wie Altartücher, Hungertücher und Kelchdecken erhalten (Abbildung 47). Die Liturgie verlangte bei sakralen Stickereien die Verwendung der weißen Farbe auf waschbaren Leinenstoffen. Der weitgehende Verzicht auf farbige Fäden erforderte eine besondere Behandlung des Gewebeuntergrundes. Die angewandten Sticktechniken übertreffen deshalb in ihrer Vielfalt und Exaktheit viele spätere Arbeiten.

Seit langem kannte man das handgewebte, handgesponnene und gebleichte Leinen, das man aus den heimischen Flachsfeldern gewann. Man stickte mit dem weißen Arbeitsfaden, den man aus dem Gewebe zog. Erst zu Beginn des 14. Jahrhunderts wurden die niedersächsischen Stickereien farbenprächtiger und die Themen verschwenderischer, wie der Margaretenbehang aus dem Kloster St. Marienberg bei Helmstedt und das Weihnachts-Antependium aus dem Kloster Wienhausen beweisen (Abbildungen 48/49).

Der Margareten-Behang zum Beispiel, ein Hungertuch bereits aus dem Ende des 13. Jahrhunderts, wechselt zwischen Lebensbildern der Hl. Margareta und verschiedenen Wappen. Mit feinem Leinenfaden und farbiger Seide auf locker gewebtem,

Abbildung 47: Hungertuch mit Darstellungen aus dem Leiden Christi. Pilatus (Ausschnitt). Leinenstickerei in Ketten-, Stiel-, Hexen- und Schlingstich auf durchbrochen gearbeitetem Leinengrund (Netzfilet) mit eingestopften Mustern. Kloster Lüne, 2. Hälfte 13. Jahrhundert. *Kloster Lüne, Lüneburg.*

Abbildung 48: Margaretenbehang I (Ausschnitt). Niedersächsische Leinenstickerei, Ende 13. Jahrhundert. *Kloster St. Marienberg, Helmstedt.*

Abbildung 49: Weihnachtsantependium. Christi Geburt (Ausschnitt). Niedersächsische Leinenstickerei, 2. Hälfte 14. Jahrhundert. *Kloster Wienhausen.*

leicht bräunlichem Nessel gestickt, wird berichtet, wie die Tochter des heidnischen Theodosius von Antiochien Christin wurde und trotz aller Folterungen bis zu ihrer Enthauptung im Jahre 307 unter Kaiser Diokletian dem Christenglauben treu blieb. Der Legende nach soll sie nach ihrer Geburt einer Amme übergeben worden sein, die Mitglied der von Paulus dort auf seiner ersten Missionsreise gegründeten Christengemeinde war. Sie erzog das Mädchen im christlichen Sinne und ließ sie auch taufen, was dem Vater, als er es erfuhr, sehr mißfiel. Als die heranwachsende Margarete beim Schafehüten dem römischen Präfekten Olybrius begegnete, der sich in sie verliebte, offenbart sie ihm, daß sie Christin sei. Daraufhin läßt Olybrius sie in den Kerker bringen. Er versucht sie durch Geiselungen von ihrem Glauben abzubringen, doch sie soll daraufhin erwidert haben: „Du hast Gewalt über den Leib, aber die Seele bleibt Christo ergeben." Wieder im Kerker, soll ihr der Teufel in Gestalt eines Drachen erschienen sein, den sie jedoch durch das Kreuzeszeichen bezwang. Ihr unerschütterlicher Glaube und ihre Standhaftigkeit bei den Folterungen sollen 5000 Menschen bekehrt haben.

Die Weißstickerei entwickelte sich in Deutschland zu einer echten Volkskunst. Der Leinendurchbruch diente der Verzierung bäuerlicher Kleidung und der mannigfaltigen Trachten. Eine angeblich aus dem 12. Jahrhundert stammende Leinenstickerei – schwarz auf weißem Grund, in einer Art Smokestich und gezähltem Kreuzstich – hat sich in vielen Variationen jahrhundertelang in der Bauern- und Trachten-

Abbildung 50: Altardecke (Ausschnitt). Altenburger Weißstickerei, hessisch, 14. Jahrhundert.
Museum für Kunsthandwerk, Frankfurt.

Abbildung 51: Alte Schwälmer Weißstickerei. Ausschnitt aus einem Brautkissen. *Privatsammlung.*

stickerei der Banater Schwaben erhalten. Dort bewahrten bis zum Ende des Zweiten Weltkrieges die Nachkömmlinge der sächsischen und der späteren schwedischen Einwanderer nicht nur ihre Sprache, sondern auch ihr Stickgut. Die Bäuerinnen dort „schrieben", wie sie sagten, mit der Nadel ihre freien Stickereien auf handgewebtes Leinen.

In der zweiten Hälfte des 13. Jahrhunderts förderte auch das hessische Zisterzienserinnenkloster in Altenberg an der Lahn, dessen Äbtissin und Schutzherrin Gertrud (1248–1297), eine Tochter der Hl. Elisabeth, war, die Weißstickereien sehr. Sie wurden von Künstlern entworfen und zeichneten sich besonders durch ihre figuralen Darstellungen aus.

Eine sehr eindrucksvolle hessische Weißstickerei aus dem 14. Jahrhundert stellt die in Abbildung 50 gezeigte Altardecke dar. Sie weist in zwei übereinanderliegenden Reihen elf Königspaare auf. Die dicht bestickten Figuren sind in Weißstickerei auf Leinen gearbeitet.

Die Schwälmer Weißstickerei, eine regional bis heute beliebte Nadelarbeit, die nach einem kleinen hessischen Landstrich am Flüßchen Schwalm benannt ist, hatte ihren Ursprung ebenfalls in Frauenklöstern. Die Vorlagen stammten vielfach von ortsansässigen Malern und wandernden Handwerkern. Auch die Fürstenhäuser pflegten die bodenständige Stickerei mit ihren eigenen Symbolen und Merkmalen. Typische und immer wiederkehrende Motive der Schwälmer Stickereien waren der Lebensbaum mit dem Dreisproß, das Herz, die Tulpe, Vögel und Sonnen in verschiedenen Formen (Abbildungen 51–53).

Nach der Säkularisation der Frauenklöster gingen die Nonnen zurück in ihre Heimatorte und gaben dort das erworbene Wissen an Generationen weiter. Zwischen der hessischen Trachtenstickerei und der schwedischen Bauernstickerei soll der Sage nach seit der Heirat einer schwedischen Prinzessin nach Schloß Waldenburg ein Zusammenhang bestehen.

Im nordwestdeutschen Raum, zwischen Niedersachsen und dem Niederrhein, entwickelte sich im 14. Jahrhundert eine besondere Form der Weißstickerei. Merkmal dieser westfälischen Technik sind konservative Formen aus leinernem Stickgarn auf Leinengrund. Hauptsächlich entstanden rechteckige Leinentücher für Lesepulte. Die bekanntesten Exemplare der reinen Vordergrundstickerei, bei der auf der Rückseite nur Steppstiche zu sehen sind, gibt es noch

Abbildung 52: Beispiel einer zeitgenössischen Schwälmer Weißstickerei. *Privatsammlung.*

im Xantener Dom und in der Wiesenkirche zu Soest. Die Altardecke aus dem 14. Jahrhundert, die in der Taufkapelle der Soester Kirche St. Maria zur Wiese aufbewahrt wird, war ursprünglich vermutlich eine Lesepultdecke. Auf grober, grauer Leinwand ist sie mit weißem Leinenfaden in dreierlei Technik, im Ketten-, Flecht- und Zopfstich ornamental und figürlich bestickt. Im Mittelfeld zeigt sie eine Marienkrönung, im linken Drittel den Auferstandenen mit Maria Magdalena und im rechten Drittel Mariä Verkündigung; dazwischen musizieren Engel und Heilige. Durch das Gewebe ziehen sich niederdeutsche und lateinische Sätze in Großbuchstaben (Abbildung 54). Außerdem kann man Drachen, Sterne, Hakenkreuze und Kronen als Ornamente entdecken. Der rechte Rand mit der Anbetung des Kindes im Arm Marias wurde leider mutwillig zerstört. Diese Arbeit wird dem Zisterzienserinnenkloster in Münster/Westf. zugeordnet. Ein zunächst angefügter Streifen mit Applikationsstickerei aus dem 15. Jahrhundert ist heute wieder abgetrennt und wird nur an Festtagen gesondert aufgelegt.

Den romanischen Stickereien folgten die gotischen, wobei die bisher geradlinigen und rechtwinkligen Formen den geschwungenen und stilisierten weichen (Abbildungen 55/56). Die Stickkunst erlebte einen Kampf zwischen der maleri-

Abbildung 53: Beispiel einer zeitgenössischen Schwälmer Weißstickerei. *Privatsammlung.*

schen Gestaltung, der „Nadelmalerei“, und der traditionellen flächenhaften Ornamentstilisierung.

Vor allem die englischen, französischen und italienischen Sticker schufen ausgezeichnete Arbeiten (siehe z. B. Abbildung 57). Das „opus anglicanum“ mit der Besonderheit der versenkten Anlegetechnik erreichte im 14. Jahrhundert seinen Höhepunkt (siehe z. B. Abbildung 58).

Ein vatikanisches Inventar-Verzeichnis weist bereits 1295 mehr Stücke im „opus anglicanum“ auf, als eigene Stickereien. Die Pest und zahlreiche Kriege verdrängten jedoch um das Ende des 14. Jahrhunderts weitgehend diese Kunst. In vielen Fällen wurde die Seide durch Samt als Grundgewebe ersetzt. Seide oder Leinen wurden allerdings weiterhin auf den Samt gelegt, weil man auf ihm nicht zeichnen konnte und weil es so leichter fiel, das Samtmaterial zu besticken. Zunächst arbeitete man vorwiegend in Ziegel- und Plattstichen, danach in „Nadelmalerei“, was schneller ging und die qualitativ höhere „versenkte Anlegetechnik“ nun endgültig verdrängte.

Während des 14. Jahrhunderts entwickelte sich neben Venedig, das der Handel mit östlichen Ländern verstärkt unter byzantinischen Einfluß brachte, vor allem Florenz zu einer blühenden Handelsstadt. Die Großzügigkeit gegenüber den in ihren Mauern lebenden Künstlern

Abbildung 54: Altardecke (Ausschnitt: Verkündigung). Westfälische Leinenstickerei, 14. Jahrhundert. *St. Maria zur Wiese-Kirche in Soest/Westfalen.*

Abbildung 55: Altardecke (Ausschnitt). Niedersächsische Leinenstickerei, 14. Jahrhundert. *Ev. Stadt- und Domgemeinde Halberstadt, Domschatz.*

Abbildung 56: Altardecke mit Wappen und Reitern (Ausschnitt). Niedersächsische Leinenstickerei, um 1340/50. *Herzog-Anton-Ulrich-Museum, Braunschweig.* Fotonachweis: Museumsfoto B. P. Keiser.

trug in den nächsten zwei Jahrhunderten dazu bei, daß im Schatten Michelangelos, Leonardo da Vincis und Giottos, um nur einige zu nennen, die Florentiner Stickereiwerkstätten großen Ruhm erlangten.

Französische Könige und Fürsten, speziell die Grafen von Burgund, gaben hier ihre Roben in Auftrag. Viele goldbestickte Gewänder gingen auch von anderen italienischen Werkstätten aus in nördliche Länder. Ein französischer Abt soll in einer Chronik bemerkt haben, daß die Sticker am Hofe der Adelsfamilie Sforza, die von 1400 bis 1535 in Mailand herrschte, begnadeter als andere europäische Zeitgenossen gewesen seien.

Die Stickereien wurden damals mit farbiger Seide im Spaltstich auf goldenem Untergrund gearbeitet. In Florenz bevorzugte man überaus leuchtkräftige Farben, die auch für die Maler der Renaissance typisch sind. Einer der bekanntesten, namentlich genannten Sticker war zu Beginn des 14. Jahrhunderts der Florentiner Jacobo Cambi.

Giotto († 1337), der als erster großer Maler versuchte, die Perspektive zu bewältigen, beeinflußte die Sticker so stark, daß sie zunächst große Schwierigkeiten auf sich nahmen, um seine Technik in Stickstiche zu übersetzen. Als sie die Tiefenwirkung endlich beherrschten, mußten sie sich auf die Darstellung der Bewegung konzentrieren. Nicht leicht machte es ihnen auch Botticelli (1445 bis 1510), der in seinen frühen Schaffensjahren Vorlagen für die Stickerei entwarf. In der Hochrenaissance waren dann Bilder „mit der Nadel gemalt“ gleichwertig mit jenen, für die man Pinsel und Farbe verwendet hatte.

Im 16. Jahrhundert scheint die Zusammenarbeit der Maler mit den Stickern – vermutlich aus finanziellen Gründen – zu enden, denn statt des künstlerischen Original-Entwurfes bedienten sich die Sticker nun aller erreichbarer Stiche und Zeichnungen, die sie auf ihre Stickvorlagen mittels Durchlöcherung übertrugen (Abbildun-

Abbildung 57: Tasche mit Minneszenen. Gold- und Seidenstickerei auf Leinengrund in Stiel-, Knoten-, Spalt- und Kettenstich. Frankreich (Paris ?), um 1340. *Museum für Kunst und Gewerbe, Hamburg.*

gen 59–61). Das waren bereits Vorläufer der Techniken moderner Tapisseriefabriken.

Der Handel mit dem Fernen Osten, besonders die Entdekkung des Seewegs nach Indien durch Vasco da Gama (1498), verlieh orientalischen Stilrichtungen starken Einfluß auf religiöse Stickereien, aber auch auf profane Arbeiten. Der Lebensbaum, beliebtes Thema der indischen Kunst, erschien in portugiesischen Stickereien etwas umgewandelt, und der Hirsch, der in Persien die Seele verkörpert, wird auf Stickereien von dem Kummer symbolisierenden Leoparden gejagt.

In Norddeutschland entwickelte sich mit dem Beginn der gotischen Stilepoche die Wollstickerei, die wegen ihrer gröberen Struktur besonders für Wandteppiche geeignet war. Beim sogenannten Klosterstich mit farbiger Wolle wurden relativ lose gedrehte, haarige Fäden dicht nebeneinander auf einen Leinengrund gelegt und mit Überfangstichen befestigt. Auf diese Weise ging kein wertvoller Wollfaden auf der nicht sichtbaren Rückseite der Stickerei verloren. Auch hier waren es vornehmlich niedersächsische Klöster wie in Lüne und Wienhausen, die sich bis ins 16. Jahrhundert dieser überaus materialsparenden Sticktechnik bedienten.

Bekannte Maler lieferten dem Kloster Wienhausen die Motive, die durchaus profan sein durften, weil man sich das Interesse des Braunschweiger Herzoghauses erhalten wollte. Dem Kloster Lüne ging es mehr um sakrale Kostbarkeiten, die von den Nonnen wahrscheinlich selbst entworfen wurden.

Der besondere Reiz der niedersächsischen Wandbehänge in Wollstickerei beruht auf ihrer Darstellung zeitgenössischer Dichtung mit äußerster Detailtreue und erzählerischer Kraft in lebhaften Szenenfolgen.

Einer der frühesten und großartigsten Teppiche, der um 1300 im Kloster Wienhausen entstand, behandelt in drei Bildfriesen die Geschichte von Tristan, eine ursprünglich wohl keltische Sage, die den Anglonormannen, den Franzosen und den deutschsprachigen Stämmen überliefert wurde. Sowohl für den Hintergrund der Stickerei als auch für die Figuren wurde der Klosterstich verwendet, der den Kontu-

Abbildung 58: Hostienbüchse. Deckelmotiv: Verkündigungsszene. Seiden- und Goldstickerei auf Leinengrund in Anlegetechnik. Schweiz, um 1400. *Pfarrkirche Unserer lieben Frau, Ebikon, Kanton Luzern, Schweiz* (gegenüberliegende Seite).

Abbildung 59: Holzschnitt aus dem Libro de Rechami von Paganino, in Toscolano, Italien, um 1532 veröffentlicht. Er zeigt das Durchstechen und Durchpausen eines Entwurfs für eine Stickerei.

ren folgt und den Grundstoff vollständig bedeckt (Abbildungen 62/63).

Der Parzival-Behang, der sich jetzt im Herzog-Anton-Ulrich-Museum in Braunschweig befindet, ist leider nur noch in Fragmenten erhalten. Die Sage von dem Sucher nach dem Gral, die wohl Wolfram von Eschenbach (um 1210) am eindrucksvollsten geschildert hat, macht uns mit dem Urbild des mittelalterlichen christlichen Ritters bekannt; als unerfahrener Jüngling zieht er aus, gelangt zum Hof des Königs Artus und findet schließlich die Gralsburg (Abbildung 64).

Dieser Behang aus der zweiten Hälfte des 14. Jahrhunderts ist ebenfalls eine Wollstickerei aus dem Kloster Wienhausen. Außerdem kommen von dort der Thomas-Behang mit Szenen aus dem Leben des „ungläubigen" Apostels und der Elisabeth-Teppich, eine Erinnerung an die schon 1235 heiliggesprochene Frau des Landgrafen Ludwig IV. von Thüringen, die in freiwilliger Armut lebte und nach dem Kreuzfahrertod ihres Mannes im Jahre 1227 nur noch den Armen und Kranken diente, bis sie 24jährig in Marburg starb.

Diese Stickerei bezeugt mit der gleichzeitigen Darstellung der Schutzpatrone des Klosters Maria und Alexander als einziger Wandteppich die Zugehörigkeit zum Kloster Wienhausen (Abbildung 65).

Die Behänge aus dem Kloster Lüne gipfelten in dem 1504 entstandenen Osterteppich, der runde Medaillons mit Szenen von Christi Auferstehung im Zentrum und vier Tiersymbolen in den Ecken aufweist. Der Entwurf stammt vermutlich von einem versierten Theologen, dessen Vorstellungen die Nonnen nachstickten (Abbildung 66).

Vom Kloster Heiningen bei Hannover ist bekannt, daß es noch bis 1516 große Wandteppiche in Wollstickerei herstellte; sie hatten jedoch nicht mehr die kindlich fröhliche Ausstrahlungskraft früherer Arbeiten, sondern wirkten eher streng und theologisch belehrend (Abbildung 67).

Vom ersten Drittel des 14. Jahrhunderts an sind auch Arbeiten in der Technik des Klosterstichs aus dem Süden Deutschlands bekannt. So besitzt das Augustinermuseum in Freiburg einen gotischen Wandteppich, den sogenannten Malterer-Teppich aus den Jahren 1310/20, der die „Weiberlisten" farbig darstellt.

Er wurde von den Geschwistern der Anna Malterer, die im Kloster St. Katharina in Freiburg Nonne war, gestiftet. In acht einzelnen Bildteilen beschäftigt er sich mit den Folgen weltlicher Liebe und den Werten christlicher Keuschheit, wobei der Humor keineswegs zu kurz kommt (siehe z. B. Abbildungen 68–70). Immerhin waren damals die „Weiberlisten", die zu Niederlagen berühmter Männer der Antike und des Alten Testaments durch Frauen führten, ein Lieblingsthema der oberdeutschen und schweizerischen Frauen. Auf dem letzten Bild des Wandbehangs sieht man eine Jungfrau mit dem Einhorn, das ein mittelalterliches Symbol der christlichen Liebe und Keuschheit war (Abbildung 71).

Aus dem bayerischen Raum kommt der „Wandbehang mit Liebespaaren", der um 1370/80 im Klosterstich mit gezwirnter Wolle auf grobem Leinengrund gestickt wurde. Auf ihm spielen in zahlreichen Medaillons Minnedarstellungen aus Dichtung und Sage in Verbindung mit Inschriften auf Liebe, Treue und Untreue an (Abbildung 72).

Die Wollstickereien in der Schweiz, die sich parallel zur Leinenstickerei entwickelten, übernahmen die Funktion der in der Gotik bedeutenden Tapisserie. Alte Chroniken berichten, daß auch die Töchter des schweizerischen Reformators Heinrich Bullinger (1504–1575) einige gestickte Wandbehänge nach Entwürfen zeitgenössischer Künstler gearbeitet haben.

Beim Wandbehang von Bischofszell in der Ostschweiz (etwa 1525) ist der dunkle Wollgrund mit farbiger Wolle im Klosterstich bestickt. Er befindet sich im Historischen Museum zu Basel und stellt auf fast zwei mal drei Meter Ausdeh-

Abbildung 60: St. Lucas mit der Bulle. Zeitgenössischer Stich.

Abbildung 61: St. Lucas mit der Bulle (Ausschnitt). Italien, um 1522. *Privatsammlung.*

Abbildung 62: Tristan-Teppich II (linkes und rechtes Fragment). Wollstickerei auf Leinen, mit locker gedrehtem Wollgarn, im Klosterstich gearbeitet. Niedersachsen, Anfang 14. Jahrhundert. *Kloster Wienhausen* (gegenüberliegende Seite).

Abbildung 63: Tristan-Teppich III. Wollstickerei auf Leinen im Klosterstich. Niedersachsen, um 1360. *Kloster Wienhausen* (gegenüberliegende Seite).

Abbildung 64: Parsival-Wandbehang (Ausschnitt). Niedersächsische Wollstickerei aus der 2. Hälfte des 14. Jahrhunderts. *Herzog-Anton-Ulrich-Museum, Braunschweig, Burg Dankwarderode.* Fotonachweis: Museumsfoto B. P. Keiser.

Abbildung 65: Elisabeth-Teppich (Ausschnitt). Wollstickerei auf Leinengrund. Kloster Wienhausen, um 1480. *Kloster Wienhausen.*

Abbildung 66: Oster-Teppich (Ausschnitt). Wollstickerei auf Leinen. Kloster Lüne, um 1504. *Museum für Kunst und Gewerbe, Hamburg.*

Abbildung 68: Wandbehang „Malterteppich“ (Ausschnitt: Der „ze'tende“ Aristoteles). Darstellungen der Weiberlisten. Wollstickerei auf Leinengrund. Süddeutsch, Freiburg um 1310/20. *Augustinermuseum, Freiburg im Breisgau* (gegenüberliegende Seite).

Abbildung 69: Wandbehang „Malterteppich“ (Ausschnitt: Aristoteles und Phyllis) (gegenüberliegende Seite).

Abbildung 70: Wandbehang „Malterteppich“ (Ausschnitt: Virgil im Korb). Virgil, der die Tochter des Kaisers Augustus nachts besuchen wollte, hängt im Korb vor ihrem Fenster, während der Hof sich über ihn lustig macht (gegenüberliegende Seite).

Abbildung 71: Wandbehang „Malterteppich“ (Ausschnitt: Jungfrau mit dem Einhorn) (gegenüberliegende Seite).

Abbildung 67: Wandbehang aus dem Kloster Heiningen bei Hannover (Ausschnitt). Niedersächsische Wollstickerei, um 1516. *Viktoria und Albert Museum, London.*

Abbildung 72: Wandbehang mit Liebespaaren (Ausschnitt). Wollstickerei auf grobem Leinwandgrund. Bayern, um 1370/80. *Museum der Stadt Regensburg.*

nung das bäuerliche Leben vor den Toren der Stadt Bischofszell recht anschaulich dar (Abbildung 73).

Den Schweizer Arbeiten sehr ähnlich, jedoch vermutlich in Süddeutschland gearbeitet, ist ein Wandbehang im Bayerischen Nationalmuseum in München. Das 1544 entstandene Werk, das ebenfalls mit farbiger Wolle auf dunklem Wollgrund im Klosterstich gestickt wurde, hat flachsbrechende Frauen als Thema.

Flachs hat es schon um 1500 v. Chr. im Nahen Osten gegeben. Seine Verarbeitung ist auf einem frühen ägyptischen Wandgemälde dargestellt. Auf griechisch heißt der Flachs „linon“, auf lateinisch „linum“, woraus unsere Bezeichnung „Leinen“ entstanden ist. Die Stengel der Pflanze werden durch Kochen gelockert, dann geschlagen und mit Kämmen „gehechelt“. Die hellen Bildteile der Darstellung sind mit weißem Leinenfaden hervorgehoben. Ein Schriftband am obe-

Abbildung 73: Wandbehang von Bischofszell. Farbige Wollstickerei auf Wollgrund im Klosterstich. Ostschweiz um 1525. *Historisches Museum, Basel* (gegenüberliegende Seite).

ren Rand trägt den sinnigen Spruch: „Manche ratschen vor der tür – wer besser sei spint im hus dafür“ (Abbildung 74).

Mit zu den bekanntesten Schweizer Wollarbeiten zählen die Tobias-Stickereien aus dem Textilmuseum in St. Gallen. Sie bestehen aus sechs einzelnen Teppichen mit unterschiedlichen Formen und Maßen. Die Szenen wurden auf schwarzem Wollstoff mit farbigen Woll- und teilweise auch Seidenfäden im Klosterstich gearbeitet (Abbildung 75).

Tobias-Wandteppiche waren im 16. Jahrhundert sehr beliebt, weil die alte jüdische Erzählung mit Märchenmotiven sehr ereignisreich ist, und letzten Endes in eine Verherrlichung der Frömmigkeit mündet. Die in St. Gallen ausgestellte Arbeit wird einer Bürgerstochter zugeschrieben, die wohl die Vorlage eines Künstlers aus ihrer Umgebung verwendete.

Nach der Überlieferung stammt der Vater von Tobias aus dem jüdischen Stamme der Naphtalis, der mit seinem Volk als Gefangener in Assyrien weilte.

Wegen seiner Gottesfürchtigkeit und Barmherzigkeit genoß er jedoch selbst im fremden Land Anerkennung. Oft ver-

Abbildung 74: Wandbehang mit flachsbrechenden Frauen. Farbige Wollstickerei auf dunklem Wollgrund mit weißen Leinenstickereien. Süddeutschland, 1544. *Bayerisches Nationalmuseum, München* (gegenüberliegende Seite).

1544

Abbildung 75: Tobias-Stickerei. „Tobias und der Fisch“. Wollstickerei auf schwarzem Wollgrund. Schweiz, Ende 16./Anfang 17. Jahrhundert. *Textilmuseum St. Gallen.*

Abbildung 76: Tobias-Stickereien auf einem Schulranzen. Seidenstickerei auf Seidengrund. Süddeutschland, 18. Jahrhundert. *Viktoria und Albert Museum, London.*

hielt er sich aber auch gegen den Willen seines Landesherren, um seinem Gewissen nachzukommen. So begrub er eines Nachts heimlich die Toten und schlief nach getaner Arbeit auf dem Steinboden vor seiner Hütte ein. Eine vorüberfliegende Schwalbe ließ ihren Kot auf seine Augen fallen und er erblindete dadurch. Seine Familie geriet deshalb in große Armut und der Vater befahl dem Sohne Tobias, zu einem entfernten Verwandten zu gehen, welchem er früher einmal Geld geliehen hatte, um dies zurückzufordern. Der Engel Raphael – der sich jedoch noch nicht zu erkennen gab – ging als sein Begleiter mit. Während Tobias im Tigris seine Füße badete, kam ein Fisch auf ihn zugeschwommen. Trotz seiner Furcht befolgte er den Rat des Engels und weidete den Fisch aus und bewahrte Herz, Galle und Leber auf. Später erreichten sie das Haus des Verwandten Raguel, dessen Tochter Sara mit ihren vielen Ehemännern, es waren bereits sieben an der Zahl, kein Glück hatte. Jeder von Ihnen war in der Hochzeitsnacht gestorben. Dennoch heiratete Tobias sie auf Anraten des Engels Raphael. Sie verbrannten auf einem Altar das Herz und die Leber des Fisches, beteten gemeinsam und der böse Geist, von welchem Sara besessen war, verschwand aus ihrem Leib. Der Engel fesselte und verbannte ihn ins ferne Ägypten. Nach dem Rat des Engels stellte Tobias aus der Fischgalle eine Salbe her, um sie dem Vater auf die erblindeten Augen zu streichen. Nachdem der Engel von Raguel das Geld zurückgefordert hatte, kehrten sie heim, Tobias strich die Salbe auf die Augen des Vaters und er wurde von seiner Blindheit geheilt. Nun feierten sie ein großes Fest, bei dem sich der Engel zu erkennen gab und dann wieder in den Himmel zurückkehrte.

Dasselbe Thema ist auch auf den Seitenteilen eines bestickten Schulranzens zu finden. Diese Seidenarbeit wurde allerdings erst im 18. Jahrhundert von einer bayerischen Stickerin in Vor- und Spaltstichen ausgeführt (Abbildung 76).

Abbildung 77: Stickerei mit heiliger Sippe (Ausschnitt). Leinenstickerei auf Leinengrund. Schweiz oder Oberrhein, 1591. *Rosgartenmuseum Konstanz.*

Wollstickereien herkömmlicher Art, die biblische Themen bevorzugten, setzten sich noch bis zur Mitte des 17. Jahrhunderts fort, ohne jedoch barocke Züge anzunehmen. Schließlich verloren sie an Bedeutung, als französischer Geschmack die bis dahin einheitliche Schweizer Stilrichtung beeinflußte.

Was die Leinenstickereien in der Nordschweiz und im Bodenseegebiet angeht, waren verhältnismäßig starke Unterschiede zu den Arbeiten aus den nördlichen Teilen Deutschlands festzustellen. Der Leinenfaden auf Leinengrund hatte größere Bedeutung als die Seidenstickerei auf Leinen. Man sprach auch eher von „Nadelarbeit" als von Stickerei.

Die weiße Schweizer Leinenstickerei wurde erst im 16. Jahrhundert mit braunen und blauen Garnen angereichert, was auch die qualitativ besten Arbeiten ergab. Aus den vorhergehenden Jahrhunderten sind nur wenige Kostbarkeiten erhalten geblieben (siehe z. B. Abbildung 44). Aus der Blütezeit dieser Kunst können wir jedoch eine große Anzahl Stickereien im Schweizer Landesmuseum in Zürich finden. Die Hersteller sind meistens anonym, und der kirchliche oder weltliche Verwendungszweck ist nicht immer eindeutig zu bestimmen. Durch gekonntes Abwechseln der gebräuchlichen Stickstiche verstanden es jedenfalls die Stickerinnen, Abwechslung und Bewegung in ihre Arbeiten zu zaubern. Eine reizende Szene aus

Abbildung 78: Szene aus der Gründungslegende der Fraumünsterabtei in Zürich. Schweizer Leinenstickerei, 1539. *Schweizerisches Landesmuseum, Zürich.*

Abbildung 79: Leinendecke. Tobias mit dem Engel (Ausschnitt). Schweizer Leinenstickerei auf Halbleinengrund, 1563. *Historisches Museum, Basel.*

Abbildung 80: Illustrationen von Hans Holbein d. J. in einer Bibel der Offizin Froschauer aus dem Jahre 1540. *Historisches Museum, Basel.*

dem Leben der Heiligen Familie bildet den Mittelpunkt einer Leinenstickerei aus dem Jahre 1591 (Abbildung 77). Das ungewöhnliche Format von knapp zweieinhalb Meter Länge und nur 44 cm Breite läßt nur zweifelhafte Aussagen über die frühere Verwendung zu. Die Schmalseiten sind mit Hohlsaum eingefaßt, die Szenen mit weißem und blauem Leinenfaden auf Leinengrund im Kloster-, Hexen-, Flach-, Kreuz- und Überfangstich gestickt. Stellenweise wurden auch farbige Seidenfäden und für die Heiligenscheine Goldfäden verarbeitet. Die untere Längsseite schließt eine Spitze ab.

Derartige Stickereien wurden nur selten von einer einzelnen Frau bewältigt. Monumentale Arbeiten wie die Gründungslegende der Fraumünsterabtei in Zürich aus dem Jahre 1539, mit den Königinnen Hildegard und Bertha in prächtigen Gewändern sowie dem König Ludwig dem Deutschen mit Krone, Schwert und Zepter, brauchten einen Entwerfer der Vorlage und mehrere Stickerinnen für die Nadelarbeit (Abbildung 78).

Die Figuren wurden mit Farbe zuerst auf den Stoff aufgetragen, wobei der Einfluß namhafter Maler, Kupferstecher und Zeichner wie Hans Holbein, Lu-

Abbildung 81: Decke mit Darstellungen von ländlichen und häuslichen Tätigkeiten. Schweizer Leinenstickerei, um 1600. *Schweizerisches Landesmuseum, Zürich.*

kas Cranach, Tobias Stimmer, Virgil Solis und Jost Amman deutlich zu spüren ist. Zum Beispiel verwendete eine Nordschweizer Leinenstickerei auf Halbleinengrund aus dem Jahre 1563, die Tobias mit dem Engel darstellt (Abbildung 79), eine Illustration von Hans Holbein d. J. aus dem Werk „Die Gantze Bibel" von 1540 (Abbildung 80).

Auf einer Decke mit Darstellungen ländlicher und häuslicher Tätigkeiten wie Spinnen, Nähen und Garnwinden sind die Szenen mit weißem, braunem und blauem Leinenfaden auf Rohleinengrund im Platt-, Ketten-, Kreuz-, Feston-, Kloster- und Hexenstich ausgearbeitet. Wie meistens wurden auch hier die Stickerinnen nicht namentlich genannt (Abbildung 81). Eine Ausnahme bildet eine Tischdecke mit biblischen Bildergeschichten von den klugen und den törichten Jungfrauen – signiert von Elisabeth Haberlin im Jahre 1612; das seltene Exemplar ist im Besitz des Schweizerischen Landesmuseums. Es zeigt, wie die klugen Jungfrauen sich entschlossen einer Kirche nähern, aus deren Fenster Jesus schaut und sie segnet, während die törichten Jungfrauen tatenlos mit aufgelösten Haaren herumsitzen und ihre Lämpchen verkehrt halten, so daß das Öl herausläuft. Auch hier sind in den verschiedensten Sticktechniken wie Hexen-, Platt-, Ketten-, Flecht-, Kloster- und

Abbildung 82: Tischdecke mit Darstellungen der klugen und törichten Jungfrauen. Schweizer Leinenstickerei von Elisabeth Haberlin, 1612. *Schweizerisches Landesmuseum, Zürich.*

Festonstich blaue, weiße und braune Leinenfäden verarbeitet worden (Abbildung 82).

So wie bestimmte Klöster im deutschsprachigen Raum durch ihre hervorragenden Arbeiten mit Nadel und Faden bekannt wurden, erlangten in anderen Ländern Europas ebenfalls Klöster mit ihren Stickereien einen vorzüglichen Ruf. In Schweden war es z. B. die Werkstatt des Klosters Vadstena, dessen Orden 1370 gegründet worden war.

In Florenz wird dem Nonnenkloster Murate ein Altartuch, bestickt mit fliegenden Tauben und bestimmt für die Kathedrale von San Giminiano, zugeschrieben. Das Kloster Guadalupe in Spanien schickte im 15. Jahrhundert die ersten Laien in die Toledo-Stickerschule und richtete Mitte des Jahrhunderts eine klostereigene Werkstatt ein, die weit über ihre Mauern hinaus bekannt wurde.

Das Zunftwesen und seine Regeln

Da das Sticken im Mittelalter nicht nur eine Liebhaberei, sondern ein richtiger Gewerbezweig war, entwickelten sich, wie bei den anderen Handwerken, bald eigene Zünfte mit festen Bedingungen. In Paris gab es bereits im 13. Jahrhundert urkundlich nachgewiesene Zunftregeln für Sticker verschiedener Sparten.

Die vorgeschriebene Ausbildung betraf Arbeiten an liturgischen Meßgewändern, Möbelstickerei, Bekleidungsstickerei oder Weißstickerei für den Hausgebrauch. Eine einheitliche Lehrzeit war ebenso fixiert wie der Ablauf der Gesellen- und Meisterprüfung, wobei zum Beispiel eine viermonatige Zeitspanne zur Anfertigung des Meisterstücks gewährt wurde.

Bei der Aufnahme in die Zunft bevorzugte man meist die Söhne von Stickmeistern. Vor allem Frankreich hatte unzählige Stickereiwerkstätten; in Chroniken mit Namen festgehaltene Sticker blieben besonders für Königs- und Fürstenhäuser tätig, weil die Bestimmungen für höfische Kleidung seit der Regierungszeit Ludwigs XIV. nicht weniger streng waren als für kirchliche Gewänder. Die bekannteste Werkstatt für sakrale Textilien arbeitete seit dem 16. Jahrhundert in Lyon.

Als bekanntester königlich-spanischer Sticker fertigte Jaume Cope von 1360 bis 1394 prächtige Stickereien an, darunter den Baldachin für die alljährliche Fronleichnamsprozession. In spanischen Ateliers arbeitende Italiener brachten den Einfluß der italienischen Renaissance nach Katalonien, der sich dann auch auf nördliche Länder ausdehnte.

Die Sticker in der Schweiz hatten kein allzu strenges Zunftsystem, wie aus einer Zunftordnung von 1489 hervorgeht. Über die Züricher Seidensticker wird gesagt, sie hätten Gewerbefreiheit, gleichgültig welcher Zunft sie auch angehören mögen.

Die Kölner Wappensticker erhielten 1397 eine Charta, die sie mit den Bortenwebern zu einer Zunft zusammenschloß. Alte Chroniken nennen einen Sticker Johann von Bornheim, der 1470 Zunftmeister wurde; er war mit dem bekannten Madonnenmaler Stephan Lochner befreundet und lebte zeitweise im gleichen Hause, was dafür spricht, daß Malerei und Stickerei eng verbunden sein konnten. Dies gilt besonders für die südlichen Niederlande, wo die Sticker von Antwerpen zu der St. Lukas-Gilde gehörten – zusammen mit den Bildhauern und Malern.

Qualitativ hochwertige Weiß- und Ausschnittstickereien, wie sie auf Haube und Bluse einer unbekannten Dame zu sehen sind, zählten seit dem 16. Jahrhundert zu den begehrtesten Exportartikeln der Südniederlande (Abbildung 83). Der Maler des Bildnisses hatte sicherlich einige Kenntnisse im Sticken, entwarf vielleicht auch Vorlagen, denn seine Detailtreue bei der Darstellung der Stickerei ist frappierend.

Die Brüsseler und die Brügger Sticker hatten eigene Zünfte mit genau festgelegten Meisterstükken. Eine Verordnung von Gent aus dem Jahre 1408 legte fest, daß eine Figur – meist eine Heiligenfigur – gestickt werden

Abbildung 83: Porträt einer unbekannten Frau. Gemälde von Pieter Pourbus, zugeschr. (1523–1584). Südniederlande, um 1555–1560. Es zeigt zeitgenössische Weißstickerei auf Kragen und Haube. *Staatliche Kunstsammlungen, Gemäldegalerie Alte Meister, Dresden.*

mußte (Abbildungen 84/85). Der künftige Meister hatte außerdem ein Empfehlungsschreiben eines Priesters vorzulegen und einen finanziellen Obulus zu entrichten.

Die Zünfte arbeiteten hauptsächlich für wohlhabende Bürger und im Auftrag der Kirche. Aus der Kathedrale Notre Dame in Lausanne stammt ein Chormantel mit Rückenschild, auf dem als geschlossener Zyklus die sieben Sakramente dargestellt sind. Als Inventar der Kirche wird diese Stickerei bereits 1536 erwähnt. Die künstlerisch sehr wertvolle Arbeit eines professionellen Stickers ist im 7. und 8. Jahrzehnt des 15. Jahrhunderts in den Niederlanden mit Gold- und Silberfäden sowie mit farbiger Seide in Nadelmalerei und teilweise in Lasurtechnik auf Leinengrund gefertigt worden. Vorzeichnungen dazu sind noch in Oxford erhalten. Ein Nachfolger des niederländischen Malers Rogier van der Weyden hat die Motive des Meisters in die Stickerei umgesetzt.

Abbildung 84: Spätgotische Altarborte. Detail Hl. Maria. Gold- und Seidenstickerei in Überfangtechnik. Köln, 16. Jahrhundert. *Kölner Dom Schatzkammer.*

Auftraggeber für den Chormantel war der Graf von Romont, ein Bundesgenosse Karls des Kühnen (Abbildung 86).

Professionelle Sticker lebten vornehmlich in begüterten Reichsstädten, wo sie Arbeitsmaterial kaufen und Aufträge reicher Bürger beschaffen konnten. Außerdem war hier die Zusammenarbeit mit Malern und Kupferstechern am ehesten möglich.

Die Nürnberger Stadträte lehnten 1522 das Ansinnen der Sticker, eine Zunft zu gründen, ab und verwiesen sie in den Bereich der freien Künste: „Es soll ir arbait ein freye Kunst seyn, wie mit alter herkomen." Jedoch verlangten sie, daß in Nürnberg nur Bürger der Reichsstadt den Beruf des Stickers ausüben durften. Von dem Nürnberger Maler Albrecht Dürer (1471–1528) wissen wir, daß er für Sticker Entwürfe angefertigt hat; unter anderem 1509 eine Skizze für die Kapuze eines Chorrocks, auf der die Krönung der Jungfrau Maria dargestellt ist.

In seinem Ständebuch von 1568 stellt der Kupferstecher Jost Amman in einem eindrucksvollen Holzschnitt die Arbeitsstätte eines Stickers des ausklingenden 16. Jahrhunderts dar. Den passenden Reim dazu lieferte Hans Sachs.

Abbildung 85: Antependium mit der Hl. Ursula (Ausschnitt). Seidenstickerei auf florentinischem Damast. Köln 15./16. Jahrhundert. *Schnütgen Museum, Köln.*

Ein Jahrhundert später veröffentlichte Christoph Weigel in seinem bekannten Werk der „Gemeinnützlichen Stände“ neben vielen Berufsdarstellungen auch die Werkstatt der Seidensticker. Für ihn schrieb Abraham a Sancta Clara, der berühmte Schwabe Hans Ulrich Megerle, die Verse dazu.

Auch in der seinerzeit vielbeachteten Enzyclopädie von Diderot zeigt ein Kupferstich eine französische Stickereiwerkstatt. Im Gegensatz zu den beiden älteren Darstellungen sind hier bereits Frauen am Stickrahmen dargestellt (Abbildungen 87–89).

Die vermutlich in Brüssel gestickten Gewänder des burgundischen Ordens vom Goldenen Vlies, den Herzog Philipp der Gute 1430 stiftete, beweisen ebenfalls, wie die Stickerei mit der zeitgenössischen Malerei verflochten war. Da es sich hier um eine Vielzahl von Gewändern handelt, die zu verschiedenen Zeiten entstanden sind, spiegeln sie recht unterschiedliche Stilrichtungen wider. Der vollständig erhaltene Ornat besteht aus zwei Altarbehängen, dreiteiligen Meßgewändern und drei Chormänteln. Die Bildfelder sind einzeln mit Goldfäden, farbiger Seide und Edelsteinen auf starkem Leinengrund in „Nadelmalerei“, Flach- und Spaltstich sowie stellenweise in fast plastisch wirkender Lasurtechnik bestickt und von Goldborten eingefaßt. Die Entwürfe stammen von verschiedenen Meistern der niederländischen Schule (Abbildungen 90/91).

Ein Duell, das Philipp der Gute 1425 mit einem Duke of Cloucester in Brügge ausgetragen haben soll, veranlaßte angeblich

Abbildung 86: Schild eines Chormantels (Ausschnitt: Das Altarsakrament). Niederlande, Ende 15. Jahrhundert. *Bernisches Historisches Museum, Bern.*

den Burgunderfürsten, in Paris von ausgewählten Stickern aus den Südniederlanden prunkvolle Gewänder, Waffenröcke und Pferdeschabracken sowie ein Zelt aus Satin mit den Wappen aller Länder, die zu Burgund gehörten, und mit seinem aufgestickten Wahlspruch anfertigen zu lassen.

Zahlreiche weltliche Stickereien des Mittelalters wurden von Militäreinheiten, Stadtverwaltungen, Handwerkszünften und Vereinen bestellt. Vielfach wa-

Abbildung 87: Der Seydensticker. Holzschnitt aus Jost Amman's „Ständebuch", 1568, mit Versen von Hans Sachs.

Abbildung 88: Der Seidensticker. Stich aus Christoph Weigels „Abbildungen der Gemein-Nützlichen Hauptstände", Regensburg 1698, mit Versen von Abraham a Sancta Clara.

Abbildung 89: Französische Stickereiwerkstatt um 1750. Kupferstich aus Diderot et d'Alembert „Encyclopédie ou Dictionnaire raisonné des sciénces, des arts et des métiers", Paris 1751–1772.

ren es Fahnen, Banner, Schärpen und andere Tücher, die mit Wappen, städtischen Emblemen, Sprüchen und sonstigen Kennzeichen bestickt werden mußten.

Das in Abbildung 92 dargestellte Zunftsymbol wurde von Wolf Popp gestickt, der von 1563 bis 1574 in Passau tätig war. Das Wappen zeigt drei mit Draht modellierte Männer, die in einem Boot den Fluß Iltz überqueren. Die Darstellung im Hintergrund ist eine Ansicht Passaus. Die Arbeit wurde mit Gold- und Seidenfaden in Relieftechnik ausgeführt.

Abbildung 90: Marienmantel. Teil des Meßornats des Ordens vom Goldenen Vlies. Die Hl. Barbara (Ausschnitt). Niederlande, Mitte 15. Jahrhundert. *Kunsthistorisches Museum, Wien.*

Abbildung 91: Antependium. Teil des Meßornats des Ordens vom Goldenen Vlies. Die mystische Hochzeit der Hl. Katharina (Ausschnitt). Niederlande, Mitte 15. Jahrhundert. *Kunsthistorisches Museum, Wien.*

In einem Brief aus dem Jahre 1408 – von einem Fürst Ernst geschrieben – sind in Österreich die ersten dokumentarischen Hinweise auf den „seydennahter“ (Seidensticker) zu lesen. 1430 wurden die Seidensticker als organisiertes Gewerbe anerkannt; die Perlensticker waren demgegenüber ein freies Gewerbe. In den Zunftregeln von 1446 wurden die Sticker der Gilde von St. Lukas zugeordnet. Innsbruck wurde besonders im 16. Jahrhundert unter Kaiser Maximilian ein bedeutendes Stickereizentrum (Abbildung 93).

In seinem Werk „Curioser Spiegel“ veröffentlichte E. Porzelius 1689 in Nürnberg auch einen Holzschnitt, auf welchem bereits das Bemühen der Jüngsten um die Stickkunst unter fachlicher Anleitung zu sehen ist. Eine emblematische Radierung zeigt eine junge Frau, die mit Hilfe von Cupido, dem altrömischen Liebesgott, und zeitgenös-

Abbildung 92: Zunftsymbol. Reliefstickerei von Wolf Popp, der zwischen 1563 und 1574 in Passau als Seidensticker tätig war. Süddeutsche Reliefstickerei, 1574–1575. *Bayerisches Nationalmuseum, München.*

Abbildung 93: Kaiser Maximilian auf dem Reichstag zu Augsburg 1518. Zeichnung von Albrecht Dürer.

Abbildung 95: Stickunterricht. Holzschnitt aus „Curioser Spiegel", von E. Porzelius. Nürnberg 1689.

Abbildung 94: Stickerin mit Amor. Emblematische Radierung von J. Sweelinck sc aus J. Cats „Protens ofte minnebeelden verandert in sinnebeelden. Rotterdam 1627. *Rijksmuseum, Kupferstichkabinett, Amsterdam.*

sischen Accessoires an einem Stickrahmen arbeitet (Abbildungen 94/95).

Auch in den nordischen Ländern waren die Sticker zumeist in Zünften organisiert. Der bekannteste unter ihnen war der Schwede Albertus Pictor, auch Albert der Sticker genannt. Die Kathedrale von Uppsala besitzt die Kasel eines Meßgewandes aus seiner Werkstatt vom späten 15. Jahrhundert. Diese Stickerei ist mit Goldfäden, farbiger Seide und Perlen auf Leinwand ausgeführt. Das Jesuskind sowie Gesicht und Hände der Maria sind in versetztem Flachstich, die Goldfäden in Anlegetechnik gearbeitet. Einzelne Teile der Kaselstickerei sind als Relief appliziert (Abbildung 96).

In England gab es eine Stickerzunft, die eine Samtkrone als Zunftzeichen führte.

Höhepunkt im ausklingenden Mittelalter

Ende des 15. Jahrhunderts erreichte die europäische Stickerei einen Höhepunkt, weil sie vornehmlich durch die Lasurtechnik mit ihren gekonnten Schattierungen der Malerei noch mehr vergleichbar wurde.

Im späten Mittelalter führte jedoch ein Wettstreit der beiden Kunstrichtungen zu stark überladenen Formen, die der Stickkunst abträglich waren. Vermögende und kulturell aufgeschlossene Auftraggeber ermöglichten eine Blütezeit, vor allem als das Streben der Gotik nach Ausdruckskraft und plastischem Naturalismus die Reliefstickerei hervorbrachte. Bei dieser Technik wurden die gestickten Figuren oder auch andere Motive zuvor mit Stoffetzen, Draht, Karton, Elfenbein, Papier oder gar Holzstücken unterlegt, mit Fäden überspannt und vollständig überstickt, womit man den Charakter der spätgotischen Skulpturen nachahmte (Abbildungen 97–100).

Während in Abbildung 96 bei der Kasel-Stickerei der thronenden Maria aus der Werkstatt des pictor Albertus nur einige wenige Partien in Relief-Technik ausgeführt und dann appliziert wurden, zeigt Abbildung 98 bereits ein ausgesprochenes Hochrelief. Bei den Flügeln des Reliquienaltars, welche die Heiligen Sebastian und Ursula darstellen, sind die Figuren reliefartig hervorgehoben und auf Satingrund appliziert. Haar und Bart bestehen aus mit Seide umwundenen Spiraldraht, die Gewänder der Heiligen wurden in versenkter Anlegetechnik mit Goldfaden bestickt und mit echten Perlen und

Abbildung 96: Kasel. Thronende Maria mit dem Jesuskind (Ausschnitt). Seiden- und Reliefstickerei auf Leinengrund. Aus der Werkstatt von Albert dem Sticker (pictor Albertus). Schweden, Stockholm Ende 15. Jahrhundert. *Kathedrale Uppsala.*

Pailletten verziert. Die Konturen der Gesichter zeichnen feine Stielstiche auf weißem Satingrund.

Besonders deutlich wird der Relief-Charakter bei der alpenländischen Stickerei eines Kaselstabes. Hier wurden aus einer Masse von Pflanzenfasern Figuren modelliert, die man mit Leinenfäden umwickelte, mit Seidentaft überzog und anschließend mit farbigen Seiden-, Gold- und Silberfäden bestickte.

Danach wurden diese bestickten Figuren auf das Seidengewebe der Kasel appliziert und dieser Grundstoff noch zusätzlich mit zahlreichen Pailletten geschmückt.

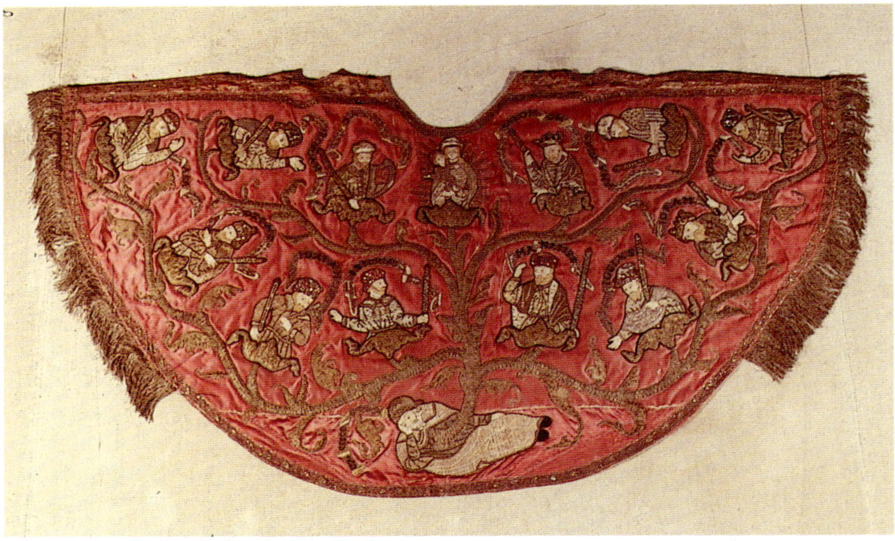

Abbildung 97: Mantel der „Schwarzen Madonna von Le Puy. Gold-Seiden- und Reliefstickerei, 16. Jahrhundert. *Museum der Kathedrale von Le Puy, Frankreich.*

Abbildung 99: Ausschnitt einer englischen Reliefstickerei, spätes 17. Jahrhundert. *Viktoria und Albert Museum, London.*

Abbildung 98: Zwei Flügel eines Reliquienaltars. Die Heiligen Sebastian und Ursula. Reliefstickerei. Süddeutschland, Franken 1519. *Bayerisches Nationalmuseum, München.*

Diese erhaben wirkende Darstellung zeigt in der Mitte des Kaselstabes die Muttergottes mit dem Jesuskind auf dem Arm in einem Strahlenkranz auf der Mondsichel. Über einem Wolkenband ist Gottvater mit der Weltkugel und den Gesetzestafeln als Halbfigur zu sehen. Den Abschluß der Kaselstickerei bildet eine Höllendarstellung mit tanzenden Teufeln und einer nackten weiblichen Figur, die in der Hand einen Apfel hält und deren Unterkörper in einer langen Ranke mündet.

Diese Relief-Stickereien bildeten im ausklingenden Mittelalter einen weiteren Höhepunkt in der Stickkunst, die jedoch die Qualität der Arbeiten vergangener Jahrhunderte nicht erreichten.

Zur gleichen Zeit verlor die Stickerei in England und Frankreich etwas an Bedeutung. Tür-

Abbildung 100: Kaselstab (Rückseite). Seidengewebe mit applizierter Reliefstickerei, alpenländisch, um 1500. *Kathedrale Domschatz Chur/ Schweiz* (gegenüberliegende Seite).

Abbildung 101: Gesticktes Liederbuch. Schwarze Seidenstickerei auf Leinengrund. Augsburg 1530. *Schloß Ambras bei Innsbruck,* Foto: Kunsthistorisches Museum, Wien.

kischer und persischer Einfluß, der hauptsächlich durch den stärkeren englischen Handel mit östlichen Ländern zu erklären ist, drückt sich in der häufigen Anwendung der „Arabeske" aus verschlungenen Formen aus.

Mit den Ausgrabungen antiker Villen Roms Ende des 15. Jahrhunderts brachten die entdeckten Wandmalereien als „Grotesken" einen leichten Schwung mit phantasievollen floralen und animalen Dekorationen in die Bilder.

An einen interessanten Abschnitt der europäischen Geschichte erinnert eine kleine Handarbeit: auf feinstem weißen Leinen mit schwarzem Garn gestickte Noten einer Hymne.

Die Stickerei wurde 1530 für Karl V., der in diesem Jahr in Bologna zum Kaiser gekrönt wurde, angefertigt. Nach den vielen Huldigungen, die dem jungen Kaiser auf dem Höhepunkt seiner Macht überall zuteil wurden, wollten ihn auch die Innsbrucker feiern. Deshalb schenkten sie ihm die Hymne, in kostbaren Deckeln eingebunden (Abbildungen 101/102), mit mehreren gestickten Liederbüchern, die als süddeutsche Arbeit gelten.

Dieses Geschenk wird heute auf Schloß Ambras bei Innsbruck aufbewahrt. Es beinhaltet eine

Abbildung 102: Gestickte Notenblätter. Noten und Texte in Vor- und Flachstichen.

sechsstimmige Staatsmotette für den Kaiser und das vierstimmige Lied „Aus guetem Grund“ von dem Hofkomponisten Ludwig Senfl. Auf den Deckblättern der Stimmhefte sind u. a. das Kaiserwappen – der schwarze Doppeladler im goldenen Schild –, die Wappen von Österreich und Burgund sowie die Kaiserkrone, das Zepter, das Reichsschwert und der Reichsapfel mit perlenbesetztem Kreuz eingestickt.

Die Noten und die Liedertexte sind in Vor- und Flachstichen ausgeführt, die Reichsinsignien in Applikationstechnik. Für die Stimmbezeichnungen wurden schwarze Seide und angelegte Goldfäden in einer Kreuzstichrahmung gewählt. Obwohl es darüber keinen historischen Bericht gibt, ist anzunehmen, daß den Kaiser die Hymne erfreute, zumal er sehr musikliebend war (Abbildung 103).

Ein Gegenstück dazu ist wohl ein Gewand des französischen Herzogs Charles von Orléans aus dem 15. Jahrhundert. Auf den Ärmeln war es mit den Noten eines Volksliedes fein säuberlich bestickt, wozu man 568 Perlen brauchte.

Eine weitere Rarität aus dem Bereich des Stickens ist ein köstlicher und streng gehüteter Schatz aus dem Kloster Nonnberg in Salzburg: das „Weihnachtsreiterlein“ aus dem 15. Jahrhundert, das von einer bildhauerisch begabten Nonne aus Tirol geformt wurde. Der Hut und die Satteldecke bestehen aus Gold- und Perlstickerei auf Samt; die Figur symbolisiert Christus, der zu Neujahr schon als größeres Kind das Salzburger Gebiet durchreitet und für das neue Jahr Gnaden verteilt (Abbildung 104).

Abbildung 103: Kaiser Karl V. Gemälde von Tizian, 1548. *Bayerische Staatsgemäldesammlung, München* (Alte Pinakothek).

Auf Schloß Ambras bei Innsbruck lebte einst auch Philippine Welser aus jener reichen Augsburger Leinenweber-Familie, die sogar Kaiser Karl V. mit Krediten aushalf. Als Zwanzigjährige wurde die schöne und gebildete Frau mit Erzherzog Ferdinand insgeheim getraut, aber der Kaiser war mit dem Entschluß seines Sohnes nicht einverstanden. Im Jahre 1558 fuhr Philippine deshalb als Page verkleidet nach Prag und überreichte dem Kaiser eine Bittschrift. Dieser mag von ihrer Schönheit so gefesselt gewesen sein, daß er ihr verzieh und ihre Heirat mit seinem Sohne als legitim erklärte (Abbildung 105).

Auf Schloß Ambras, wo sie 1580 starb, soll sie die berühmte Philippine-Welser-Decke mit Tiroler Motiven im Kreuzstich angefertigt haben. Das wertvolle Stück ist inzwischen häufig kopiert worden. Eine sehr frühe Nachahmung zeigen die Darstellungen in Abbildung 106.

Abbildung 104: Weihnachtsreiterlein aus dem Kloster Nonnberg, Salzburg. Reliefstickerei des 15. Jahrhunderts. *Kloster Nonnberg, Salzburg.*

Naturgeschichtliche Bücher wie das vierbändige Werk „Historia animalium" des schweizerischen Forschers Konrad Gesner, das von 1551 bis 1558 in Zürich erschien, dienten oft als Vorlage für Stickereien, besonders in der Zeit Königin Elisabeths I. von England. Als weitere Stickvorlagen benutzte man sogenannte Emblem-Bücher, wie das von Claude Paradin „Dévises héroiques", das 1557 in Lyon erschien und 1561 ins Englische übersetzt wurde. Die darin erläuterten Sinnbilder, die den Menschen jener Zeit weitgehend vertraut waren, drückten verschlüsselt Gefühle und Gedanken aus.

Im Benaki-Museum in Athen begegnete mir die gestickte Seite eines Naturgeschichtsbuches. Exotische Tiere mit den entsprechenden Bildunterschriften, z. B. ein Känguruh oder ein Drache und dazwischen einige Blumen, alles fein säuberlich gestickt, demonstrieren das naturkundliche Weltbild jener Zeit.

Der häusliche Bereich im elisabethanischen Zeitalter war behaglich, dekorativ und mit reichlich gestickten Details wie Kissen, Buchumschlägen und Dessertdeckchen, oft auch mit Wandbehängen und Betthimmeln in Gobelinstickereien ausgestattet. Die Ornamente

Abbildung 105: Philippine Welser bei Kaiser Karl V. Zeitgenössische Darstellung.

Abbildung 106: Philippine-Welser-Decke (Ausschnitte). Frühe Nachahmung mit Tiroler Motiven im Kreuzstich auf Leinen gearbeitet. *Privatbesitz*.

Abbildung 107: Maulbeere, Motiv zum Applizieren. Beispiel einer Stickvorlage aus einem naturgeschichtlichen Buch. Englische Seidenstickerei, um 1600. *Viktoria und Albert Museum, London.*

waren sehr oft variierte Blüten und Insekten, wie auf Abbildung 107 zu sehen ist.

Erst in diese Zeit ist die eigentliche Geburtsstunde unserer volkstümlichen Stickerei zu verlegen, weil sich von nun an in erster Linie auch breitere Schichten von Laien und Amateuren damit beschäftigten.

Die berühmtesten Stickerinnen der elisabethanischen Ära waren die gefangengehaltene Königin Mary von Schottland, bekannt als Maria Stuart (Abbildung 109), und ihre Bewacherin Elisabeth, Gräfin von Shrewsbury (Bess of Hardwick). Bilder aus den beschriebenen naturgeschichtlichen Werken dienten den beiden Damen als Vorlagen von zwei Behängen, die sie gemeinsam mit ihrem Gefolge gestickt haben, um Maria Stuarts Gefühle mit Nadel und Faden auszudrücken. Im Mittelstück einer Arbeit fallen zum Beispiel Tränen aus den Wolken auf ungelöschten Kalk, und darüber besagt eine lateinische Devise, daß „Tränen bezeugen, wie die unterdrückte Flamme lebt".

Viele Symbole auf einzelnen Leinenstückchen sind in sogenannter Applikationstechnik auf grünen Samtgrund genäht

Abbildung 108: Männer-Nacht-Haube. Schwarze Seidenstickerei auf Leinengrund. England, spätes 16. Jahrhundert. *Viktoria und Albert Museum, London.*

Abbildung 109: Maria Stuart, Königin von Schottland. Gemälde eines unbekannten Meisters, 1575. *Glasgow Museums and Art Gallery, Glasgow.*

Abbildung 110: Wandbehang (Ausschnitte). Seidenstickerei auf Leinen appliziert. Eine Kreuzsticharbeit von Königin Maria Stuart und der Bess of Hardwick, um 1570. *Viktoria und Albert Museum, London.*

Abbildung 111: Gestickter Umschlag eines Gebetbuches. Gearbeitet in Hellblau und Silber von Elisabeth I. für ihre Stiefmutter Katherine Parr. *Bodleian Library, Oxford.*

worden (Abbildung 110). Dem Ehepaar of Shrewsbury war jahrelang die Bewachung der königlichen Gefangenen anvertraut.

1561 erließ Königin Elisabeth I. eine Charta für die Broderer's Company, in der die Stickerei als wichtiger Handelszweig Englands anerkannt wurde. Die Königin selbst soll als große Liebhaberin dieses Handwerks einen Bucheinband für eine Ausgabe der Epistel von St. Paul aus Samt mit einem Blütenarrangement aus Gold- und farbigen Seidenfäden gestickt haben. Es befindet sich in der Bodleian-Bibliothek von Oxford (Abbildung 111).

Von Königin Elisabeth, die als sehr eitel und dem Schönen zugetan galt, wird auch überliefert, daß sie sich durch eine wunderschöne, ihr zugedachte Stickerei nicht beeinflussen ließ. Es handelte sich um ein Jäckchen, das hohe Handarbeitskunst durch feinste Stickstiche, kombiniert mit zierlichster, plastischer Nähspitze, bewies. Dafür sollte sie Gnade gegenüber ihrem ehemaligen Günstling, dem Earl of Essex, der im Tower eingesperrt war, walten lassen. Die Mutter des Earls hatte, wie es in der Chronik heißt, die kostbare Arbeit eigenhändig ausgeführt. Doch das Geschenk wurde nicht angenommen und der Earl bald danach hingerichtet. Diese Art der Damenjäckchen, wie sie zur Zeit Elisabeths I. sehr beliebt waren, zeigen die Abbildungen 112/113.

In den kalten Gemächern der Schlösser dienten im Mittelalter große gestickte Wandbehänge – neben gewebten Tapisserien – als Wärmeisolierung. Auch die Anforderungen der Fürsten an prachtvolle Gewänder mit kostbaren Stickereien waren unersättlich. Die Herstellung kostete jeweils ein Vermögen, aber viele Stücke gibt es nicht mehr, weil der Schmuck aus Edelmetallen von gebrauchten Kleidern abgetrennt und bei Neuanfertigungen zum Teil wiederverwendet wurde – übrigens ein Zeitvertreib, der im 18. Jahrhundert recht üblich war.

Eine Chronik erzählt, daß die Gräfin von Burgund 1697 zu ihrer Hochzeit im Alter von zwölf Jahren eine mit kostbaren Stikkereien derart überladene Robe trug, daß sie sich nur mit größter Mühe aufrecht halten konnte.

Die Kleidung war nach strengem Protokoll mit Gold und Edelsteinen buchstäblich übersät. Im Alter von elf Jahren empfing Ludwig XV. von Frankreich einen Botschafter des türkischen Sultans in einem Gewand, das mit 20 Kilogramm Juwelen bestickt war. Abbildungen 114/115 zeigen prachtvoll bestickte Handschuhe, wie sie in jener Zeit beliebt waren.

Abbildung 112: Porträt der Margaret Laton. Marcus Gheeraerts zugeschr., 1615–1620. (Es zeigt das in Abbildung 113 dargestellte Damenjäckchen.) *Viktoria und Albert Museum, London.*

Abbildung 113: Damen-Jäckchen. Seidenstickerei auf Leinengrund mit Metallfäden. England, frühes 17. Jahrhundert. *Viktoria und Albert Museum, London.*

Abbildung 114: Bestickte Handschuhe. Seidenstickerei auf Leder und goldener Spitze. England, frühes 17. Jahrhundert. *Viktoria und Albert Museum, London.*

Im Besitz des Bayerischen Nationalmuseums in München sind Handschuhe, ein Gebetbuch und ein Nadelkissen, die einst der Gemahlin des böhmischen „Winterkönigs“ Friedrich von der Pfalz gehörten: Elisabeth Stuart (1596–1662), Enkelin Maria Stuarts und Tochter Jakobs I. von England, trug den Beinamen „Königin der Herzen“, was sich in einer Stulpenstickerei mit flammendem Herzen, von Pfeilen durchbohrt, niederschlug. Diese Seidenarbeit war in Spalt- und Flachstichen, die Goldstickerei in Anlegetechnik vermutlich um 1630 in den Niederlanden ausgeführt worden (Abbildung 116).

Ebenfalls niederländischen Ursprungs ist das mit Seide bestickte Gewand eines Herolds aus dem Hause Oranien-Nassau, das 1647 für den Leichenzug des Statthalters Prinz Friedrich angefertigt wurde. Geschmückt mit gestickten Wappen von Nassau und Oranien wurde es auch noch 1650 und 1751 zur Beisetzung der Prinzen Wilhelm II. und Wilhelm IV. getragen (Abbildung 117).

Abbildung 115: Damen-Fausthandschuhe. Farbige Seidenstickerei auf rotem Samt und weißem Seidenatlas. Ein Geschenk Königin Elisabeths I. an Margaret Edgcumbe, Gemahlin von Sir Edward Denny. England, spätes 16. Jahrhundert. *Viktoria und Albert Museum, London.*

Abbildung 116: Handschuhe, Nadelkissen und Gebetbuch. Seidenstickerei auf Satin. Ornamente in Reliefstickerei. Goldstickerei in Anlegetechnik. Niederlande, um 1630. Einstige Besitzerin war Elisabeth Stuart, Enkelin Maria Stuarts, und Gemahlin des Winterkönigs Friedrich V. von der Pfalz. Das flammende Herz in der Stulpenstickerei ist vermutlich eine Anspielung auf ihren Beinamen „Königin der Herzen". *Bayerisches Nationalmuseum, München.*

Abbildung 117: Gewand eines Herolds aus dem Haus Oranien-Nassau. Niederländische Seidenstickerei aus dem Jahre 1647. *Rijksmuseum, Amsterdam. Leihgabe Koninklijk Ondheidkundig Genootschap.*

Abbildung 118: Karl IX. von Frankreich als Knabe. Sohn der Katharina von Medici. Gemälde von François Clouet, 1561. *Kunsthistorisches Museum, Wien.*

Die Geschichte erwähnt zahlreiche Adelige in Frankreich, die der Stickerei sehr zugetan waren. Die bekannteste unter ihnen war sicher Katharina von Medici aus Florenz, die seit 1533 mit dem späteren König Heinrich II. verheiratet war.

Es ist durchaus denkbar, daß sie eine zart bestickte Bluse ihres elfjährigen Sohnes Karl IX. selbst herstellte oder seine Mütze mit Stickereien verzierte (Abbildung 118).

Abbildung 119: Sir Georg von Cornwell. Gemälde von Hans Holbein d. J., um 1540. *Städelsche Kunsthalle, Frankfurt.*

Abbildung 120: Altartafel. Schutzmantelmadonna mit der Familie des Baseler Bürgermeisters Jakob Meyer zum Hasen, sog. „Darmstädter Madonna". Ausschnitt: Jakob Meyers Tochter Anna mit der Brautkrone. Gemälde von Hans Holbein d. J. *Großherzogliches Schloß, Darmstadt.*

Als Regentin für den Jungen war sie sehr aktiv; doch trotz aller politischen Engagements hatte sie ausreichend Zeit zum Handarbeiten.

Die Entwürfe bekam Katharina von Medici von einem Zeichner, den sie eigens dafür am Hof hielt: Frederic de Vinciolo aus Venedig. Er entwarf auch das bekannteste aller französischen Musterbücher, das er 1587 in Paris veröffentlichte.

Stickereien an Hals und Schultern waren damals für Männer und Frauen ein Modebegriff. Meistens wurden die Arbeiten im Linienstich, dem sogenannten Holbein-Stich (der auf den Porträts des Malers Hans Holbein d. J. am häufigsten zu sehen ist), in roter oder schwarzer Farbe ausgeführt (Abbildungen 119–121).

Abbildung 121: Der Herzog von Alburquerque. Gemälde von Giovanni Battista Moroni, 1560. *Staatliche Museen, Berlin.*

Madame Pompadour, die Geliebte Ludwigs XV. von Frankreich (Abbildung 122), die für Künstler und Literaten sehr aufgeschlossen war, saß viele Stunden ihrer sicherlich reich bemessenen Freizeit über kreativer Nadelarbeit. Die beutelförmige Damentasche „Pompadour", oft mit Perlstickerei verziert, ist nach ihr benannt worden (Abbildung 195).

Zum Hauspersonal eines Schlosses gehörte damals neben Köchen und Dienern auch ein Sticker. Adelige Damen hatten oft ganze Stickereiwerkstätten unter ihrer Schirmherrschaft, in denen der berufsmäßige Sticker Entwürfe kreierte und den Stickerinnen mit Rat und Tat zur Seite stand. Deshalb waren ihre Arbeiten in der Qualität meist jenen gleichzusetzen, die von professionellen Stickern stammten (Abbildungen 123–125).

Auf dem Nadelkissen von Abbildung 123 kann man sehr deutlich erkennen, daß eines jener naturgeschichtlichen Bücher, die Mitte des 16. Jahrhunderts erschienen, als Stickvorlage diente. Es zeigt sowohl unterschiedliche Darstellungen aus dem Tierreich als auch verschiedene Pflanzengruppen wie z. B. Kornblume, Nelke, Distel und ähnliche. Typisch an diesen Motiven ist, daß sie in ihren unterschiedlichen Reifestadien – wie dies in den naturgeschichtlichen Büchern zur näheren Erläuterung und zur Belehrung gezeigt wird – dargestellt werden.

Abbildung 122: Marquise de Pompadour. (Dargestellt mit der „Encyclopédie" Diderots.) Gemälde von Maurice Quentin de La Tour, 1756. *Musée de Louvre, Paris.*

Abbildung 123: Nadelkissen. Seidenstickerei auf Leinengrund. England, frühes 17. Jahrhundert. *Viktoria und Albert Museum, London.*

Abbildung 124: Damentasche. Seidenstickerei auf feinem Leinengrund. England, Mitte 16. Jahrhundert. *Viktoria und Albert Museum, London.*

Abbildung 125: Tasche und Nadelkissen. Englische Seidenstickerei des 17. Jahrhunderts. *Viktoria und Albert Museum, London.*

Volkstümlich nach beliebten Musterbüchern

Während die Reformation den Bedarf der Kirchen an prunkvollen Gewändern einschränkte, fand eine volkstümliche Form der Stickerei immer mehr Eingang in Bürger- und Bauernstuben. Dies machte sich am deutlichsten bei der Leinenstickerei bemerkbar. Anregungen schöpfte man beim Besticken von Textilien für den Hausgebrauch mit Vorliebe aus den Musterbüchern, die zu Beginn des 16. Jahrhunderts nach der Erfindung der Buchdruckerkunst erschienen und die jahrhundertelang die Entwicklung der Stickkunst wiedergaben.

Das früheste Vorlagebüchlein, das „Furm- und Modelbüchlein" von Hans Schönsperger, ging von Holzschnitten aus und erschien 1523 in Augsburg. Es beinhaltet bereits das berühmte Vogelmotiv, das sich seither in allen Kreuzsticharbeiten – vor allem im regionalen Volksgut – findet (Abbildung 126).

Abbildung 127: Faksimileausgabe des Modelbuches von Johannes Sibmacher, V. Ausgabe, 1604. *Privatbesitz.*

Das wohl bekannteste Musterbuch gab Johannes Sibmacher 1597 in Nürnberg heraus: „Schön Neues Modelbuch von allerlei lustigen Mödeln nachzunehmen, zu wirken und zu stricken." Weitere Ausgaben erschienen in den Jahren 1601, 1602 und 1604. Der Autor hatte die Stickmuster selbst entworfen und in die zum Druck verwendeten Kupferplatten gestochen (Abbildungen 127–131).

1545 wurde im sächsischen Zwickau ein Musterbuch veröffentlicht, das vermutlich ein Schüler Lukas Cranachs verfaßt hatte (Abbildungen 132/133).

Bereits zwischen 1527 und 1529 erschienen die von Peter Quentel erstellten und von Willem Vostermann in Antwerpen verlegten einzigen Musterbücher für Leinenstickerei, die in den Südniederlanden gedruckt wurden.

Sie übernahmen unbekümmert die Zählmuster Schönspergers, ebenso wie die kurz darauf in Venedig herausgegebenen Stickmusterbücher von Tagliente und Vavasorre, die bereits über karierte Leerseiten verfüg-

Abbildung 126: Motiv aus Schönspergers „Erstes Modelbuch", II. Ausgabe, um 1527/29. *Privatbesitz.*

Abbildung 128: Titel des Modelbuches von Johannes Sibmacher.

Abbildung 129: Vorsatzblatt des Modelbuches von Johannes Sibmacher.

Abbildung 130: Motiv aus dem Modelbuch von Johannes Sibmacher.

Abbildung 131: Motiv aus dem Modelbuch von Johannes Sibmacher.

ten, um die Stickerinnen zu eigenen Entwürfen zu ermutigen.

Dem Quentelschen Formengut fügten die Italiener maurische Stilrichtungen und Arabesken hinzu, die seither aus unserer Stickerei nie mehr verschwanden. Ein schönes Beispiel hierfür ist das von Scholastica An der Allmend 1693 gestickte Kelchtuch aus dem Stift Beromünster (Abbildung 134). Es zeigt bereits die klaren und einfacheren Formen der Arabeske.

Die Renaissance-Ornamentik war bald Bestandteil der deutschen Stickbücher des 16. Jahrhunderts. Eine Mustersammlung von Christian Egenolff, die 1533 in Frankfurt erschien, betonte ausdrücklich, daß sie „Venedigische Stern und Gewirck und welsch weiß Arbeit" enthielt (Abbildung 135). Aus Wien kam 1596 das Musterbuch „Model Buechel von ordendlicher Niederländischer Natterey einer wohlberuembten Schulhalterin zu nutz und der Jugendt zur übung" mit Holzschnitten von Wolff Luxen. Darin finden wir die früheste deutsche Beschreibung der Durchbruchstikkerei. Bekanntester und pro-

Zwickauer Facsimiledrucke No. 23.

Hans Hofer's Formbüchlein

Augsburg 1545.

Zwickau S.
Verlag von F. Ullmann
1913.

Ain New Formbuechlen der Weyssen Arbeyt/die man nennet geschnürlet vñ geböglet/vñ auff das Glad vñ golt vber treffend alle andere büchle Se: hr nutzlich allen Kinstlern/ oñ Kinstlerin zů gebrau: chen/mit grosser mühe zesamen gebracht Vnd re: cht fürgerissen wie es jn Welscher/Niderlendi: scher vnd Teutscher art gebraucht wirt. New außgangen. Im Jar. 1545.

Getruckt zů Augspurg durch Hans Hofer Briefmalr.

Abbildung 132: Faksimileausgabe von Hans Hofer's Formbüchlein, Augsburg 1545. *Privatbesitz.*

Abbildung 133: Vorsatzblatt von Hans Hofer's Formbüchlein.

duktivster französischer Musterbuch-Herausgeber wurde Paul Androuet de Cerceau in der 2. Hälfte des 17. Jahrhunderts.

In den ersten Stickmusterbüchern war vor allem der Kreuzstich vorherrschend, in der Renaissance bevorzugte man die Ornamentik mit beliebten Gestalten der Mythologie.

Die Ausschmückung von Kleidern wurde, wie das Modellbuch von Brettschneider aus dem Jahre 1619 zeigt, ein besonderes Bedürfnis.

Während des Barocks paßten sich dann die Stickmusterbücher abermals dem Zeitgeschmack an und boten Vorlagen von Blumen und allen möglichen Gegenständen, die man auf den Stoff zeichnen mußte. Man mußte nicht mehr, wie beim Kreuzstich, die Fäden zählen, sondern stickte nun nach einer Zeichnung oder frei.

Der Goldschmied und Kupferstecher Georg Hermann schreibt im Titel seines 1625 bei Balthasar Caimor erschienenen Stickbuches ausdrücklich, daß er auch Anregungen von fraulicher Seite erfahren habe: „Ein New Künstlich Modelbuch, Mit Großer Mühe Und Sonderm vleis auß ansehnlichen Frawen-Zimmern, auch sonsten bey anderen Kunstreichen Matronen und Jungfrawen Zusamen Colligiert."

In den Stickbüchern des Barocks tauchen zum ersten Male Frauen als Verfasserinnen auf. Nach Ende des Dreißigjährigen Krieges (1648) war es die Tochter des Nürnberger Verlegers Rosins, Helena Fürst, die neben Borten- und Gürtelmustern, Kreuz- und Holbein-Stichen sowie Flechtweberei auch Stickereivorlagen für die sogenannten „Sommer-Gitter" lieferte. Letztere waren Rahmenstickereien, die man gegen Ungeziefer in geöffnete Fenster einsetzte.

Um die Wende zum 17. Jahrhundert vollzog sich bei der Musterbuch-Herstellung ein bedeutender Übergang vom Holzschnitt zum Kupferstich. Die Ornamentstecher sorgten mit der Herausgabe ihrer begehrten Vorlagen-Bücher für eine weite Verbreitung und hatten so einen beachtlichen Anteil an der Entwicklung der volkstümlichen Stickerei. Frauen aller Schichten ahmten Stickmuster, Kupferstiche und Radierungen jeder Art nach. Leinenstoffe ersetzten die wertvolle Seide, Seidenfäden die teuren Goldfäden, und fehlender Glanz und Reliefcharakter der Goldstickerei wurde durch den reichlichen Gebrauch von Pailletten ausgeglichen.

Insgesamt sind die Stickmusterbücher des 16. und 17. Jahrhunderts ein anmutiges Stück Kulturgeschichte und eine Fundgrube für Freunde der Stickerei und der Mode. Sie beweisen einen dringenden Bedarf an Vorlagen in allen Bevölkerungsschichten, die sich keine eigenen Entwerfer leisten konnten, auf eigenhändig hergestellte Stickereien jedoch nicht verzichten wollten.

Abbildung 134: Kelchtuch. Gold- und Seidenstickerei von Scholastica An der Allmend, 1693. *Stift Beromünster, Schweiz.*

Modelbůch / aller art
Nehewercks vnd Stickens. Mit etlichen newen/ künstlich
en/ vormals verhaltenen Stucken vnd Scahelen/ Als.

Venedigische Stern vnd Gewirck.
Vff der Laden/ Vnd nach der Zal.
Die Welisch/ weiß Arbeit.
Glattstich/ Creutzstich/ Stickwerck. ꝛc.

Zu Franckenfort/ am Meyn/ Bei Christian Egenolff.

Abbildung 135: Motiv aus dem Modelbuch von Christian Egenolff, 1533.

Mustertücher als Traditionsbewahrer

An die Stelle der oft recht kostspieligen Musterbücher trat vor allem im 17. Jahrhundert das Stickmustertuch. Von Generation zu Generation hatte man Muster auf Stoffstückchen oder lange Stoffstreifen gestickt und in alten Brauttruhen aufbewahrt. Sie wurden die Ahnen jener Mustertücher, die unsere Urgroßmütter und Großmütter in den Schulen gestickt haben, um die Handarbeit mit Hilfe alter Muster zu erlernen.

Vielleicht war es schon ein erstes Stickmustertuch aus dem Jahre 850, das LeCoq in der Oase Turfan in Zentralasien ausgegraben hat. In einer dem Kreuzstich ähnlichen Technik wurde hier Seide bestickt, wie sie als Musteraufzeichnung in der Tradition aber keine Fortsetzung fand, auch wenn man die islamischen Mustertücher aus dem 13. bis 15. Jahrhundert als Brücke zu den frühesten europäischen Tüchern des späten 16. Jahrhunderts ansieht.

Seit dem Beginn dieses Jahrhunderts gibt es dann allerdings schriftliche Hinweise auf Stickmustertücher, auch wenn keine Originale erhalten geblieben sind. Die Anfertigung dieser Stickproben war ursprünglich für Mädchen aus reichen Familien ein Teil ihrer Ausbildung. Vom 17. Jahrhundert an galt Nadelarbeit als Hauptbeschäftigung der begüterten jungen Damen.

Für das früheste europäische Mustertuch hält man eine englische Stickerei von Jane Bostokke aus dem Jahre 1598 (Abbildung 136). Es zeigt sowohl Tier- als auch Pflanzengruppen, Bordürenmuster in Perlenstickerei, Metalldraht und Seidenfäden sowie eine Anzahl verschiedener Sticharten wie Schling-, Feston-, Knötchen-, Kreuz- und Sternstich. Aufbewahrt wird es im Victoria und Albert Museum in London; ebenso die Mustertücher der Abbildungen 137/138.

Auf dem europäischen Kontinent stammen die ersten erhaltenen Stickmustertücher aus dem frühen 17. Jahrhundert.

Das Kunstgewerbemuseum in Köln besitzt ein Beispiel von 1662, das vorwiegend geometrische Stickereien aufweist (Abbildung 139). Andere Tücher bestehen aus langen schmalen Stoffbahnen (die Webstühle jener Zeit hatten nur geringe Breiten), die man aufrollen konnte. Vornehmlich Mädchen haben sie ursprünglich im privaten Unterricht zu Hause und vom 19. Jahrhundert an im öffentlichen Schulunterricht als Vorlage benützt.

Abbildung 136: Stickmustertuch. Seidenstickerei auf Leinen von Jane Bostocke, 1598. *Viktoria und Albert Museum, London.*

Abbildung 137: Stickmustertuch. Seidenstickerei auf Leinengrund. England, erste Hälfte 17. Jahrhundert. *Viktoria und Albert Museum, London.*

Abbildung 138: Stickmustertuch. Seidenstickerei auf Leinengrund, frühes 17. Jahrhundert. Der schwarze Hintergrund wurde später gearbeitet. *Viktoria und Albert Museum, London* (Leihgabe von Miss K. Bird).

Abbildung 139: Stickmustertuch. Seiden- und Leinenstickerei auf Leinengrund. Köln 1662. *Kunstgewerbemuseum, Köln.*

Die meisten frühen Mustertücher mit christlichen und weltlichen Motiven, verschiedenen Tieren und auch kleinen Szenen sind undatiert und ohne Namensnennung der Stickerinnen. Erst später wurden sie signiert und mit Jahreszahlen versehen.

Im Laufe von Generationen konnten aufgerollte Musterbänder daraus werden, die als komplette Mustersammlungen für die Verzierung von Kleidungsstücken oder Haushaltswäsche, besonders für die Aussteuer der Töchter, weitervererbt wurden.

So konnte jederzeit auf reine Kreuzstiche, die neben dem Platt- und Stielstich ohne Zweifel zu der ältesten Stichart zählen, aber auch auf schwierigere geometrische Borten, figürliche Muster und sogar Zahlenreihen und Alphabete als gern verwendete Ornamente zurückgegriffen werden (siehe z. B. Abbildung 140).

Während die früheren Mustertücher mit feinen Leinen- und Seidenfäden auf Leinengrund gestickt waren, finden wir vom 18. Jahrhundert an großformatigere Tücher mit leuchtend farbiger Wollstickerei auf grobem Leinen. Letztere waren über die ganze Fläche des Grundstoffes mit füllenden Bordüren, Rankenmustern und großflächigen Blütenmotiven in Barockmanier übersät. Verschiedene Farbnuancen erzeugten Schattierungen mit erstaunlicher räumlicher Wirkung (Abbildung 141).

Im zweiten Drittel des 18. Jahrhunderts überwiegen jedoch wieder die feinen Leinentücher (Abbildungen 142–144). Auf reichlich freiem Grundstoff treten die Ornamente der Renaissance und des Barocks gegenüber dem figürlichen Schmuck des Rokokos in den Hintergrund. Der Kreuzstich erringt eine Vormachtstellung, die komplizierteren Sticharten wie Flecht-, Ketten-, Platt- und Knopflochstich werden seltener. Reiche Dekoration und großflächige Ornamentik sind die Merkmale einer künstlerisch verschwenderischen Zeit.

Sitzgruppen, Kissen oder Bettüberwürfe wurden im „gros point“ oder „petit point“ (großen/groben oder kleinen/feinen halben Kreuzstich) bestickt, wobei Frankreich absolut führend war.

Abbildung 140: Stickmustertuch. Kreuzstiche auf Leinengrund. Holland 1750. *Volkskundemuseum, Arnheim.*

Abbildung 141: Stickmustertuch. Seidenstickerei auf feinem Leinen. Deutschland 1741. *Staatl. Museen Preußischer Kulturbesitz, Museum für Deutsche Volkskunde, Berlin.*

Abbildung 142: Stickmustertuch. Seidenstickerei in Kreuzstichen auf Leinengrund. Holland 1765. *Westfries Museum, Hoorn.*

Abbildung 143: Stickmustertuch in Kreuzstich. Altenburg, Sachsen 1769. *Staatl. Museen Preußischer Kulturbesitz, Museum für Deutsche Volkskunde, Berlin.*

Abbildung 144: Stickmustertuch. Seidenstickerei auf feinem Leinengrund von Mary Carpenter 1788.
Gloucester Folk Museum, England.

Abbildung 145: Jagdteppich. Knüpfarbeit um die Mitte des 18. Jahrhunderts. (Eine beliebte Vorlage für gestickte Teppiche im halben Kreuzstich.) *Österreichisches Museum für angewandte Kunst, Wien.*

Auch der Einfluß japanischer und chinesischer Handarbeiten, die durch den Handel mit dem Fernen Osten zu uns gelangten, wurde spürbar.

Ein Beispiel dafür ist der geknüpfte Jagdteppich aus dem Museum für angewandte Kunst in Wien, der zu einer beliebten Vorlage für gestickte Teppiche im halben Kreuzstich wurde. Es wird berichtet, Kaiser Leopold, ein Sohn Maria Theresias, habe das schöne Stück, als er noch Herzog von Toskana war, von einem russischen Zaren geschenkt bekommen. Ein mongolischer Sultan soll den Entwurf geschaffen haben (Abbildung 145).

In einer meiner Fernsehsendungen habe ich über diesen Jagdteppich und seine Geschichte berichtet, und einer der Regisseure meinte dazu: „Ich habe mir die Beschäftigung der Sultane etwas anders vorgestellt." Nun, warum soll ein Sultan nicht einen Teppich entworfen haben?

Im Jahre 1691 entstand eine Handarbeit der Kurfürstin Sophie von Hannover, einer Tochter Friedrichs V. von der Pfalz und seiner Gemahlin Elisabeth Stuart (Abbildung 146). Sie war sehr kunstbeflissen und stickte unter anderem den Altarbehang für das protestantische Stift Loccum bei Hannover, um sich würdevoll in die bereits vorhandenen welfischen Stiftungen für die Loccumer Abtei einzureihen.

Der Behang wurde mit farbiger Wolle in Kreuzstichen auf straminartigem Leinen für einen 350 cm breiten Altartisch in drei Teilen angefertigt. Die persönliche Devise der Kurfürstin („Nichts ist gut, was nicht bescheiden ist"), ihr Name und das hannoverisch-pfälzische Wappen sind neben stilisierten Porzellangefäßen und Fayencen eingestickt. Farbnuancen mit Schattierungen ergeben einen plastischen Effekt, für den wohl das Porzellankabinett ihres Schlosses mit seinen Spiegelwänden ein Vorbild war.

Sophie von Hannover hat auch Einrichtungsgegenstände wie Stühle, Hocker und ganze Sitzgarnituren mit bestickten Überzügen versehen. Die gesamte Verwandtschaft bedachte sie mit „Selbstgehandarbeitetem".

Abbildung 146: Altarbehang aus dem Kloster Loccum (Teilstück). Wollstickerei im Kreuzstich, ausgeführt von Kurfürstin Sophie von Hannover, 1691. *Historisches Museum, Hannover.*

Schon zu Beginn ihrer Ehe füllte sie jene Zeiten mit Handarbeiten aus, in denen sie ihr eifersüchtiger Ehemann Ernst August, Herzog von Braunschweig-Lüneburg, während seines Mittagschlafes zwischen seinen auf einem Hocker ruhenden Beinen gefangen hielt. Noch im hohen Alter von 81 Jahren stellte sie Nadelarbeiten nach eigenen Entwürfen her.

Auch Prinzessin Mary, die spätere Königin von England, war während ihrer Mädchenjahre in Holland eine begeisterte Stickerin. Wie aus den Rechnungsbüchern des Hofes hervorgeht, erforderten Bett- und Wandbehänge nicht wenig Geld für Gold- und Seidenfäden.

Bei den niederländischen Bürgersfrauen waren damals bestickte Hauben, wie sie Franz Hals († 1666) und auch Caspar Netscher († 1684) auf ihren Bildern darstellten, besonders beliebt (siehe dazu Abbildung 329).

Eine weitere regionale Besonderheit war das im Friesischen anzutreffende „Knottedoek",

Abbildung 147: Knottedoeck. Kreuzstichstickerei auf Leinengrund. Friesland 1671. *Volkskundemuseum, Arnheim.*

ein Leinentuch, das mit Motiven und Versen in Kreuzsticharbeit bestickt war. Es wurde vom jugendlichen Freier dem auserwählten Mädchen mit einem in das Tuch gebundenen Geldbetrag überreicht. Zog sie den losen Knoten fester, war sie mit der Werbung einverstanden (Abbildung 147).

Der Wunsch nach luxuriöser Ausstattung der Wohnräume war im Barock und Rokoko besonders stark ausgeprägt. Stühle und Sofas, Wandbehänge, Kaminschirme und Betthimmel wurden mit farbigen Woll- und Seidenstickereien auf Stramin oder Leinengrund verziert. Im halben oder ganzen Kreuzstich gestickte Miniaturbildnisse der beliebtesten Oberhäupter von Herrscherhäusern hingen an den Wänden (siehe z. B. Abbildung 148). Als Vorlage mag hierzu vielleicht das in Abbildung 332 dargestellte Porträt Karls I. von England gedient haben.

Eifrig pflegte auch Kaiserin Maria Theresia mit ihren Hofdamen die Stickerei, besonders in dem weltberühmten Kinderzimmer am Wiener Hof, in dem zwei Kaiser, zwei Königinnen und einige Fürstinnen Europas erzogen wurden – Maria Theresia hatte 16 Kinder (Abbildung 149). Im Frühstückszimmer des Schlosses Schönbrunn bewundern die Besucher noch heute gestickte Wandbilder der kaiserlichen Prinzessinnen.

Abbildung 148: Miniaturbild von Charles I. Seidenstickerei auf grünem Satingrund im Spaltstich gearbeitet. England 17. Jahrhundert. *Viktoria und Albert Museum, London.*

Viele Arbeiten Maria Theresias befinden sich in Klöstern und Kirchen; so hat sie z.B. 14 Stühle in Gobelin-Stickerei dem Stift St. Florian geschenkt, die jedoch leider dem Zweiten Weltkrieg zum Opfer gefallen sind (ähnlich wie in Abbildung 150).

Therese Mirani brachte 1888 in ihrer Frauenzeitschrift „Iris" einen Bericht über die Stickereien der Kaiserin, in dem es nach einer Aufzählung von Meßgewändern, Silber- und Flachstickereien und Chenille-Applikationen heißt: „Als gelungenes Beispiel der Schönheit solcher Techniken sei das für den Trauergottesdienst bestimmte Ornat aus schwarzem Seidenstoff erwähnt, das zum Teil von der Kaiserin gestickt und ein Geschenk derselben an die K. und K. Theresianische Akademie Wiener Neustadt ist." Bei charakteristischen Lieblingsstücken, die als „Ihrer Majestät Schnürlarbeit" bezeichnet wurden, sind dünne, farbige Kordelschnüre aus Seide mit Überfangstichen in Applikationstechnik zu Mustern verschlungen aufgearbeitet. Im übrigen soll von der Kaiserin der Ausspruch „Wer stickt, sündigt nicht" stammen.

Im Audienzsaal des Schlosses Schönbrunn steht ein bestickter Ofenschirm, der ihrer Tochter Prinzessin Maria-Antoinette, der später enthaupteten Königin von Frankreich und Gemahlin Ludwigs XVI., zugeschrieben wird. Diese Stickerei ist von der Technik her recht interessant, weil sich in ihr die beiden eng verwandten Arten des Gobelinstichs vermischen; der halbe Kreuzstich, der auch „gros point" genannt wird, und der feine „petit point".

Abbildung 149: Maria Theresia und ihre Familie im Schloß Schönbrunn. Gemälde von Martin van Meytens, um 1750. *Kunsthistorisches Museum, Wien.*

Abbildung 150: Armsessel, Gobelin-Stickerei (Nachbildung). Eine Handarbeit, wie sie auch Maria Theresia ausgeführt haben könnte. *Privatbesitz.*

Abbildung 151: Primavera. Teil eines Wandbildes aus Pompeji. Solche Darstellungen beeinflußten die Motive der Stickkunst. *Nationalmuseum, Neapel.*

Renaissance in der Neuzeit

Die archäologischen Ausgrabungen von Pompeji wandelten die Motive vieler Stickereien im ausklingenden 18. Jahrhundert; doch wurden die strengen Züge klassischer Vorlagen von der herrschenden Stilrichtung der Romantik entschärft. Die Ölgemälde von Thomas Gainsborough (1727–1788), besonders seine Spätwerke, waren bei den englischen Stickerinnen als Mustervorlagen besonders beliebt (Abbildung 152).

Der indisch-portugiesische Handel brachte Steppdecken mit Seidenstickerei in den mitteleuropäischen Raum, woraus sich die Piqué-Stickerei entwickelte. Spanische Decken dieser Art erschienen erstmals Ende des 17. Jahrhunderts am Hofe Ludwigs XIV. von Frankreich. Bei dieser Technik wurde zwischen zwei Stoffschichten Watte oder anderes, gleichartiges Material dünn ausgebreitet und mit Stickstichen einem Muster entsprechend zusammengehalten. Die Blütezeit dieser Arbeiten war im 18. Jahrhundert (Abbildung 153).

Ein besonders schönes Beispiel einer Piqué-Stickerei befindet sich im Württembergischen Landesmuseum in Stuttgart. Die Taufgarnitur, aus Häubchen, Mieder, Rock, Schnürmieder und Kissen bestehend, diente drei Generationen von Fürsten auf Schloß Langenburg im Hohenlohischen: Christian (1726), Karl (1762) und Eberhard (1794) (Abbildungen 154/155).

Abbildung 152: Der Morgenspaziergang. Ehepaar William Hallett, Gemälde von Thomas Gainsborough, 1785. *National Gallery, London* (gegenüberliegende Seite).

Abbildung 153: Taufkleid mit Weiß- und Piquéstickerei. Leinenfaden auf Baumwollköper. Norddeutschland, um 1700. *Museum für Kunst und Gewerbe, Hamburg.*

Abbildung 154: Ausschnitt der Taufgarnitur. Hier wird die Schönheit dieser vollkommen ausgeführten Piquéstickerei besonders deutlich.

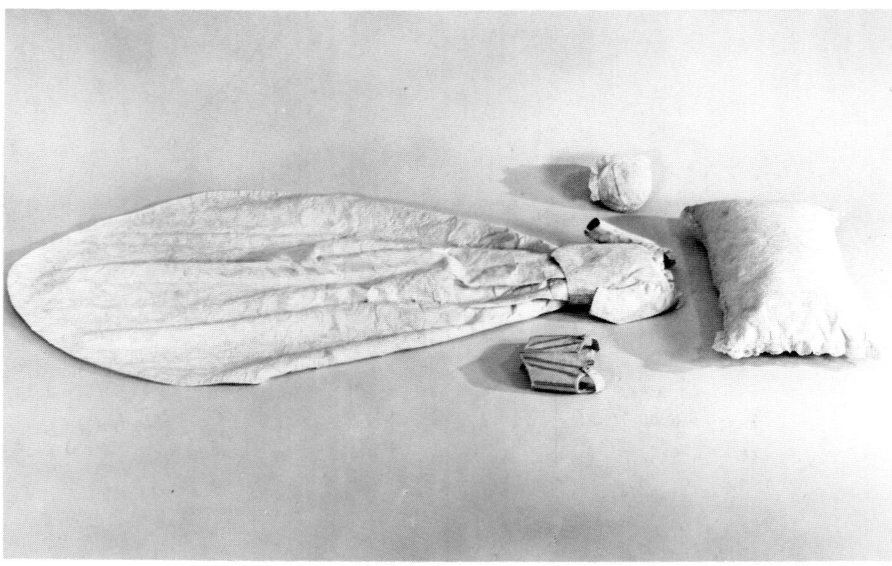

Abbildung 155: Taufgarnitur. Piquéstickerei, deutsch 1726. *Württembergisches Landesmuseum, Stuttgart* (Leihgabe Schloß Langenburg).

Im Laufe der Zeit entwickelte sich diese Technik zu einer zarten Weißstickerei, die weiße Spitzen nachzuahmen versuchte. Diese Weißstickerei entsteht, wenn der Grundstoff zu fein ist, um Fäden ziehen zu können. Man zieht feine Fäden so fest zusammen, daß Löcher entstehen; die Spitzenwirkung entsteht also dadurch, daß man Fäden zusammenzieht, statt sie auszuziehen. Dementsprechend ist die Art des verwendeten Grundstoffes für die angewandte Stickart maßgebend.

In den Pariser Modesalons wurde diese Weißstickerei begeistert aufgenommen und als „point de Saxe" oder „point de Dresde" (Weißstickereien aus Sachsen bzw. Dresden) bekannt (Abbildungen 156–159).

Ein Dresdener Mädchen-Pensionat, das in einem Prospekt für die gute Erziehung junger Damen warb, führte neben den üblichen Fächern wie Sprachen, Tanz und gutes Benehmen auch eine besondere Ausbildung in „Dresdener Stickerei" an.

Zur Zeit Maria-Antoinettes erfreute sich diese Weißstickerei vor allem im Norden Frankreichs großer Beliebtheit. Dies ist wohl das einzige Gebiet in der Geschichte der Stickerei, in dem eine Technik aus Deutschland eigenständig hervortrat. Die zarte Handarbeit auf Mousselinegrund vereinte Reliefarbeit mit Durchbruchstickerei.

Um die Mitte des 18. Jahrhunderts verhalf die zarte Weißstickerei vor allem nach Verfeinerungen bei der Herstellung von Baumwolle hauptsächlich in der Ost-Schweiz mit den Orten Appenzell und St. Gallen zu internationalem Ruf. Diese Technik

Abbildung 156: Taschentuch. Dresdener Stickerei auf Baumwollgrund. Deutschland 18. Jahrhundert. *Privatsammlung.*

Abbildung 157: Taschentuch. Zarte Dresdener Stickerei auf Baumwollbatist. Deutschland 18. Jahrhundert. *Privatsammlung.*

Abbildung 162: Hardanger-Stickerei. Geometrische Plattstichmuster mit Durchbruchstickerei auf Leinengrund. *Privatsammlung.*

Abbildung 163: Taufkleid der Königin Elisabeth von Rumänien (1843–1916). Neuwied 1843. *Kunstgewerbemuseum, Köln.*

kerei müssen immer fadengebundene Zierstiche wie z. B. der Kreuz- und Kästchenstich angewandt und geometrisch gestickt werden.

Auf Hemden, Blusen und Schürzen der nordischen Festgewänder ist diese Art der Weißstickerei häufig zu finden (Abbildungen 162–164).

Abbildung 164: Bauernhemd (Ausschnitt). Hardanger-Stickerei, 1828. *Nordisches Museum, Stockholm.*

Abbildung 165: Mustertuch. Beispiel der mehrfachen Leinendurchbrüche, angefertigt von Mathilde Stammer 1869. *Privatsammlung.*

Weiter südlich wurde eine Weiterentwicklung des einfachen Leinendurchbruchs auch appliziert. Man hielt sich nicht mehr so streng an die geometrischen Formen, sondern bildete neue Motive und umstickte sie. Sehr interessant ist in diesem Zusammenhang der hessische Leinendurchbruch, der zum Verzieren der Trachten verwendet und lange Zeit in den Schulen gelehrt wurde. Das in Abbildung 165 gezeigte Mustertuch veranschaulicht die Entwicklung der verschiedenen Leinendurchbrüche besonders deutlich.

Auch in Thüringen wird der Leinendurchbruch auf eine besondere Art gearbeitet. Man schreibt seine Entstehung der Hl. Elisabeth (1207–1231) zu, die eine ungarische Prinzessin war und vielleicht diese Art der Druchbruchstickerei aus ihrer Heimat mitbrachte. Dabei handelt es sich bereits um die zweite Entwicklungsstufe des Leinendurchbruchs.

Die dritte Form des Leinendurchbruchs ist äußerst kompliziert und wird heute kaum mehr gestickt. Abbildung 166–168 veranschaulichen besonders deutlich die Schwierigkeiten beim Sticken dieser Durchbrucharbeiten sowie deren geometrischen Aufbau und Entstehung.

Abbildung 166: Tischdecke. Beispiel eines mehrfachen Leinendurchbruchs. *Privatsammlung.*

Abbildung 167: Taschentuch. Beispiel eines mehrfachen Leinendurchbruchs. *Privatsammlung.*

Abbildung 168: Tischdecke (unvollendet). Dreifache Durchbruch-Stickerei und Spitzentechnik und deren Entstehung. *Privatsammlung.*

Abbildung 169: Kardinal Richelieu. (Nach ihm wird eine Spitzenstickerei benannt.) Gemälde von Philippe de Champaigne, 1622. *National Gallery, London* (gegenüberliegende Seite).

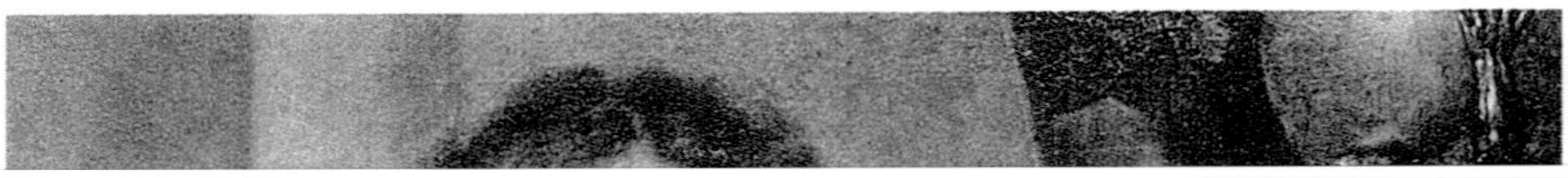

Abbildung 170: Minister Colbert. Er trägt Spitzenkragen und Manschetten in Richelieu-Stickerei. Gemälde

Herausgabe die unrechte Zeit, da die Muster schon vorüber, gewehlet worden."

Anfang des 19. Jahrhunderts brachte der Berliner Zeichner und Verleger A. Philipson – und neben ihm bald weitere – die ersten kolorierten Zählmustervorlagen für Stickereien heraus. Philipson, der sich selbst als akademischer Künstler bezeichnete, ließ die Motive farbig auf Karopapier drucken, was von den Stickerinnen sehr begrüßt wurde, da es das Nacharbeiten erheblich erleichterte (Abbildungen 180/181).

Eines dieser Hefte erschien 1804 unter dem Titel: „Colorirte aus 12 Blatt bestehende Muster, von Antiquen, Vasen und Arabesken, ferner Frucht- und Blumenstücken, Vasen mit Blumen, Blumenkränzen, Laub- und Blumenguirlanden, Vögel, Denkmäler, Landschaften, Rosetten, Bordüren etc. zum Sticken und Tapizeriearbeit" (farbige Straminstickerei). Der lange Titel dieses Heftchens konnte gleichzeitig als Inhaltsangabe verwendet werden.

Die Wolle, die ebenfalls zu diesen Arbeiten angeboten wurde, hatte solch brillante Farbtöne, daß sie alle je dagewesene Farbenpracht übertraf. Jene Mustervorlagen wurden so begeistert aufgenommen, daß sie sich bald überall in Europa durchsetzten.

Diese sogenannte Berliner Wollstickerei, die mit hellfarbener Wolle, aber auch mit Seide, Chenille, Bändchen und Perlen auf einfach gewebtem Kanevas, vorwiegend mit Kreuzstichen gearbeitet wurde, war bald die bekannteste und überall beliebte deutsche Stickerei. Durch raffinierte Farbabstufungen erzielte diese auf Gitterstramin gearbeitete Stickerei oftmals eine dreidimensionale Wirkung.

Johann Friedrich Netto und A. Philipson galten zu ihrer Zeit als die bekanntesten Entwerfer und Herausgeber von Stickmuster-Vorlagen. In den Jahren

Die Stickkunst wurde immer sehr stark von der zeitgenössischen Mode beeinflußt. Da sie sich also ständig dem jeweiligen Geschmack anpaßte und dieser nicht immer unumstritten war, gab es häufig Auseinandersetzungen – und es gibt sie heute noch. Ich habe in einem englischen Buch gelesen, daß eine Dame voller Zorn über jene Berliner Stickereien des letzten Jahrhunderts geschrieben hat, man sollte die Leute, welche dort die Stickereien entwarfen, in einen Kessel mit siedendem Öl tauchen. Als ich dann einige Zeit später an einer Sitzung mit den Herren vom Tapisserieverband teilnahm und mir vorstellte, welch' Schicksal ihren – es waren wohl die Großväter – zugedacht war, mußte ich doch etwas schmunzeln.

Abbildung 182: Stickmusterbuch. Zweites Toiletten-Geschenk. Ein Jahrbuch für Damen, mit farbigen Vorlagen von Johann Friedrich Netto und A. Philipson. Herausgegeben von Georg Voß, Leipzig 1806. *Privatsammlung.*

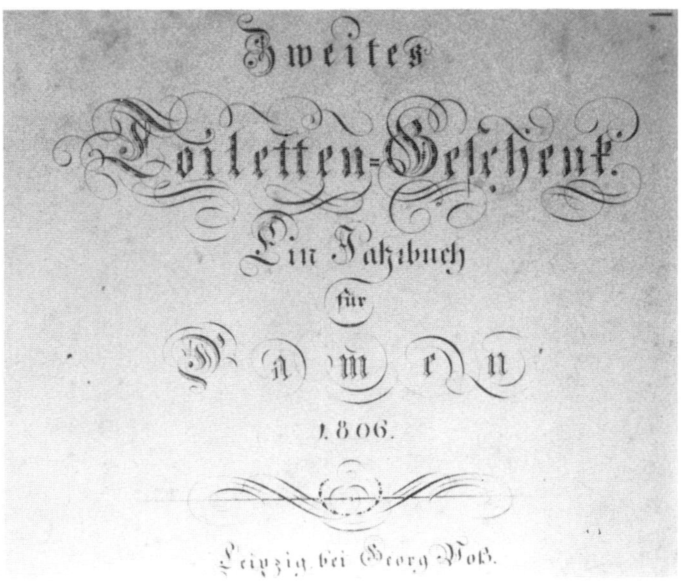

Abbildung 183: Tischtuch (Ausschnitte), mit Motiven aus dem „Lied von der Glocke“, im Tambourier-Rahmen gearbeitet. *Privatsammlung.*

1805–1808 erschienen bei Voß und Co. in Leipzig kleine Musterbändchen, die sogenannten „Toiletten-Geschenke“, die den Leserinnen farbige Vorlagen zum Sticken nach Entwürfen von Philipson und Netto anzubieten hatten (Abbildung 182).

Selbst renommierte Künstler wie Karl Friedrich Schinkel und Philip Otto Runge scheuten sich nicht, Stickmustervorlagen zu entwerfen.

Um der Stickerin weitere Erleichterungen zu verschaffen, gingen Tapisserie-Firmen um die Mitte des vergangenen Jahrhunderts sogar dazu über, Halbfertigware auf den Markt zu bringen, d.h., Heimarbeiterinnen fertigten die schwierigsten Stick-Partien einer Stickerei an und die Käuferin dieser Artikel mußte nur noch den restlichen Teil vollenden.

Die aufstrebende Textilindustrie griff begierig nach den vorhandenen Mustervorlagen und die große Nachfrage seitens der Stickerin besiegelte die Entwicklung zum Massenartikel.

Auch die Stickmusterhersteller verstanden es, der neuen Entwicklung zur Massenproduktion Rechnung zu tragen und gründeten Stickmuster-Verlags-Handlungen. Wurden diese Mustervorlagen anderswo im Reich und im deutschsprachigen Ausland wie z.B. in Österreich noch wie eh und je von Kunsthändlern vertrieben, so entwickelte sich in Berlin ein eigenständiger Industriezweig der Stickmuster-Verlage und parallel daneben jener der Tapisseriefirmen.

Der Mode unterworfene neue Techniken waren geeignet, Stickereien schneller und billiger herzustellen – ob jedoch auch liebevoller, bleibt dahingestellt. Mit Platt- und Kettenstichen und mit Tamburierrahmen, wobei man eine feine Nadel mit Häkchen als Hilfsmittel verwendete, konnten große Flächen mit geringerem Zeitaufwand gestickt werden. Um rascher fertig zu werden, nahm man häufig dickere Wolle, und je mehr die Geduld der Handarbeiterinnen nachließ, um so seltener wurde eine ganze Fläche mit Stickereien bedeckt. Vielmehr verstreute man einzelne Motive über den Stoff, wie die über 100 Jahre alten Szenen aus Friedrich Schillers „Lied von der Glocke" auf einem in Tambourierarbeit hergestellten Tischtuch verdeutlichen (Abbildung 183).

Die Zeit um 1800 bringt bei den Stickmustertüchern einen Motivwandel, der sich auf einer Reihe von diesen Stick-Vorlagen niederschlägt. Weisen die Muster anfänglich noch rokokohafte und klassizistische Züge auf, so gehen sie im Laufe der Zeit in die Vielfalt der biedermeierlichen Motive über. Die zuvor flächig dargestellten Blumengebinde wachsen zu Blumenkränzen zusammen, die durch ihre Farbschattierung eine große Lebendigkeit erreichen.

Die Stickmustertücher der Biedermeierzeit enthalten bis zur Mitte des 19. Jahrhunderts all jene Füllhörner, Blütenkörbe mit aufwendiger Schleifenverzierung, Tiergruppen mit Lämmern und Arrangements von Rosen, die auch später unzählige Poesiealben und Glückwunschkarten schmückten. Im Gegensatz zu früheren Tüchern, die oft nur aus Beige, Gelb, Grün und eventuell Blau bestanden, waren jetzt die Stickereien farbenprächtig, verspielt und lieblich (Abbildungen 185–187).

Abbildung 184: Am Stickrahmen. Darstellung von Georg Friedrich Kersting, 1812. *Kunstsammlungen Weimar.*

Diese Mustertücher zeigen symmetrische Anordnungen von symbolischen Motiven, Inschriften, von gestickten Blüten-Rahmen umgeben, ländliche Szenen und verschiedene Ornamente (siehe z. B. Abbildung 188).

Vor allem religiöse Themen, wie z. B. das „Liebe, Glaube, Hoffnung-Motiv" finden in den Stickereien reichlichen Niederschlag. Abbildungen 189–191 zeigen die Stickvorlage, das gestickte Muster und die Verwendung des gleichen Motivs in Perlstickerei auf einer Beuteltasche. Als Material für diese Mustertücher wurde vornehmlich ein grobes, ungebleichtes Leinen verwandt. Bordüren umrahmten großzügig die meist in Kreuz- oder Gobelinstich gearbeiteten Stickmustertücher.

Die Motive auf den Stickmustertüchern hatten selten einen Aussagewert für eine Landschaft oder eine bestimmte Region, sie waren fast ausschließlich Ausdruck eines gewissen Zeitgeistes und einer vorherrschenden Stilrichtung. So konnte es durchaus möglich sein, daß ein in England gearbeitetes Mustertuch fast identische Arrangements oder Motive aufwies, wie z. B. eine im südlich gelegenen Spanien gestickte Arbeit.

Auch wenn die meisten Mustertücher des 19. Jahrhunderts

Abbildung 185: Stickmustertuch. Kreuzsticharbeit mit Seide auf Wolle von Harriot Tullet, 1826. *Viktoria und Albert Museum, London.*

Abbildung 186: Stickmustertuch. Kreuzsticharbeit in Seide auf Leinengrund von Dionisia Guzman, Spanien 1844. *Viktoria und Albert Museum, London.*

signiert und datiert sind, kann man selten daraus auf die Person der Stickerin schließen. Die meisten mit farbiger Seide auf wollenen oder leinenen Grund gestickten Arbeiten wurden jedoch von jungen Damen aus begüterten Familien gefertigt, da sich die ärmeren Bevölkerungsschichten diese Materialien nicht leisten konnten.

Waren frühe Mustertücher meist auf Leinengewebe mit Leinen- oder Seidengarnen gestickt, so wurde dieser Leinengrund im 19. Jahrhundert durch den Stramin abgelöst. Dieser ist ein Baumwollstoff, der durch seine grobfädige Gewebestruktur das Abzählen der Fäden beim Sticken wesentlich erleichterte. Stramin war der bevorzugte Stickgrund, als das Sticken mit gröberen Wollgarnen aufkam und der Handarbeitsunterricht an den öffentlichen Schulen eingeführt wurde.

Mit dem Beginn der Biedermeierzeit kam aber auch der bis zu derzeit unbekannte Wollstoff als Grundgewebe für Mustertücher auf. Es ist anzunehmen, daß dieser Wollstoff, der in schmalen Breiten mit einer farbigen Webkante hergestellt wurde, nur zur Herstellung der beliebten Stickmustertücher gewebt wurde. Auf diesem Wollgrundgewebe wurde bevorzugt mit Seidengarnen gestickt.

Stickmustertücher konnten entweder in einen runden Stickrahmen gespannt und dann bestickt werden oder man umnähte sie mit einer festen Leinenborte und spannte sie straff mit festen Stichen in einen rechteckigen Rahmen.

Dieses Rahmensticken erleichterte das Arbeiten besonders bei feinstrukturierten Geweben wie z. B. Baumwollbatist.

Wurde ein Mustertuch mit fadengebundenen Stichen wie z. B. Kreuzstich, Gobelinstich, Kästchen- oder Holbeinstich gearbeitet, konnte die Stickerin sich immer am Gewebe orientieren. Sollten jedoch Sticharten

Abbildung 187: Stickmustertuch. Kreuzsticharbeit auf feinem Leinengrund, mit typischen Biedermeiermotiven. Brünn 1828.
Staatl. Museen Preußischer Kulturbesitz. Museum für Deutsche Volkskunde, Berlin.

Abbildung 188: Stickmustertuch mit zahlreichen Biedermeiermotiven. Kreuzsticharbeit auf Leinengrund. Deutschland um 1845. *Privatsammlung*.

Abbildung 189: Stickmuster-Vorlage für Motiv „Liebe, Glaube, Hoffnung".

Abbildung 190: Stickmustertuch (Ausschnitt). „Liebe, Glaube, Hoffnung".

Abbildung 191: Damen-Täschchen. Perl-Stickerei mit dem Motiv „Liebe, Glaube, Hoffnung“. Mitte 19. Jahrhundert. *Privatsammlung.*

wie z. B. der Plattstich, Knötchen- oder Kettenstich auf dem Mustertuch gestickt werden, mußte das Muster auf dem Grundstoff vorgezeichnet werden.

Bekannte Verlage lieferten der Stickerin die hierfür benötigten Vorlagen, die mittels „Aufbauschen“ (d. h. die Musterlinien werden mit der Nadel durchstochen und mit Färbemittel überstrichen, so daß der Stoffgrund gefärbt wird) oder „Schablonieren“ (d. h. Kupferblech-Schablonen wurden auf den Stoffgrund gelegt) das gewünschte Muster auf den Stoffgrund aufbrachten.

Abbildungen 192/193 zeigen verschiedene Mustervorlagen, die einfach in Stickstiche umgesetzt werden konnten und ganz nach dem Zeitgeschmack des Biedermeiers waren.

Abbildung 192: Biedermeiermotiv aus Stickvorlagen des 19. Jahrhunderts.

Abbildung 193: Mustervorlage mit Biedermeiermotiv.

Abbildung 194: Damenbeuteltasche. Stickerei-Motiv einer Schäferin, Seidenstickerei, Frankreich 1820. *Viktoria und Albert Museum, London (Leihgabe von Mrs. Raymond Suffield).*

Abbildung 195: Pompadour. Seidenstickerei mit Biedermeiermotiv auf schwarzem Seidengrund. Pommern 1833. *Stadtmuseum, Köln.*

Abbildung 196: Stickmustertuch. Wolle auf Leinengrund, von Fanni Schedl, 1868. *Privatsammlung.*

Ein in Frankreich gearbeitetes Damentäschchen in Seidenstikkerei stellt ebenfalls ein typisches Motiv jener Zeit dar (Abbildung 194) und auf dem Pompadour findet sich eines jener überaus beliebten Blumenarrangements (Abbildung 195).

Das Stickmusterband von Fanni Schedl aus der Mitte des vergangenen Jahrhunderts ist jedoch im Gegensatz zu den verspielten Biedermeier-Tüchern sehr klar und sachlich gearbeitet und weist bereits auf den Stil kommender Jahrzehnte hin. Es zeigt die verschiedensten gängigen Stickstiche und wurde mit großer Sorgfalt mit Wollfaden auf Leinengrund ausgeführt (Abbildung 196). Die Stickerin legte besonderen Wert auf schlichte, einfach zu arbeitende Muster und Bordüren.

Das Rollett-Museum in Baden bei Wien beherbergt eine Handarbeits- und Textiliensammlung aus der Biedermeierzeit, die das Herz der Interessenten höher schlagen läßt. In einer Vitrine liegen Perltaschen und verschiedene Stickereien, die im Gegensatz zu vielen anderen Sammlungen den Herstellerinnen genau zugeordnet werden können. Da sieht man ein anmutiges Kränzchen mit der Aufschrift „Nanette Gutenbrunn 1840“ und ein gesticktes Bildnis des Erzherzogs Ferdinand von Österreich-Este mit Perlen und Blümchen umgeben, 1835 gearbeitet von Marie Signora von Eulenstein (Abbildung 197). Da gibt es mit Blütenmotiven bestickte Serviettenringe aus den Jahren 1821 bis 1824, Fächer aus Schildpatt mit echten Brüsseler Spitzen, Babyhäub-

Abbildung 197: Bildnis des Erzherzogs Ferdinand d'Este. Perlstickerei von Fräulein Marie Signora v. Eulenstein, 1835. *Rollett-Museum, Baden bei Wien.*

chen, Nadelmalerei, Medaillons mit Landschaften und Rosensträußchen, Blumen und Kränze aus Glasfasergarn, Muster von gestickten Tapeten und viele Arten von Borten und Randverzierungen. Lehrreich sind auch Kartons zur Entwicklung der Naturfasern wie Schafwolle, Baumwolle und Flachs. Das Rollett-Museum stellt eine wahre Fundgrube für Liebhaber alter romantischer Textilien des vergangenen Jahrhunderts dar.

Für die Biedermeierzeit, die man auch als verbürgerlichtes Rokoko bezeichnen kann, war vor allem die Gobelin- und „petit point"-Stickerei charakteristisch. Diese läßt sich bis ins 17. Jahrhundert zurückverfolgen, denn schon früher gab es in Schlössern und Kirchen Wandbehänge, die aber nicht im Kreuzstich, sondern mit einer Art schrägem Stich in die Kettfäden des Webstuhls ausgeführt waren. Die Vorlagen bekannter Künstler wurden meistens in Originalgröße hinter die Kettfäden des Stoffes gelegt.

Weil die Herstellung einer solchen Bildstickerei oft Jahrzehnte dauerte, war sie auch entsprechend kostspielig. Schon Ludwig XIV. beauftragte berühmte Maler, Entwürfe für den halben Kreuzstich anzufertigen. Diese Arbeiten aus jener Zeitepoche können heute genauso wertvoll wie Gemälde von damaligen Künstlern sein.

Abbildung 198: Ludwig XIV. Bei der Besichtigung einer Gobelin-Manufaktur. Kupferstich nach einem Gemälde von Charles Le Brun.

Seit dem 19. Jahrhundert hat sich für gewirkte Bildteppiche der Name „Gobelin" eingebürgert. Er geht auf die in Paris ansässige flämische Familie Gobelin zurück, die als erste derartige Wandbehänge angefertigt haben soll. Ihre Werkstatt wurde 1662 von Ludwig XIV. zur königlichen „Manufacture des Gobelins" ernannt (Abbildungen 198–201).

Abbildung 199: Gobelin aus dem 17. Jahrhundert. Die englische Arbeit stellt Abraham und die Engel dar. *Viktoria und Albert Museum, London.*

Abbildung 200: Briefmarke mit dem Motiv der Gobelin-Manufaktur, herausgegeben anläßlich der 300-Jahr-Feier (1662–1962) dieser französischen Gobelin-Manufaktur.

Abbildung 201: Minister Colbert in der Galerie der Königlichen Gobelin-Manufaktur. Kupferstich von Sebastian Le Clerc.

Abbildung 202: Der Mann mit dem Goldhelm. Stickbild nach einer Vorlage von Rembrandt (?). *Privatbesitz.*

Damen der reich gewordenen Bürgerwelt des Biedermeiers, die sich für ihren Salon unbedingt einen Gobelin wünschten, ein echtes Bildwerk aus Frankreich oder Belgien aber nicht bezahlen konnten, machten sich in der ihnen vertrauten Technik des halben Kreuzstichs selbst an die Arbeit. Ihre gestickten Bilder nannten sie dann einfach „Gobelin", und ihr halber Kreuzstich, der „gros-point", bekam den nicht fachgerechten Namen „Gobelinstich". Er wird auf gegittertem Grund ausgeführt und von der Größe dieses Stoffgitters hängt auch die Größe des gestickten Motivs ab. Sparsame Klosterschulen Österreichs sollen die Mustervorlagen für ihren Stickunterricht auf sogenanntem „Beuteltuch", einem billigen, grobgegittertem Gewebe, das in Mühlen zum Durchschütteln des Mehls verwendet wurde, durchgeführt haben.

Die Erzeugnisse dieser Bildstikkerei sind, was den Geschmack betrifft, heftig umstritten. Beispielsweise wurde das Abendmahl von Leonardo da Vinci in tausenderlei Formen immer wieder nachgestickt und kaum einer Stickerin ist dabei aufgefallen, daß bereits der Maler auf seinem Bild die Seitenteile des Tischtuchs „gestickt" hat. Auch der Mann mit dem Goldhelm aus Rembrandts Atelier wurde hunderte Male kopiert (Abbildung 202). (Neueste Erkenntnisse schreiben dieses Gemälde nicht mehr Rembrandt zu.)

Abbildung 203: Musikstunde. Stickbild nach einer Vorlage des französischen Rokokomalers Nicolas Lancret (1690–1745). *Privatbesitz.*

Abbildung 204: Die Schaukel. Gemälde von Jean-Honoré Fragonard, 1767. *Wallace Collektion, London.*

Die erbitterten Gegner derartiger Lieblingshandarbeiten in vielen Ländern sind der Ansicht, daß man Originalgemälde nicht nachahmen sollte. Wenn es auch für die ursprünglichen Gobelins einige Vorlagen berühmter Maler gegeben habe, so seien doch die meisten Gemälde nicht dafür gedacht und nicht dazu geeignet, in Stickstiche umgesetzt zu werden. Die meisten Bild-Stickereien müsse man deshalb als Kitsch bezeichnen (Abbildungen 203, 205 und 207).

Mit Vergnügen denke ich noch an eine Veranstaltung in Frankfurt, als die Hersteller von Tapisserien sich mit Lehrerinnen auseinandersetzten, die strikte Gegnerinnen dieser Stickbilder waren. Unvergeßlich wird mir bleiben, wie erbittert das Nachstikken des Gemäldes „Der Mann mit dem Goldhelm" umstritten war, daß sogar Zeitungen Berichte und Kommentare darüber schrieben.

Aber der Stickerin hat das immer Freude bereitet, und so war es auch mit vielen anderen Motiven wie der klappernden Mühle oder dem verträumten Bergsee. Man sieht immer noch in manchen Bürgerstuben diese Stickbilder.

Abbildung 205: Die Schaukel. Stickbild nach einer Vorlage des bekanntesten französischen Rokokomalers J.-H. Fragonard (1732–1806). *Privatbesitz.*

Abbildung 206: Der Kaufmann Georg Gisze. Gemälde von Hans Holbein d. J., 1532. *Staatliche Museen, Berlin.*

Abbildung 207: Der Kaufmann Georg Gisze. Stickbild nach einer Vorlage von Hans Holbein d. J. (1497–1543). *Privatbesitz.*

Sie sind der ganze Stolz der Stikkerin, und ich finde, selbst wenn sie sich den Heiligen Vater im halben Kreuzstich gestickt an die Wand hängt, so möge man tolerant sein und ihr das nachsehen, solange es ihr Freude bereitet.

Es gibt unter den heutigen Musterzeichnern für die Tapisserie eine ganze Reihe, die wunderschöne Entwürfe für den Gobelinstich gezeichnet haben. Das bekannteste und beste Beispiel hierfür sind jene Wandbehänge aus dem 15. Jahrhundert, die Szenen aus dem höfischen Leben darstellen. Sie wurden auf dunkelblauem Grund im sogenannten „Tausend-Blumen-Stil" gestickt, vermutlich in Werkstätten der südlichen Niederlande. Einige Zeichner haben Bildausschnitte so herausgenommen, daß man sie mit dem halben Kreuzstich nachsticken kann (Abbildung 209).

Dieses vor einigen Jahren entstandene Wandgemälde, auf dem eine Hofdame oder Adelige stickt, ist in meinen Augen das schönste Werk der heutigen Tapisseristen. Man sieht genau, wie schön diese Dame stickt. Ihr gegenüber steht eine Dienerin oder Hofdame und hält einen Gegenstand in der Hand, den meine Zuschauerinnen auf den Ausstellungen immer für einen Spiegel hielten. Es ist aber kein Spiegel, sondern ein Reflektor, der das Licht für die Stickerin reflektiert. Wer dieses wunderbare Beispiel der Cluny-Tapisserien nachstickt, kann sich ein ganzes Stück Kulturgeschichte an die Wand hängen.

Ein erfahrener Wissenschaftler hat mir einmal erklärt, die gobelingestickten Bilder, die Nachahmungen berühmter Künstler, kommen einem so vor wie die allerersten Autos, welche einfach den Bau der Kutsche nachgeahmt haben. Sie sahen aus wie eine Kutsche ohne Pferde, bis begabte Techniker endlich eine Eigenständigkeit für diese Fahrzeuge erfunden hatten.

Abbildung 208: Wandteppich. Szenen aus dem höfischen Leben (Ausschnitt). Die Stickerin. Tapisserie aus Werkstätten der Südniederlande (?), um 1500. *Nationalmuseum des thermes et de l'hôtel de cluny, Paris.*

Abbildung 209: Stickvorlage. Zählmuster für den Gobelin „Die Stickerin", nach der Original-Vorlage. Zählmuster der Firma „Burda", Offenburg.

Ein anmutiger Seitenzweig der Gobelinstickerei ist das in Wien beheimatete Verfahren „petit point". Die Motive dieser feinen Biedermeier-Arbeiten werden auf so feinem Grundgewebe – meist in Seide oder Wolle auf Stramin – ausgeführt, daß bis zu 400 Stiche auf einen Quadratzentimeter kommen. Diese Stickerei ist jedoch keine Handarbeit für Laien, sondern nur für gelernte Heimarbeiterinnen, die oft mit Lupenbrillen ausgestattet sind (Abbildungen 211–217).

Abbildung 210: Lehnstuhl. Stickerei in „petit point" aus der Régence-Zeitepoche. *Privatbesitz.*

Der Verleger Heinrich Friedrich Müller hat 1836, nach einem Mißerfolg der österreichischen Handarbeit auf der damaligen Weltausstellung, eine Reihe von Entwürfen für den halben Kreuzstich herausgegeben. Er war der erste Wiener Kunsthändler, der Stickmuster veröffentlichte. Der aus Deutschland stammende Verleger verhalf den Wiener Stickmustern zu ihrem Ruf. Die sentimentalen Motive von Rosen, Mohnblüten und Vergißmeinnicht wurden auf kariertem Papier mit dem Pinsel farbig getupft, weshalb man sie „Müllertupfer" nannte. Sie wurden die eigentlichen Vorlagen für die Wiener „Petit-Point-Stickereien" (Abbildung 218).

Abbildung 211: Petit-Point-Stickerei vor der Verarbeitung.

Abbildung 212: Zierdeckchen in Petit-Point-Stickerei. Mitte 19. Jahrhundert. *Privatsammlung.*

Abbildung 213: Geldtasche in Leder mit Petit-Point-Stickerei. Ende 19. Jahrhundert. *Privatsammlung.*

Abbildung 214: Brillenetui in Petit-Point-Stickerei. Zeitgenössische Arbeit.

Abbildung 215: Handtäschchen mit Biedermeiermotiven in Petit-Point-Stickerei. Zeitgenössische Handarbeit einer Wiener Werkstatt. *Privatsammlung.*

Abbildung 216: Geldbeutel in Petit-Point-Stickerei.

Abbildung 217: Geldbeutel in Petit-Point-Stickerei.

Abbildung 218: Vorlagen aus der Biedermeierzeit für Kreuzstich- oder Petit-Point-Stickereien (gegenüberliegende Seite).

Der „gros-point“ oder Gobelinstich war als reine Laienarbeit bei Königin Hortense von Holland, der Mutter Napoleons III., ebenso üblich wie in der Wiener Hofburg und auf Schloß Schönbrunn (Abbildung 219).

In der ersten Stickereischule in Wien – eine Gründung Maria Theresias – lernten diese Handarbeit zuerst nur adelige Damen, später aber auch die Gattinnen der Offiziere und die bürgerlichen Frauen.

Die Wiener Kunstgewerbeschule und ähnliche Institutionen folgten mit mehrjährigen Kursen für Techniken wie „petit point“, Goldstickerei, zarte Weißstickerei und Perlstickerei mit böhmischen Glasperlen, wie z. B. Abbildungen 220/221 zeigen.

Abbildung 219: Hocker mit Biedermeiermotiv im Gobelinstich gearbeitet. *Privatbesitz.*

Abbildung 220. Damen-Täschchen. Perlstickerei auf Leinengrund. Mitte 19. Jahrhundert. *Privatsammlung.*

Nach der Erfindung der Plattstich-Stickmaschine im Jahre 1828 durch Jusua Heilmann im elsäßischen Mülhausen verlor die Stickkunst zusehends an Bedeutung. Die technische Verbesserung dieser Maschine und die Erfindung der Kettenstich-Stickmaschine um die Mitte des 19. Jahrhunderts führten zur Gründung eines regelrechten Industriezweigs. Vorarlberger Sticker arbeiteten jahrelang in Schweizer Betrieben, ehe sie in ihren Bauernhäusern eigene Stickereimaschinen aufstellten.

Manche errichteten langgestreckte Anbauten, „Lokal“ genannt, die man in Vorarlberger Stickerdörfern noch heute sehen kann. Aus diesen Werkstätten ganzer Familien entwickelte sich allmählich eine blühende Stickerei-Industrie mit Exporten in alle Welt.

Abbildung 221: Beutel-Tasche. Perlstickerei auf Leinengrund. Deutschland 19. Jahrhundert. *Kunstgewerbemuseum, Köln.*

Die Schwerpunkte dieses Industriezweigs lagen in der zweiten Hälfte des vorigen Jahrhunderts in Deutschland, Frankreich, England, Österreich und der Schweiz. Sozial eingestellte Buchautoren wie zum Beispiel der Engländer Charles Dickens, einer der bekanntesten englischen Erzähler und Begründer des sozialen Romans, berichteten über die bedauernswerten Mißstände in den Fabriken, wo die Sticker – und oft genug minderjährige Kinder – für Hungerlöhne und unter unzumutbaren Bedingungen arbeiten mußten.

Um die jahrtausendealte Kunst der Handstickerei nicht allzu stark verflachen zu lassen, wurden parallel zur Industrialisierung Stickereischulen für die Ausbildung in der Weiß- und Buntstickerei eingerichtet.

Auch in den Industrieschulen gab es Kurse für künstlerische Stickereien, wobei die Weißstickerei an Wäsche und Kinderkleidung zum Pflichtfach wurde.

Im Norden Europas entstand u. a. 1899 die Gesellschaft des „Schwedischen Handwerks".

Die Tochter der britischen Königin Viktoria, Prinzessin Christine von Schleswig-Holstein, übernahm 1872 die Schirmherrschaft über die „Royal School of Art Needlework" (Die königliche Schule für künstlerische Nadelarbeit), die versuchen sollte, das Niveau früherer Stickkunst wiederherzustellen.

Aus einer Reihe weiterer Schulen hob sich die sogenannte „Kells Embroidery" heraus, die von Mrs. Hart 1883 gegründet wurde und sich mit ihren Vorlagen hauptsächlich auf Illustrationen des „Book of Kells", einer kolorierten Handschrift aus dem ersten Jahrtausend und auf andere keltische Vorläufer stützte (Kells ist ein alter Klostersitz in Irland).

William Morris, der bekannteste englische Entwerfer von Stickereimotiven, suchte seine Vorbilder in den Mustern des 14. und 15. Jahrhunderts.

Die Liebe zur Natur, die für seine Entwürfe charakteristisch ist, kennzeichnet auch seinen künstlerischen Protest gegen die Häßlichkeit der modernen Industriegesellschaft und gegen die Massenproduktion durch Maschinen. Er baute im Sinne einer vorindustriellen Welt kunstgewerbliche Werkstätten und wurde mit seinen Tapeten-, Möbel- und Textilentwürfen richtungsweisend für den Jugendstil.

Abbildung 222: Die Dreikönigsfahne. Seidenstickerei auf Samtgrund von Minna Peters. Ende 19. Jahrhundert. *Hohe Domkirche, Köln* (gegenüberliegende Seite).

Die Wiener Werkstätten traten ebenfalls zu Beginn unseres Jahrhunderts der industriellen Massenanfertigung mit Erfolg entgegen. Traditionsbewußte Designer schufen dekorative Stickereien, wovon im Museum für angewandte Kunst in Wien noch zahlreiche Belege vorhanden sind. Viele Stickerinnen, die in verschiedenen Ländern die Handarbeit wieder belebten, kamen aus der Wiener Schule – so auch Thérèse de Dillmont, eine Offizierstochter, die später in Mülhausen (Elsaß) lebte und eine Vielzahl von Handbüchern und Musterbüchern zu jeder Sticktechnik schrieb.

Ihre „Enzyklopädie der Handarbeiten", 1886 erschienen und in siebzehn Sprachen übersetzt, blieb bis in unsere Zeit das Standardwerk zu diesem Thema.

Unter ihrem Namen wurden später in europäischen Hauptstädten Handarbeitsgeschäfte eröffnet, die sich auf die Gründlichkeit ihrer Studien und Erklärungen beriefen.

Über das Leben dieser berühmten Handarbeitskünstlerin war bis vor wenigen Jahren nichts bekannt. Ich habe es mit Hilfe meines Mannes erforscht, und es ist mir gelungen, darüber eine ausführliche Biographie zu schreiben. Thérèse de Dillmont hatte trotz all ihrer Erfolge und Verdienste um die Handarbeit ein kurzes und trauriges Leben.

Das Interesse an der Stickerei wurde auch durch Kirchengewänder mit gotischen Ornamenten sowie durch Fahnen und Altartücher aus kostbaren Stoffen neu belebt. Seide, Brokat und Leinen kamen wieder zu Ehren.

Man kopierte mittelalterliche Arbeiten, wodurch alte Techniken wiederentdeckt und neu in die Stickkunst aufgenommen wurden.

Die Dreikönigsfahne der Hohen Domkirche zu Köln weist in der Baldachin-Architektur neugotische Formen auf. Der Entwurf stammt von dem Maler Wilhelm Mengelberg aus Utrecht, die farbige Seidenstickerei von Minna Peters aus Neuß. Eine Metallfadenauflage sowie Perlen, Pailletten und Glassteine unterstreichen die Darstellung auf Samtgrund: Maria und Joseph mit dem Jesuskind und die Heiligen Drei Könige mit ihren Gaben. Zur Fronleichnamsprozession 1898 wurde diese Fahne geweiht (Abbildung 222).

Die neue Stickkunst beweist im Ursulinenkloster von Köln ein Kasel aus dem 19. Jahrhundert. Die auf beigen Ripsgrund gearbeitete Seidenstickerei zeigt im Kreuz auf der Rückseite das Abendmahl und Maria als Himmelskönigin. Goldene Reliefstickerei um das Kreuz sowie Pailletten und Glassteine verzieren das Meßgewand (Abbildung 223).

Hergestellt wurden diese prachtvollen Stickereien vorwiegend in gewerblichen Betrieben, aber auch in den Klosterwerkstätten der Ursulinerinnen. Ihre mit viel Geduld und Liebe gearbeiteten liturgischen Gewänder zeichnen sich durch Farbenpracht und Detailtreue aus. Als Vorlagen dienten nicht nur mittelalterliche, sondern auch zeitgenössische Gemälde.

In früheren Jahrhunderten war es durchaus möglich, das ausgediente Ballkleid einer Adeligen in liturgische Gewänder umzuarbeiten; auch von Kaiserin Maria Theresia ist bekannt, daß sie ihr Brautkleid in ein Meßgewand umwandelte und einem Kloster in Bamberg schenkte.

Ab dem 19. Jahrhundert aber beschäftigte sich ein neuer Industriezweig speziell mit der Herstellung prachtvoller Stoffe für Paramente; die Zentren waren Lyon und Krefeld.

Auf dem Lande ist jedoch die volkstümliche Weiß- und farbige Wollstickerei im 19. Jahrhundert weiterhin ein wichtiger Bestandteil der bäuerlichen Trachten.

In Frankreich konzentrierte sich in der Bretagne alle Liebe der Frauen auf die Hauben der herrlich bunt bestickten Trachten.

Da ist – je nach der regionalen Zugehörigkeit – alles zu finden, von der einfachen Leinenstickerei bis zum schwierigen dreifachen Leinendurchbruch (Abbildung 225/226).

Mit Maisstärke behandelte Hauben sind noch im Heimatmuseum von Quimper, dem kulturellen Mittelpunkt der südlichen Bretagne, zu besichtigen.

Abbildung 223: Kasel. Seidenstickerei auf Ripsgrund. Köln, 19. Jahrhundert. *Ursulinenkloster, Köln* (gegenüberliegende Seite).

Ecce Panis Angelorum

Abbildung 224: Bretonische Tracht mit weißen Spitzenhauben in mehrfachem Leinendurchbruch.

Im Gegensatz zu der Farbenpracht der südlichen Länder zeichnen sich die nordischen Stickereien durch Einfachheit und Bodenständigkeit aus. Besonders Irland und Schottland waren Zentren einer qualitativ hohen Weißstickerei. Die in professionellen Werkstätten hergestellten Arbeiten wurden größtenteils ins Ausland geliefert.

Nach der schottischen Grafschaft Ayrshire ist eine Weißstickerei benannt, die sich aus der Tambour-Arbeit entwikkelte und vorwiegend mit Baumwollgarn auf feinem Baumwoll-Batist gestickt wird.

Abbildung 225: Bretonische Haube (Giz Bigouden) aus Pont-l'Abbé. *Heimatmuseum Quimper.*

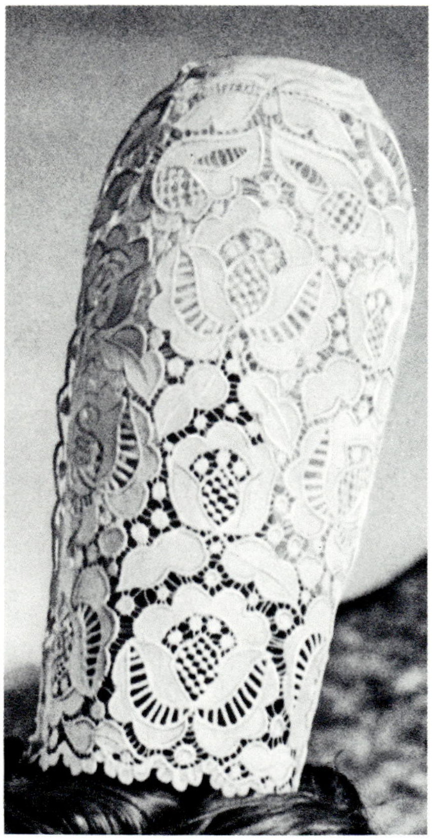

Auch aus der Provinz Minho, im Norden Portugals, kennen wir farbenprächtige Trachtengewänder mit reichhaltigen Stickereien. Hier dominierte Weißstickerei auf Kragen, Manschetten und Schürzen sowie auf den reichlich bestickten Hauben der Mädchen und Frauen. Eine slowakische Haube mit farbiger Lochstickerei wurde um die Jahrhundertwende gestickt (Abbildung 227).

Die in der ersten Hälfte des 19. Jahrhunderts entwickelte Tüllstickerei konnte vielfach als Ersatz für die beliebten, aber teuren Spitzen verwendet werden (Abbildungen 228/229).

Hier wurde auf Maschinentüll Durchzug- oder Tambour-Arbeit gestickt. Zentren dieser Tüllstickerei waren Irland und Wien.

In unserer Familie gibt es eine nette Geschichte über eine Stickerei: Meine Schwiegermutter war die erste Abgeordnete im 1918 neu gegründeten österreichischen Parlament. Sie hielt einmal eine Rede, in welcher sie meinte, nicht alle Frauen sollten jetzt plötzlich in die Politik gehen, sondern nur einige, um die Interessen der Frauen zu vertreten. Die Hauptaufgaben der Frau seien nach wie vor Haus und Familie. Eine Zeitung, die der parlamentarischen Opposition nahestand, brachte zu dieser wohlgemeinten Rede eine Karikatur, auf der diese Frau in ihrer ganzen Rundlichkeit auf dem Boden kniete und diesen eifrig säuberte. Über ihr an der Küchenwand hing ein gestickter Wandbehang mit dem schönen Spruch: „Küche halten frisch und rein ist besser als Nationalrat sein."

Abbildung 226: Bretonische Haube (la coiffe bigouden). Dreifacher Leinendurchbruch auf feinem Leinengrund. *Privatsammlung.*

Abbildung 227: Slowakische Trachtenhaube in Lochstickerei. Ende 19. Jahrhundert. *Privatsammlung.*

Abbildung 228: Haube. Baumwoll-Stickerei auf Tüllgrund. Dänemark, um 1840. *Dänisches Volksmuseum, 3. Abteilung. Kopenhagen (Leihgabe).*

Die ursprünglich als „sewed muslin" (genähter Muslin) bezeichnete Weißstickerei kam zu Beginn des vergangenen Jahrhunderts auf, als es für die britischen Inseln fast unmöglich war, Spitzen zu beschaffen. Eine Mrs. Jamieson aus Ayr versuchte ein französisches Taufkleid zu imitieren, indem sie Lochstickerei mit Durchbruchtechnik kombinierte.

Die charakteristischen Blüten- und Rankenmotive waren im unterlegten Platt- und Stielstich ausgeführt und die Füllungen in Durchbruchstickerei wirkten oft wie Nadelspitze. Man verwendete diese Weißstickerei für Festgewänder (Hauben, Kragen, Hemden, Manschetten), vor allem aber bei Taufgarnituren (Abbildung 230).

Die vorgezeichneten Stoffe wurden in Heimarbeit bestickt, in Glasgow konfektioniert und auf den Kontinent und nach Amerika exportiert. Durch den Amerikanischen Bürgerkrieg fielen die Südstaaten als Baumwollieferanten aus und bedingten ein jähes Ende dieser zarten Weißstickerei.

Ein besonders schönes Beispiel schottischer Ayrshire-Stickerei ist ein Taufkleid aus der Mitte des 19. Jahrhunderts, das sich im Besitz des Textilmuseums in St. Gallen befindet (Abbildungen 231/232).

Abbildung 229: Flämische Haube in Tüll-Stickerei, 19. Jahrhundert. *Städtisches Museum, Brügge.*

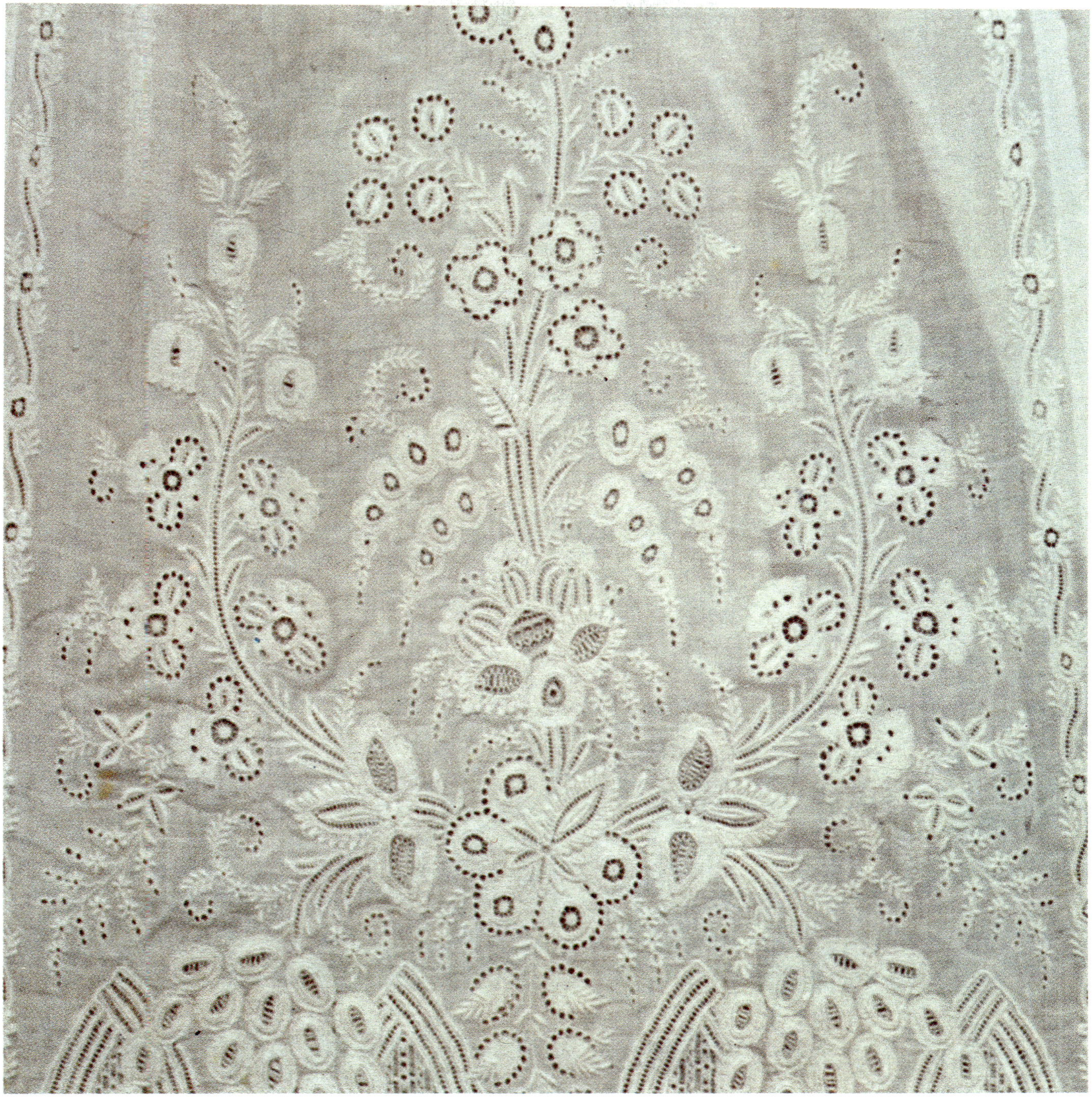

Abbildung 230: Ayrshire-Weißstickerei. Ausschnitt aus einem Taufkleid. Mitte 19. Jahrhundert.
Royal Scottish Museum, Edinburgh.

Zum Kapitel der Weißstickerei gehört auch das weite Gebiet der Lochstickereien, die speziell dem 19. und 20. Jahrhundert vorbehalten sind. In den Schulen war der Lochstecher – der Lückerlbohrer, wie er in Österreich genannt wurde – noch lange ein wichtiges Werkzeug. Mit ihm wurden Löcher in das Leinen gestochen und anschließend umstickt.

Als den Stickerinnen die Handhabung der Lochstecher zu lästig und zu zeitraubend wurde, kamen ihnen die Weber mit lokker gewebten Stoffen, dem sogenannten Siebleinen, entgegen. Nun brauchte man nur noch einzelne Fadenkreuze zu umstechen und das Garn jeweils fest anzuziehen. Dadurch ergaben sich die Löcher von selbst.

Abbildung 231: Kinderkleid. Ayrshire-Stickerei. Baumwollgarn auf feinem Leinengrund. Durchbrucharbeit mit Spitzen- und Flachstichen. Schottland, 2. Drittel 19. Jahrhundert. *Textilmuseum St. Gallen.*

Ein sehr schönes Beispiel ist ein weißer Sonnenschirm, ganz mit Lochstickerei verziert. Er gehörte der Überlieferung nach einer adeligen Dame, die jedes Jahr nach Bad Ischl in Sommerfrische fuhr. In diesem bekannten Kurort war auch die Sommerresidenz des österreichischen Kaisers. Auf den Promenaden ging die einstige Besitzerin dieses Sonnenschirms gern spazieren, und weil die Wege damals nicht ganz so eben wie heute waren, ließ sie sich an ihren schönen Schirm eine eiserne Spitze machen, um ihn auch als Stock und Stütze benutzen zu können (Abbildungen 233/234).

Abbildung 232: Ausschnitte aus dem Kinderkleid in Ayrshire-Stickerei.

Auch Antwerpen behielt über Jahrhunderte einen guten Ruf für ausgezeichnete Weißstickereien. Ein Taschentuch aus dem Jahr 1840 ist mit zarten Blütenmotiven, die gegen einen Durchbruchgrund gesetzt sind, im Plattstich gestickt. Die Wappen der Niederlande und Württembergs sowie die Krone mit einem „S" bezeugen, daß dieses wunderschöne Exemplar der württembergischen Königstochter Sophia, Königin der Niederlande und Gattin Wilhelms II., gehörte (Abbildung 235).

Weil die industrielle Herstellung von Stickereien in großen Mengen den Zauber der Selbstentwürfe und das textile Arbeiten allgemein entwerteten, konnte auch der Jugendstil um die Jahrhundertwende der Stickkunst nur geringen Auftrieb geben.

Allmählich verschwanden die bis dahin so beliebten Stickmustertücher. An die Stelle der Motive aus verschiedenen Stilepochen traten mehr und mehr die Weißnähtechniken zum Flikken und Stopfen; man nähte Knopflöcher und reine Hohlsäume, wie es im regelmäßigen schulischen Handarbeitsunterricht und von gedruckten Vorlagen gelehrt wurde.

Die Liebe der reinen „Amateurstickerin", die es trotz Technik und Kunstfaser nach wie vor gibt, konzentriert sich heute auf die Ausschmückung des Haushalts und der Wohnung. Die Industrie liefert künstlerisch entworfene und bereits auf Stoffe übertragene Motive für Tischtücher, Bettwäsche und Kinderkleidung. Bevorzugt werden Platt-, Stil-, Knötchen- und Knopflochstich. Nach wie vor verkörpert aber der Kreuzstich die alte Stickereitradition, wo-

Abbildung 233: Sonnenschirm mit Lochstickerei. Leinenfaden auf Baumwollgrund. Jahrhundertwende. *Privatsammlung.*

Abbildung 234: Sonnenschirm (Ausschnitt). Lochstickerei.

Abbildung 235: Taschentuch. Zarte Weißstickerei auf Mousselingrund. Belgien, um 1840. *Rijksmuseum, Amsterdam (Leihgabe aus der königlich-niederländischen Sammlung).*

bei über die Fäden des Stoffgrundes gezählt wird, so daß keine auf den Stoff vorgegebene Vorlage nötig ist.

Seit dem Zweiten Weltkrieg haben vor allem die niederländischen Stickereien ihren Platz neben der Malerei behauptet. Hier arbeiten auch, wie zu früheren Zeiten, diese beiden Kunstrichtungen zusammen, was von der Regierung gefördert wird.

In Österreich und im westlichen Teil Deutschlands unterstützen Schulen und vor allem die Museen mit Sonderausstellungen alte Handarbeitstechniken und regen damit zugleich die künstlerische Phantasie und Kreativität der Jugend an. Bei den meisten selbstgearbeiteten Stickereien bleibt es allerdings bei einem Nachvollziehen großartiger Schöpfungen der Vergangenheit.

dung bis zum ...
stück für kirchliche und höfische Zwecke entstanden.

Eine sachliche Definition des Vorganges „Stricken" würde heute etwa lauten: „Man versteht darunter das Herstellen textilen Gewebes durch Ineinanderschlingen eines endlosen Fadens zu Maschen mit Hilfe von Nadeln, Stricklieseln, Strickbrettchen oder Strickmaschinen." Durch Abwechseln der Maschengrundform läßt sich das Maschenbild beliebig verändern. Johann Heinrich Zedler gab im 40. Band seines Universal-Lexikons von 1744 folgende Erklärung dazu: „Stricken nennt man die Wissenschaft, einen Faden, er sey von Wolle, Zwirn, Seide und dergleichen, vermittelst langer von verschiedener Stärke zubereiteter Nadeln aus Messing, Eisen oder Stahl, so man Stricknadeln heisset, dergestalt künstlich in einander zu schlingen, daß sich dadurch nach der besten Form Strümpfe, Handschuh, Mützen, Camisöler, ja gantze Nacht-Habit und Kleidungen heraus bringen lassen, in welche Sachen vielerley veränderte Model und Figuren zugleich eingebracht werden können."

In Museen, Klöstern und Kirchen kann man die Strickarbei-
...er Jahrhunderte
...ie mit viel Geduld
...t unter weniger
...raussetzungen, als
...kennen, hergestellt
...ler sind jedoch
...eispiele der Strickkunst – wie so viele kulturelle Schätze des Abendlandes – verloren gegangen, besonders der Zerstörung durch Kriege und Katastrophen zum Opfer gefallen. Aber auch aus einem weiteren Grund gibt es weniger Zeugnisse des Strickens als des Stikkens: Die Strickerinnen sind zu allen Zeiten eifrige „Trennerinnen" gewesen. Das gilt nicht nur für die beiden letzten Weltkriege, wo jeder Wollfaden wiederverwendet wurde; auch zu früheren Zeiten wurden Gestricke – vor allem von ärmeren Bevölkerungsschichten – wieder aufgetrennt und zu neuen Kleidungsstücken verarbeitet. Dazu kommt, daß gestrickte Sachen fast immer reine Gebrauchsartikel waren, die viel größerem Verschleiß als z. B. Stickereien ausgesetzt waren.

Wer hat diese Kunst erfunden?

Die Kunst des Strickens hat schon viele Forscher beschäftigt, doch wird ihr Ursprung wohl nie ganz geklärt werden können. Sicherlich ist das Stricken so alt wie das Weben, das bereits aus der Urzeit der Menschheit nachweisbar überliefert wird. Über die Anfänge des Strickens gibt es aber mehr Legenden als historisch fundierte Beweise. Volksmythen lassen jedoch eine Strickkunst schon in frühesten Zeiten erahnen. Dasselbe schließen Sprachforscher aus dem hohen Alter des Wortes „Masche". Vermutlich entwikkelte sich die Technik des Strikkens aus dem Netzknüpfen der Fischer mit Maschen und Schlingen.

Die sogenannte Sprang-Technik, deren Bezeichnung aus dem Schwedischen kommt, bei der man noch – wie beim Weben – einen Rahmen benötigte, lieferte durch die Verwendung mehrerer Querhölzer ein Geflecht aus gespannten Längsfäden, das schon im Altertum bekannt war und besonders im Vorderen Orient einen hohen Entwicklungsstand erreichte. Weil diese Technik wesentlich rationeller als das eigentliche Stricken ist, hat sie sich vermutlich sehr lange gehalten. Jedenfalls fand man bei Ausgrabungen wohl gewebte und geflochtene Textilien, nie aber europäische, eindeutig identifizierte vor- oder frühgeschichtliche Gestricke, auch wenn sie optisch wie gestrickt aussahen.

Luise Schinnerer, die an der K. u. K. Kunststickereischule in Wien tätig war und sich ausgiebig mit den ägyptischen Grabfunden zu Beginn dieses Jahrhunderts beschäftigte, ging bei ihren Forschungen davon aus, daß viele handwerkliche Techniken aus dem früheren Alltag bei uns in Vergessenheit geraten, in der osteuropäischen Kultur jedoch erhalten geblieben sind.

Dies sah sie bestätigt bei den „Ruthenen“ (Ukrainern) in Galizien, das heute teils zu Polen, teils zur Sowjetunion gehört. Denn in dieser Gegend, die vor der Völkerwanderung germanische Stämme bewohnten, die nach der Jahrtausendwende zu Polen gehörte und innerhalb der habsburgischen Monarchie ein Kronland Österreichs war, gab es nach wie vor in Flechttechnik angefertigte Frauenhauben, Bettwäscheeinsätze und Männerschärpen. Diese sogenannten Offiziersschärpen in Sprang-Technik gab es in fast allen Ländern, da von zahlreichen hochgestellten Persönlichkeiten bekannt ist, daß sie solche trugen. Auch bei den Kroaten stieß Luise Schinnerer auf die alte Sprang-Technik, die später vermutlich von Maschentechniken wie beim Stricken verdrängt wurde. Sie veröffentlichte im Jahre 1895 in Wien ein Anleitungsheft für Sprang-Technik; das erste dieser Art überhaupt (Abbildung 236).

Das „Journal des Luxus und der Moden“ schrieb im Jahre 1800: „Hochgelobet sei der Mann oder das Weib, der oder das die Kunst des Strickens erfand! Sein Andenken verdient gewiß in allen kultivierten Ländern eine Ehrensäule eher als der eitle, oft sehr zweideutige Nachruhm des Helden. Seine fünf Stricknadeln wurden Wohltäter der Menschen, Nährer der Armen und der Grundstein der nützlichen Industrie so mancher Stadt, so manchen Landes.“

Man kennt den edlen Erfinder bis heute nicht, aber man nimmt auf Grund von Ausgrabungsfunden an, daß die Wiege der

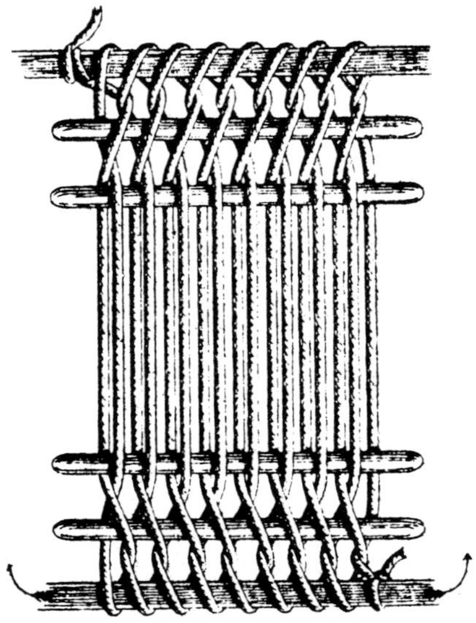

Abbildung 236: Arbeitsvorgang der Sprang-Technik nach Luise Schinnerer.

Strickkunst in Vorderasien zu suchen ist. Manche Gelehrte sind der Meinung, daß die Araber das Stricken nach Spanien brachten, von wo es sich über den gesamten europäischen Raum verbreitete. Eine andere Version schreibt die Erfindung den Italienern zu, da man den Gräbern römischer Legionäre zur Zeit Cäsars (100–44 v. Chr.) bereits wie gestrickt aussehende Strümpfe entnahm. Fest steht, daß die Kreuzfahrer viele orientalische Handarbeitskünste übernahmen und daß die Strickkunst in Italien schon sehr früh zu Hause war.

Ob nun Italiens enge Handelsbeziehungen zu Byzanz, der jahrhundertelange arabische Einfluß in Sizilien oder das Vordringen der Araber nach Nordafrika, Spanien und 732 sogar bis Mittelfankreich die Europäer das Stricken gelehrt hat – von den älteren orientalischen Kulturvölkern kann man jedenfalls annehmen, daß sie diese Handarbeit kannten und ursprünglich mit dünnen Stäbchen, den Vorläufern späterer Stricknadeln, ausübten.

Im Grab einer Fürstin Hassleben in Thüringen sollen zwei knöcherne Stricknadeln etwa aus der Zeit um 300 nach Christus gelegen haben. Eiserne Stricknadeln will man in einem merowingischen Grab aus der Zeit um 500 n. Chr. entdeckt haben.

Prähistorische Ausgrabungen von vermeintlichen Strickarbeiten im syrischen Gebiet des Euphrats datieren um das 2. und 3. nachchristliche Jahrhundert. Hier fand man 256 n. Chr. Fragmente einer Wollstrickerei mit Rippenmustern in mehreren Farben gearbeitet.

Im ägyptischen Bahnasa stieß man auf Überreste verschiedener Strickarbeiten aus dem 4. bis 6. Jahrhundert, die 1903 bei Ausgrabungsarbeiten aus koptischen Gräbern geborgen wurden. Dabei handelt es sich um verschiedenartig gestreifte Strümpfe und Söckchen, bei denen zwischen der großen und der zweiten Zehe ein Zwischenraum freigelassen wurde, um die Sandalenriemen durchführen zu können. In englischen und belgischen Museen sind diese Sandalensocken zu bewundern (Abbildungen 237–239).

Die koptischen Strickarbeiten weisen einen großen Musterreichtum auf. Im Textilmuseum Neumünster befindet sich ein koptischer Geldbeutel, der Kupfermünzen aus dem 4. Jahrhundert enthielt (Abbildung 240). Ob die Kopten, wie man bis zum Einmarsch der islamischen Araber (640) sämtliche Bewohner Ägyptens nennen kann, ihre Strickarbeiten mit mehreren Nadeln herstellten, wird eher bestritten. Vermutlich sind sie im „Strickflieselsystem“ oder auf Strickbrettchen entstanden.

Abbildung 237: Koptisches Kindersöckchen. Etwa 5. Jahrhundert n. Chr. *Musées royaux d'Art et d'Histoire, Brüssel.*

Abbildung 238: Koptische Sandalensocke aus einem Grabfund bei Bahnasa, um 6. Jahrhundert n. Chr. *Viktoria und Albert Museum, London.*

Abbildung 239: Koptische Sandalensocke. Hier kann man die Strickart besonders deutlich erkennen.

Abbildung 240: Koptischer Geldbeutel aus dem 4. Jahrhundert. *Textilmuseum, Neumünster.*

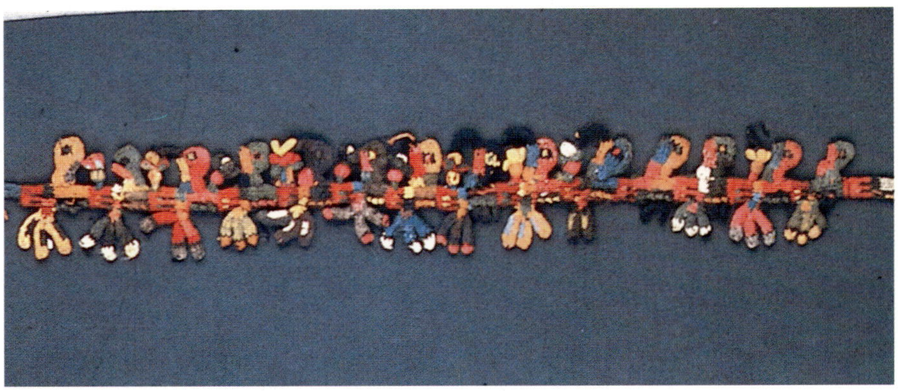

Abbildung 241: Peruanische Borte in Strickstich. Erste Hälfte des ersten Jahrtausends n. Chr. (Ausschnitt). *Textilmuseum, Neumünster.*

In Peru soll bereits vor der Zeitrechnung gestrickt worden sein, wofür der Fund eines Mumienhandschuhs aus einer Totenstadt spricht.

Um die Mitte des ersten Jahrtausends gab es dort äußerst farbenprächtige, reich gemusterte Strickborten aus aneinandergereihten Figuren, die vermutlich der Verzierung von Gewebekanten dienten (Abbildung 241).

Es ist jedoch zu bezweifeln, daß es sich dabei um ein Gestrick handelt, da bei keiner der zahlreichen Ausgrabungen Stricknadeln gefunden wurden. Es ist außerdem auch ausgesprochen schwierig, die wenigen Maschen auch noch verschiedenfarbig abzustricken. Viel einfacher wäre es, diese Arbeit mit einer Nähnadel auszuführen; wobei ein Trägermaterial nicht erforderlich wäre, da die nächstfolgende Reihe jeweils von der vorhergehenden gehalten wird. Die rundgearbeiteten Figuren sind hohl und nur die flottierenden Fäden verlaufen dort.

Aus dem südperuanischen Küstengebiet Paracas Necropolis stammende Grabbeigaben aus der Zeit von 300 bis 800 n. Chr. sind kleine Figuren, die als aneinandergereihte Fruchtbarkeitsdämonen in tierischer und menschlicher Gestalt gedeutet werden. Da auch hier bei den Ausgrabungen keine Stricknadeln, sondern nur Nähnadeln gefunden wurden, wird wiederum vermutet, daß es nicht echte Strickarbeiten, sondern wahrscheinlich Borten aus Strickstichen – mit der Nähnadel ausgeführt – sind.

Ausgrabungsfunde von der peruanischen Nazca-Hochebene, südlich von Lima gelegen, sind Beweise der einst hochentwikkelten Nazca-Kultur. Bei dem in Abbildung 242 gezeigten Ausschnitt handelt es sich um eine der detailreichsten und besterhaltensten Handarbeiten dieser Kulturepoche. Die Randverzierung dieser Arbeit besteht aus neunzig kleinen Schlaufenstich-Figuren, die vermutlich ebenfalls im Strickstich mit der Nähnadel ausgeführt wurden.

Funde von Fostad in Ägypten, die in das 10. und 12. Jahrhundert n. Chr. zurückreichen, weisen Fragmente von Gestricken mit mehrfarbigen geometrischen Mustern auf. Diese vermutlich arabischen Arbeiten können wir als Vorläufer der europäischen Volksstrickkunst betrachten (Abbildung 243).

Zu den wenigen erhaltenen Gestricken aus dem Mittelalter gehören verschiedene Strümpfe aus dem 12. Jahrhundert, die im Textilmuseum in Washington ausgestellt sind. Diese Baumwoll-Arbeiten gelangten vermutlich von Indien nach Ägypten, wo sie auch gefunden wur-

Abbildung 242: Randverzierung einer Nazca-Stickerei in Strickstichen. Südküste von Peru, um 3.–5. Jahrhundert n. Chr. *The Brooklyn Museum, New York (John T. Underwood Memorial Fund).*

den. Sie haben ebenfalls Streifen und Ornamente als Muster, die indischen Motiven sehr ähnlich sind. Das eigenartige an diesen Strümpfen ist, daß die Arbeit an der Spitze bei den Zehen begonnen und die Ferse zuletzt gestrickt wurde – eine Technik, die auch arabische Ausgrabungsfunde aufweisen (Abbildung 244).

Der Ethnologe E. Roth entdeckte bei den Warrau-Indianern im Orinoko-Delta Strickarbeiten, deren Technik hinter der europäischen zurückgeblieben ist. Die Strickerin läßt hier die Maschen auf der ersten Nadel so lange liegen, bis alle Maschen abgestrickt sind und zieht erst dann die Nadel heraus.

Daraus kann man schließen, daß die Indianer das Stricken unabhängig von den Arabern gekannt und angewandt haben, daß es also nicht unbedingt nur ein einziges Ursprungsland der Strickkunst geben muß, von wo aus sich das Stricken über den ganzen Erdball ausbreitete.

Daß im Norden Europas am ehesten das Knüpfen der Fischernetze am Anfang stand, ist deshalb anzunehmen, weil Textilfunde aus Mooren Gewebe aufweisen, die durch Verschlingen von Fäden mittels einer Nadel gewonnen wurden.

Abbildung 243: Fragment einer vermutlich arabischen Strickarbeit. Ägyptischer Ausgrabungsfund, etwa 2. Hälfte des 1. Jahrtausends n. Chr.

Abbildung 244: Baumwoll-Socke mit Ornamenten und Streifenmustern. Ägypten, 12. Jahrhundert. *Textilmuseum Washington D.C.*

Vor allem Handschuhe und Strümpfe

Aus dem Jahre 785 gibt es eine Verordnung, die besagt, daß die Geistlichen jener Zeit Strümpfe tragen mußten, „damit nicht ihre Unsauberkeit in die Augen falle und Gott beleidige" (nun – dies zu beheben, hätte es sicherlich andere Möglichkeiten gegeben). Urkundlich ist auch bewiesen, daß Papst Innozenz IV. 1254 mit gestrickten Handschuhen begraben wurde.

Ein weiterer Strickhandschuh, allerdings aus späterer Zeit, wurde im Dom zu Salzburg in einem Bischofsgrab gefunden (Abbildung 246). Diese sogenannten „Altarhandschuhe" führte der Kirchenlehrer Augustin ein. Sie wurden damals vorwiegend in Spanien, das für derartige Arbeiten bekannt war, mit feinen Nadeln und sehr feinem Garn aus Seide und Goldfäden hergestellt. Handschuhe besonders hoher Würdenträger waren oft noch zusätzlich bestickt. Vom 15. Jahrhundert an galten Strickhandschuhe auch

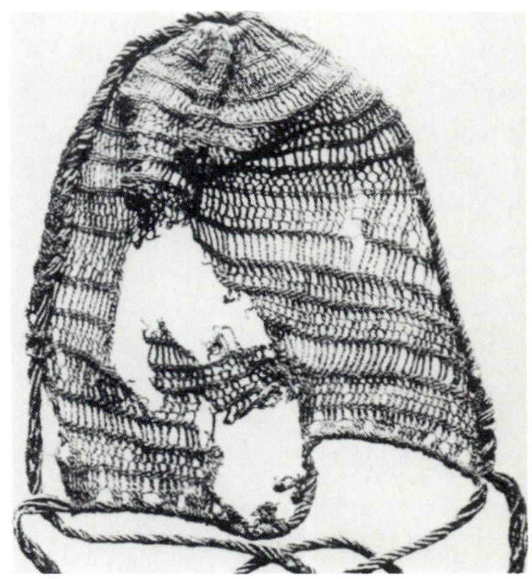

Abbildung 245: Wollmütze aus der Bronzezeit. Ausgrabungsfund aus einem jütländischen Moorgrab bei Borum, vermutlich in Sprang-Technik gearbeitet. *Dänisches Nationalmuseum, Kopenhagen.*

Seit Jahrhunderten streiten sich die Gelehrten um eine Haube aus den jütländischen Moorfunden, die sowohl genetzt, gehäkelt, gewebt oder gestrickt sein kann (Abbildung 245).

Man fand sie in einem Moorgrab im dänischen Borum-Eshøj und ihr Alter wird auf ca. dreitausend Jahre geschätzt. Die Haube wurde nachgearbeitet und als Attraktion auf der Pariser Weltausstellung im Jahr 1889 dem Publikum vorgeführt. Sie ist sicherlich – unabhängig von der Art ihrer Entstehung – eines der ältesten Zeugnisse menschlicher Handarbeitskunst.

als notwendiges Attribut der reichen Adeligen (Abbildung 247).

Daß Strümpfe und Handschuhe in den ersten Jahrhunderten n. Chr. die hauptsächlichsten Strickarbeiten waren, verwundert sehr, weil es sich um verhältnismäßig schwierige Techniken handelt, die man ohne weiteres als Meisterleistungen der Strickkunst bezeichnen kann.

Eine Ferse oder einen Finger zu stricken, fällt manchen heute noch schwer; und es ist noch gar nicht lange her, da mußten sich die Schüler schon in den untersten Klassen mit dieser hohen Kunst des Strickens herumplagen, so daß ihnen oft die Freude am Stricken gleich zu Beginn genommen wurde.

Die ersten Strümpfe und Handschuhe in Europa wurden in Teilen gestrickt und anschließend zusammengenäht. Das Rundstricken auf mehreren Nadeln erfand man erst später, vermutlich in der Schweiz oder in Italien, wo aus dem Jahre 1254 ein Paar gestrickte Seidenstrümpfe erhalten geblieben sein sollen.

Weitere Strickarbeiten und damit einige der wenigen Hinweise auf europäische Strickereien des 13. und 14. Jahrhunderts gibt es noch heute in der Schweiz. Dazu gehören farbenprächtige Reliquienbeutel, die als rundgestrickte Seidenarbeiten wohl auf Strickrahmen entstanden sind. Das Muster einer dieser Strickereien zeigt Wappenschilde und Lilien, die abwechselnd in Rot auf beigefarbenem Grund und Hellblau auf rotem Grund gearbeitet sind (Abbildung 248).

Abbildung 246: Strickhandschuh aus einem Bischofsgrab im Dom zu Salzburg. Spätes Mittelalter.

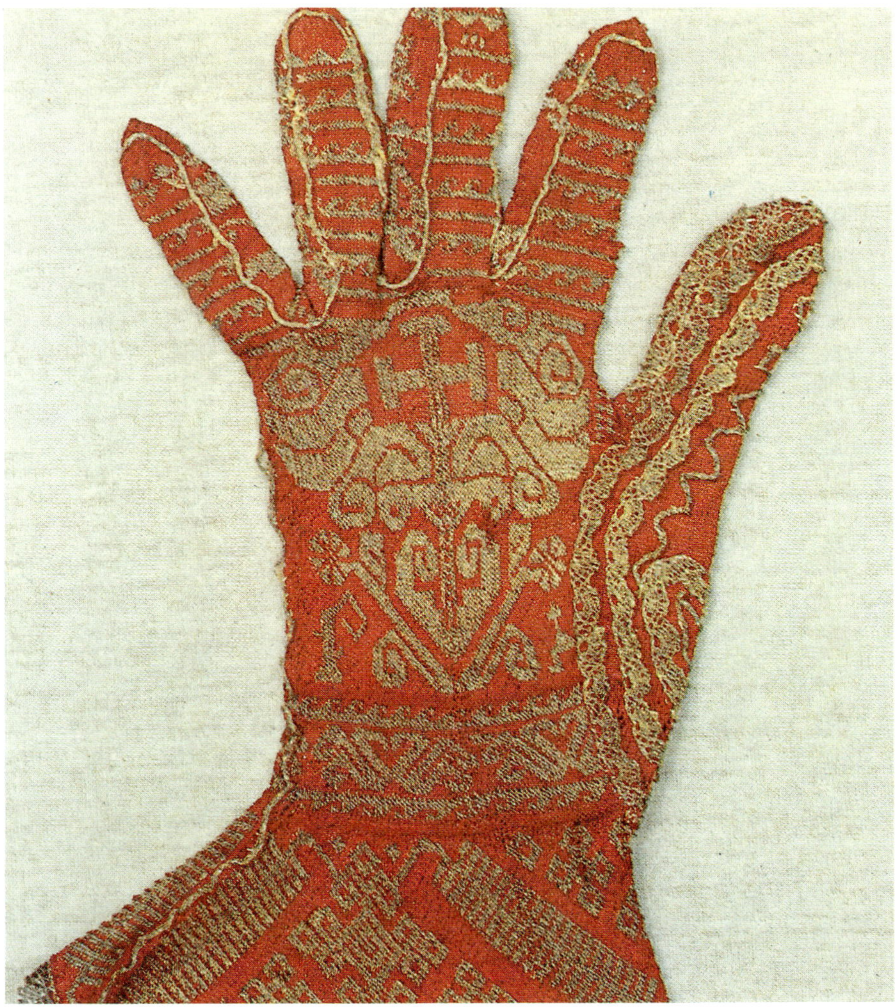

Abbildung 247: Altarhandschuh aus Seide und Goldfäden. Spanische Strickarbeit aus dem 16. Jahrhundert.

Abbildung 248: Reliquienbeutel. Strickarbeit aus Seide. West- oder Südeuropa. 14. Jahrhundert. *Kathedrale Domschatz, Chur/Schweiz.*

Den wohl schönsten Beweis für die mitteleuropäische Strickkunst liefert uns ein Gemälde von Meister Bertram aus dem Ende des 14. Jahrhunderts, das Buxtehuder Altarbild „Besuch der Engel“. Es zeigt am linken Seitenflügel eine mit vier Stricknadeln und mehreren Wollknäueln beschäftigte Madonna, die eben die Maschen um den Hals eines Kittels aufnimmt. Zu ihren Füßen sitzt das lesende Jesuskind. Angeblich ist Meister Bertram auf einer Reise durch Italien zu dieser Darstellung der Strickkunst angeregt worden (Abbildung 249).

Bis hinein in das 16. Jahrhundert wurde die Muttergottes immer wieder mit Handarbeiten dargestellt. Eine Handschrift des Lichtenthaler Klosters mit Illustrationen zum Leben Jesu zeigt Maria beim Spinnen (Abbildung 250).

Beim Bändchenweben an einem Gobelin ist sie auf den Glasfenstern der Kathedrale von Chartres, beim Sticken in einer bretonischen Dorfkirche (Abbildung 251) und beim Weben in einer Kirche bei Graz zu sehen.

In der Kirche von Leisach in Osttirol ist Maria auf dem Bachlechner-Altar beim Wickeln eines Wollknäuels dargestellt, während das Jesuskind den Wollstrang hält (Abbildung 252).

Der spanische Maler Francesco de Zurbaran zeichnete Maria als junges Mädchen mit einer Handarbeit auf dem Schoß (Abbildung 253).

Abbildung 249: Altarbild „Besuch der Engel“. Linker Seitenflügel des Buxtehuder Altars. Gemälde von Meister Bertram. Ende 14. Jahrhundert. *Hamburger Kunsthalle* (gegenüberliegende Seite).

Abbildung 250: Das Leben der Hl. Familie in Nazareth. Darstellung aus der Lichtenthaler Handschrift, um 1450. *Württembergische Landesbibliothek, Stuttgart.*

Abbildung 251: Die Jungfrau Maria bei einer Blumenstickerei. Glasfenster in der Kirche von Comfort Meilars, 16. Jahrhundert.

Abbildung 252: Darstellung der Hl. Familie bei der Arbeit. Bachlechner-Altar, Leisach/Osttirol.

Abbildung 253: Die Jugend der Jungfrau Maria. Gemälde von Francisco de Zurbarán, um 1660. *Eremitage, Leningrad.*

Während die Spanier für ihre erlesen gearbeiteten Handschuhe bekannt waren, fertigten die Franzosen vor allem Strümpfe aus Leinengarnen, Baumwolle und später, um die Mitte des 16. Jahrhunderts, aus Seide an.

Heinrich II. von Frankreich trug bereits 1533 bei seiner Hochzeit mit Katharina von Medici gestrickte Seidenstrümpfe, worauf sich diese Mode sehr schnell in Königs- und Fürstenhäusern verbreitete und die üblichen Beinkleider aus gewebtem Tuch ersetzte.

Der englische König Heinrich VIII. wurde von Hans Holbein d. J. in handgestrickten Strümpfen gemalt, die er 1547 aus Spanien erhalten haben soll und welche bereits mit dem 1348 gestifteten Hosenbandorden geschmückt waren (Abbildung 254).

Die Eitelkeit der Männer, der Stolz auf ein schön geformtes und gut bestrumpftes Bein, war auch in den folgenden Zeiten sehr groß. 1685 heißt es in einem Gedicht über Mode-Fans von damals: „Ein Spanisch-Rohr in seiner Hand, die seidnen Strümpfe schön gezwickt, die schwarzen Schuh mit Gold bestickt, stolziert er herrlich und galant."

Die Braut des spanischen Königs Philipp IV., die von den Cortes ein Paar gestrickte Strümpfe in phantasievollen Spitzenmustern zum Geschenk erhielt, war von dieser Aufmerksamkeit weniger begeistert, denn die damalige Mode verhüllte noch streng das Frauenbein. Ihr Zeremonienmeister soll die Gabe mit den Worten zu Boden geschleudert haben:

Abbildung 254: Heinrich VIII. König von England. Gemälde von Hans Holbein d.J. (1497–1543). *Walker Art Gallery, Liverpool.*

„Wißt Ihr denn nicht, daß die Königin von Spanien keine Beine hat?"

Bei der Ausgrabung kulturhistorischer Stätten in Norddeutschland fand man auch einige Fragmente von Gestricken. Das Fragment einer Mütze aus dem 15. Jahrhundert – in Lübeck entdeckt – ist davon wohl das bedeutendste Exponat (Abbildung 255).

Abbildung 255: Strickmütze aus Lübeck. Ausgrabungsfund des 15. Jahrhunderts. *Textilmuseum, Neumünster.*

Hohe Anforderungen der Zünfte

Die Anfänge der handwerklich-gewerblichen Strick- und Wirkwarenherstellung liegen in Deutschland im späten Mittelalter. Damals schlossen sich genossenschaftliche Gilden zusammen, deren Bestreben es war, gemeinsam größere Garnmengen einzukaufen, um die Ware miteinander färben und danach billiger verkaufen zu können.

Vom 16. Jahrhundert an bildeten sich, wie bei den anderen Handwerkern, die Zünfte. Das Stricken wurde somit zu einer vorwiegend männlichen Beschäftigung.

Am 16. August 1527 wurde in Paris die erste Strickergilde gegründet, von der noch alle historischen Verordnungen erhalten sind. Deshalb hielt man das Jahr 1527 lange für das Erfinderjahr des Strickens.

Eine Straßburger Zunftordnung der Stricker von 1535 erwähnt bereits die Hosen, die ursprünglich in zwei Teilen angefertigt wurden; der Ausdruck „ein Paar Hosen“ blieb deshalb bis heute im Sprachgebrauch erhalten.

Die Mode der Strumpfhosen, die über Spanien und Italien nach Mitteleuropa kam, verlieh dem Stricken einen beträchtlichen Aufschwung. Während in Frankreich an der Nordküste einfarbige Muster bevorzugt und diese Strickereien als „Brioche“ bekannt wurden, glichen die Muster Südfrankreichs mehr jenen der baskischen Bauern

Abbildung 256: Zeitgenössische Darstellung eines strickenden Schäfers auf Stelzen.

Spaniens. Sie waren oft auf religiöse Symbole zurückzuführen und wurden vorwiegend mit naturfarbener Wolle gestrickt. Besonders im Departement Landes, dem Strickerzentrum des Südens, war man sehr geschickt im Umgang mit den Stricknadeln. Sogar auf Stelzen sollen die Hirten, während sie ihre Schafe hüteten, gestrickt haben, was zeitgenössische Darstellungen veranschaulichen (Abbildung 256).

In Deutschland erzählt die Dichterin Annette von Droste-Hülshoff ebenfalls von einem Schäfer, der sich in der Heide mit Stricken die Zeit vertreibt.

In meinen Vorträgen über die Entwicklung der Strickkunst habe ich immer erzählt, daß das sogenannte Zopfmuster, das vor allem für Trachtenjacken verwendet wurde, ein typisch alpenländisches Muster sei. Aber ich wurde eines besseren belehrt. Auf einer Bergtour in Spanien traf ich hoch oben in den Bergen einen Schäfer, der einen Strumpf im Zopfmuster strickte. Es ist wohl so, daß sich in den kärglichen Gegenden, wo die Schafzucht zu Hause war, mit der handgesponnenen Schafwolle auch die ältesten Strickmuster entwickelt haben.

Abbildung 257: Seiden-Strickjacke mit Goldfäden. Italien, 1. Hälfte 17. Jahrhundert. *Viktoria und Albert Museum, London.*

In den deutschsprachigen Ländern waren es vor allem die Klöster und Ordensgemeinschaften, die das Stricken eifrig pflegten und ihre Fertigkeiten an die Bevölkerung weitergaben. Doch ihr Stil stand im krassen Gegensatz zu den feinen Seidenstrickereien der südlichen Länder wie Spanien und Italien, aus denen z. B. wunderschön gearbeitete Jacken kamen (Abbildung 257).

Die nördlicheren Arbeiten waren meist aus Wolle und daher schwerer und gröber als jene aus Seide und Baumwolle.

Ottheinrich, Pfalzgraf bei Rhein und Kurfürst der Pfalz, trug eine gestrickte Seidenjacke aus der Mitte des 16. Jahrhunderts. Sie war ungewöhnlich breit gearbeitet, weil der Graf sehr beleibt war. Die Strickerei aus beigefarbenem Seidengarn mit linken und rechten Maschen dürfte auch aus Italien stammen (Abbildung 258).

Ebenfalls aus Italien kommt vermutlich ein Strickhemd, das König Karl I. von England gehört haben soll (Abbildung 259). Die Chronik berichtet, er habe vor seiner Hinrichtung an einem kalten Januarmorgen des Jahres 1649 nach einem gestrickten Hemd verlangt, damit sein Zittern wegen der Kälte nicht als Furcht vor dem Tode ausgelegt werde. Das Muster ist mit dünnem Seidengarn in linken Maschen auf rechtem Grund gestrickt.

Abbildung 258: Seiden-Strickjacke des Kurfürsten Ottheinrich, Mitte 16. Jahrhundert. *Heimatmuseum Neuburg a. d. Donau.*

Abbildung 259: Seidenes Strickhemd König Karls I. von England (?). Italien, 17. Jahrhundert.

Im Dänischen Nationalmuseum von Brede befinden sich ein Paar wunderschön gestrickte Kinderstrümpfe, die bei Ausgrabungen entdeckt wurden. Es handelt sich dabei um eine Seiden- und Goldstrickerei um 1620. Diese Strümpfe sollen dem Sohn König Christians IV. von Dänemark, Prinz Friedrich Christian, gehört haben (Abbildung 260).

Auch eine mit reichlichen Goldfäden gestrickte Seidenarbeit aus derselben Zeit, die ihm ebenfalls zugeordnet wird, ist erhalten (Abbildung 261).

Die deutschen Stricker gründeten Ende des 16. Jahrhunderts in Berlin ihre erste Zunft. Über dieses Handwerk schrieb J. H. Zedler 1744 in seinem Lexikon: „Strumpfstricker oder Paretmacher sind ein geschenktes Handwerk, welches gute Ordnungen hat und in Böhmen, Ungarn, Mähren, Österreich und Sachsen, sonderlich aber in der Oberlausitz, am stärksten getrieben wird…" Später heißt es dann: „Zum Meisterstücke muß er machen ein schönen Teppich nach der Mahlerkunst von vielen Farben durchbrochen, ferner ein Futterhemde oder Camisol, daran nichts genähet ist, ein paar feine dicke Strümpfe, ein paar Handschuhe und ein Manns- und Weiber-Paret…"

In der Neißer Strickzunft von 1602 wurde festgelegt: „Der Meister soll nachgeschriebene Stücke in Frist eines Quartembers zu verfertigen schuldig sein als ein Tisch oder Bettdecken vier Ellen lang und viereinhalb Ellen breit, ein Parett, ein Paar Reithosen, ein Teppich."

Abbildung 260: Kinderstrumpf in Seiden- und Gold-Strickerei, um 1620. Der Ausschnitt zeigt besonders anschaulich die Strickmuster. *Dänisches Nationalmuseum, Brede.*

Abbildung 261: Teil einer Knaben-Bekleidung (Umhang). Seiden- und Gold-Strickerei, frühes 17. Jahrhundert. *Dänisches Nationalmuseum, Brede.*

Abbildung 262: Strumpfstricker bei der Strumpfherstellung. Kupferstich aus Diderot et d'Alembert „Encyclopédie ou Dictionnaire raisonné des sciènces, des arts et des métiers", Paris 1751–1772.

Abbildung 263: Der Strumpfstricker. Kupferstich aus Christoph Weigels „Abbildung der Gemein-Nützlichen Hauptstände", Regensburg 1698, mit Versen von Abraham a Sancta Clara.

Diese Barette und Mützen waren Anfang des 16. Jahrhunderts als Kopfbedeckung äußerst beliebt; bei den meisten konnte man allerdings die Technik des Strickens nicht erkennen, da sie nach ihrer Fertigstellung so stark gewalkt wurden, daß Strickmaschen nicht mehr sichtbar waren.

Christoph Weigel schilderte 1698 in seinem Ständebuch (Abbildung 263) einige Arbeiten der Stricker: „Die Camisol (Jakken) und Handschuhe werden in Italien absonderlich wol von Seide, auch zuweilen mit Gold und Silber untermenget, künstlich durchbrochen und mit allerhand artigen Mödelchen und Figuren gezieret gemacht (siehe z. B. Abbildung 264/265). Die Baret sind heut zu Tag zwar nicht mehr üblich, doch stricken sie davon allerley Arten ...".

Das „Barett" war später ein Markenzeichen Richard Wagners. Seine Barette waren jedoch aus Samt angefertigt, wie dies Abbildung 269 veranschaulicht.

Abbildung 264: Gestrickte Seidenjacke mit Goldfäden und goldübersponnenen Knöpfen. Italien, 1. Hälfte 17. Jahrhundert. *Germanisches Nationalmuseum, Nürnberg.*

Die deutschen Strickerzünfte stellten an ihre Mitglieder sehr hohe Anforderungen. Bis zu sieben Jahre mußte ein junger Mann in die Lehre gehen; davon drei Jahre bei einem Meister und drei Jahre auf Reisen. Im letzten Jahr hatte er dann, je nach der Satzung der Gilde, mit Meisterstücken sein Können unter Beweis zu stellen.

Im 17. Jahrhundert wurde von den meisten Zünften als Meisterstück ein gestrickter Wandteppich mit farbenprächtigen Mustern verlangt. Die bekanntesten Zentren dieser Kunstfertigkeit waren Schlesien, das Elsaß und der Oberrhein. Diese Wandteppiche, aus Wolle gestrickt, wurden nur von den besonders begabten Zunftmitgliedern hergestellt. Leider sind nur wenige dieser Kostbarkeiten erhalten geblieben.

Der wohl älteste deutsche Strickteppich gehört zu den Sammlungen des Neißer Kunst- und Altertumsvereins. In der Mitte zeigt er die Wappen der Stadt Neiße – sechs weiße Lilien – und des Fürstentums Neiße, die Initialen B. B. und die Jahreszahl 1667. Er wird dem Meister Balthasar Böhme zugeschrieben. Die Umrahmung bilden Greife und kleinere Tiere inmitten von Stauden und Blütenranken. Diese Motive könn-

Abbildung 265: Strickjacke aus Seidenfaden. Vermutlich eine italienische Arbeit aus dem frühen 17. Jahrhundert. *Germanisches Nationalmuseum, Nürnberg.*

Abbildung 266: Strumpfstrickerwerkstatt um 1750. Kupferstich aus Diderot et d'Alembert „Encyclopédie ou Dictionnaire raisonné des sciènces, des arts et des métiers", Paris 1751–1772.

Abbildung 267: Stricker bei der Arbeit. Kupferstich aus Johann Peter Voits „Fassliche Beschreibung der Gemeinnützlichsten Künste und Handwerke", 1804.

Abbildung 268: Der Zeuchwircker. Kupferstich aus Christoph Weigels „Abbildung der Gemein-Nützlichen Hauptstände", Regensburg 1698, mit Versen von Abraham a Sancta Clara.

Abbildung 269: Richard Wagner. Ölgemälde von Franz von Lenbach, Dezember 1871. *Nationalarchiv der Richard-Wagner-Stiftung, Bayreuth.*

ten dem Stick- und Spitzenmusterbuch von Johann Sibmacher aus dem Jahre 1604 entnommen sein.

Ein aus Schlesien stammender großer Strickteppich, der sich im Museum für Kunstgewerbe und Altertümer in Breslau befindet, entstand 1674. Im Mittelfeld stehen in ovalen Medaillons die Wappen der Stadt Breslau und des damaligen Ratsvorsitzenden Götz von Schwanenfließ. Darum schlingt sich ein Spruchband mit der Aufschrift: „Jederman seij unterthan der Obrigkeit, die gewalt ober ihn hat. Denn Es ist keine Obrigkeit ohn von Gott. Wo aber Obrigkeit ist, die ist von Gott verordnet. Wer sich nu wider die Obrigkeit setzet, der widerstrebet Gottes ordnung. etc. Röm. 13. Anno 1674" (Abbildung 270).

Das Germanische Nationalmuseum in Nürnberg besitzt einen gut erhaltenen elsäßischen Strickteppich aus dem Jahre 1690. Hier bildet das Mittelfeld der Doppel-Reichsadler, umgeben von einem Blätterkranz. Zwischen Blütenranken sieht man gekrönte Fabelwesen und Papageien, als Meisterinitialen die Buchstaben H. K. (Abbildung 271). Ein weiterer Strickteppich, allerdings erst 1768 datiert und am Oberrhein hergestellt, ist in der Textilabteilung dieses Museums zu bewundern.

Abbildung 270: Strickteppich. Schlesien 1674. *Museum für Kunstgewerbe und Altertümer, Breslau.*

Abbildung 271: Strickteppich. Elsaß 1690. *Germanisches Nationalmuseum, Nürnberg.*

Ebenfalls handgestrickt ist ein Wandteppich „Das Paradies" aus dem Jahre 1725, den die Nonnen des Dominikanerinnen-Klosters zum Heiligen Grab in Bamberg ihrem Fürsterzbischof Franz von Schönberg in Würzburg zu seinem 70. Geburtstag schenkten. Er ist eine rührende Imitation der damals kostbaren Gobelins; das Kloster war nicht in der Lage, einen echten zu erwerben, doch die Schwestern konnten ausgezeichnet mit der Stricknadel umgehen. So schufen sie einen Wandbehang, bei dem die Bordüren ganz und gar den Wirkteppichen entsprachen. Schwieriger wurde es nur bei den traditionellen Fabelntieren. Zu den exotischen Geschöpfen gesellten sich daher auch bekannte Tiere des heimischen Waldes. Unter dem Spruchband „Gloria in excelsis deo" sind Adam und Eva im Paradies, das Wappen von Schönborn und der Baum der Erkenntnis abgebildet. Die Initialen L. F. und E. B. geben wohl die fleißigen Nonnen als Strickerinnen oder Entwerferinnen an (Abbildung 272).

Die Städtischen Kunstsammlungen von Görlitz besitzen einen Teppich aus dem Jahre 1728. Er wurde von S. G. Sieber gestrickt und zeigt in der Mitte das Lamm Gottes mit der Umschrift: „Siehe das ist Gottes Lamm." Ein weiteres Spruchband besagt am Teppichrand:

Abbildung 272: Gestrickter Wandteppich. Geschenk der Nonnen des Klosters vom Heiligen Grab in Bamberg an den Fürsterzbischof Franz von Schönborn in Würzburg, 1725.

Abbildung 273: Strickteppich, Oberrhein 1749 (?). *Städtische Kunstsammlung, Lindau i. Bodensee.*

„Also hat Gott die welt geliebet das er seinen eingebohrenen Sohn gab auf das alle die an ihn glauben nicht verlohren werden sondern das ewige Leben haben. Joh. 3. V. 16." Eine Paradiesszene und die Kreuzigungsgruppe bilden die biblischen Themen des Strickteppichs.

Aus dem südwestdeutschen Raum, vom Oberrhein, stammt ein handgestrickter Teppich im Städtischen Museum in Lindau im Bodensee. Neben dem Doppeladler im Wappen stehen gekrönte Löwen, Papageien und zwei prächtige Pfaue inmitten farbenprächtiger Blütenranken. Zwei Engel mit ausgebreiteten Flügeln bewachen das Wappen und die Buchstaben FX RM. Das Herstellungsjahr könnte 1749 sein (Abbildung 273).

Eine verblüffend ähnliche Blütenvielfalt weist ein Teppich von 1781 auf, der vermutlich in Straßburg angefertigt wurde. Hier steht im Mittelpunkt jedoch das biblische Thema „Jakobs Traum" und die Inschrift lautet: „Hilfe wirt Gott ferner schicken meinen Sünden zum verdrus." An den oberen Ecken sieht man die Adler des Hauses Habsburg, im unteren Bildteil eine Paradiesszene mit Adam und Eva (Abbildung 274).

Wie diese Strickteppiche im 17. und 18. Jahrhundert hergestellt wurden, war lange Zeit ein Ge-

Abbildung 274: Strickteppich. „Jakobs Traum". Straßburg (?) 1781 (Ausschnitt).

Abbildung 275: Strickerin, Klöpplerin und Spinnerin. Kupferstich von Daniel Chodowiecki, 1768.

heimnis, denn technische Nachbehandlungen machten die Zuordnung zu Strickarbeiten nahezu unmöglich. Man nimmt an, daß die Teppiche mit zwei Nadeln, die so breit wie die fertige Strickerei sein mußten, oder auf einem Strickrahmen mit rechten Maschen in vielfarbigem Muster von unten nach oben gearbeitet wurden. Danach mußte die Strickarbeit sehr heiß gewaschen werden, wodurch sie stark verfilzte. Wurde der Teppich nach dem Trocknen noch geschoren, war die Struktur einer Strickmasche nicht mehr eindeutig erkennbar.

Wann und auf welche Weise die Strickkunst nach England kam, ist nicht genau festzustellen. Die ersten schriftlichen Aufzeichnungen darüber wurden um 1450 in den Geschäftsbüchern des Domkapitels der Stiftskirche von Ripon in der Grafschaft York vorgenommen. Ein Strumpfstricker namens William Riede ist aus dem Jahre 1564 bekannt. Vielleicht haben die Engländer das Stricken von den Schotten übernommen, denen die ebenfalls strickfreudigen Norweger die Erfindung dieser Handarbeit zuschreiben.

Gegenüber den südlicheren Ländern waren in England – wie auch in den deutschsprachigen Gebieten – die groben Gebrauchsstrickereien üblicher als die feine Seidenstrickerei Südeuropas. Man verlegte sich vor allem auf Mützen, Strümpfe und ähnliche Alltagsbekleidung. Manche Gestricke wurden tagelang in einer Farblösung eingeweicht, wodurch sie verdichtet, das heißt, wasserundurchlässiger und haltbarer gemacht wurden. Zentren der Handstrickkunst waren in Norfolk, Yorkshire, Schottland, Nottingham und Leicester.

Unter der Regentschaft der Königin Elisabeth I. (1558–1603) erreichte die englische Strickkunst einen Höhepunkt. Die Monarchin, die großen Wert auf ihr Aussehen legte (Abbildung 276 bestätigt dies hinreichend), erhielt in den ersten Regierungsjahren ein Paar handgestrickte Seidenstrümpfe als Geschenk, das sie (im Gegensatz zur Braut Philipps IV.) hocherfreut annahm. Bei der Überreichung müssen ihr leitender Staatsmann William Cecil Lord Burleigh und einer ihrer Günstlinge, Lord Leicester, zugegen gewesen sein. Von Leicester wird berichtet, er sei wie die Königin von den Strümpfen begeistert gewesen, was er mit den Worten ausgedrückt habe: „Meine verehrte Majestät ist überaus schön und in der Tat eine zauberhafte Königin, weil sie den Wunsch hat, nur dieses hauchzarte Kleidungsstück zu tragen." Dagegen soll Burleigh bemerkt haben, die bisherigen Tuchstrümpfe Elisabeths wären sicherlich weiterhin gut genug für sie gewesen. Mit ihrer Entscheidung zugunsten der Seidenstrümpfe werde aber das englische Volk zum Tragen dieser Kleidung ermuntert und somit das Tuchstrumpfgewerbe ruiniert. Weil Burleigh außerdem bezweifelt haben soll, ob Elisabeth ihre Beine in solch enge, zarte Gewebe zwängen könnte, sei sie sofort hineingeschlüpft und habe verkündet, das Geschenk passe sehr wohl und sei angenehm zu tragen, weshalb sie von nun an keine Tuchstrümpfe mehr wolle.

Diese Geschichte steht in einem Pamphlet, das der Drucker John Alexandre einige Jahre später herausgab – aus welchen Gründen, können wir nur ahnen.

Besonders im Umkreis von London entwickelte sich ein reges Strickergewerbe, weil Königin Elisabeth I. auch Gesetze erließ, um den Verbrauch von Handstrickwaren stärker zu fördern. 1565 wurde verfügt, daß „niemand mehr Mützen oder ähnliche Dinge aus Filz herstellen lassen durfte, ausgenommen Hüte." Auch sollten keine Mützen aus Wollstoff, sondern nur

Abbildung 276: Königin Elisabeth I. von England. „Armada-Porträt". Gemälde von Marc Gheeraerts, 1588.

noch gestrickte erlaubt sein. Ein anderes Gesetz verlangte, daß „jede Person über 7 Jahre am Sabbath oder an Feiertagen eine gestrickte Wollmütze tragen muß, welche in England hergestellt ist" (Abbildung 277).

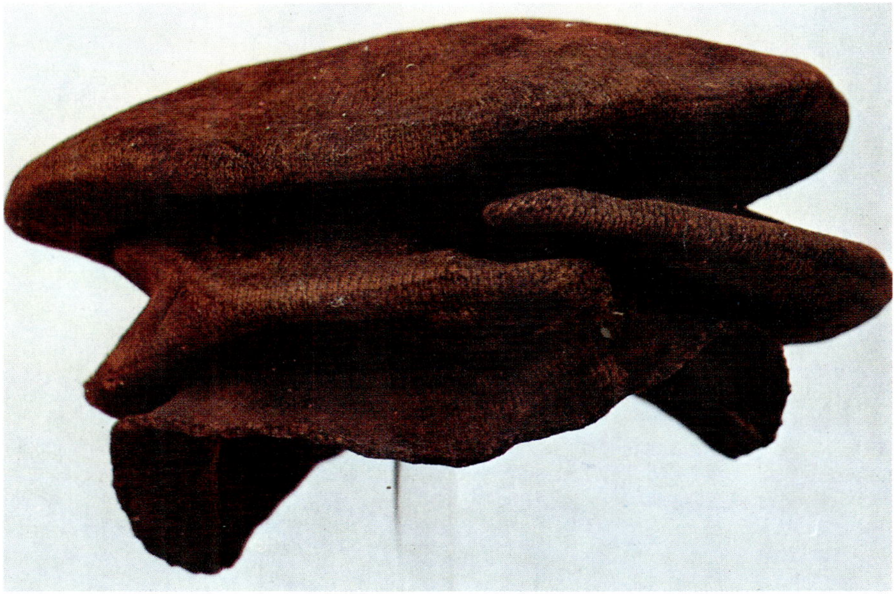

Abbildung 277: Gestrickte Tudor-Mütze aus der elisabethanischen Zeit.

Die Maschine des Pfarrers Lee

Die englische Strickkunst hatte nicht ausreichend Zeit, um eine eigene Tradition zu entwickeln. Sie fand schon mit der Erfindung der ersten Strickmaschine von Pfarrer William Lee aus Nottinghamshire im Jahre 1589 ein vorläufiges Ende. Die Maschine bestand aus einem Rahmen, auf dem mit beweglichen Haken Maschen über eine Reihe feststehender Haken gezogen wurden. William Lee soll seine Idee im trauten Heim gekommen sein, als er seiner Frau beim Stricken zusah (Abbildung 279).

Abbildung 279: Pfarrer William Lee und seine Familie. Zeitgenössische Darstellung eines unbekannten Meisters. Aus: Die Geschichte der Textilindustrie.

Bald betrieb der Pfarrer in dem Dorf Calverton zusammen mit seinem Bruder James eine Maschinenstrickerei und produzierte zunächst 600 Maschen in der Minute (eine tüchtige Strikkerin erreichte höchstens 100 Maschen). Dann richtete er in Bunhill Fields eine Strickfabrikation ein, stellte der Königin Elisabeth seine Neuheit vor und bat sie um ein Patent. Als sie jedoch ein Paar der noch grob gestrickten Strümpfe zu Gesicht bekam, war sie von dem Ergebnis enttäuscht und verweigerte die Anerkennung.

Abbildung 278: Strumpfwirkmaschine. Stich aus dem 18. Jahrhundert. (Diese Flachstrickmaschine ähnelt der ursprünglichen Maschine von Pfarrer Lee.)

Lee arbeitete nun mehrere Jahre lang an seiner Errungenschaft und baute auch wirklich eine bessere Maschine, die bereits 1500 Maschen in der Minute schaffte. 1598 präsentierte er dann der Königin ein Paar sehr fein gestrickte Seidenstümpfe, die wie auf der Abbildung 280 ausgesehen haben mochten. Sie gefielen auch Elisabeth sehr wohl, doch weil sie befürchtete, die neue Erfindung könnte zahlreiche Heimstricker brotlos machen, lehnte sie ein Patent abermals ab. Außerdem hatte sie vielleicht auch Bedenken, die gestrickten Seidenstrümpfe, die sie trug, könnten im Falle stärkerer Verbreitung durch maschinelle Herstellung allen Frauen zugänglich werden – und das wollte sie wohl aus sehr persönlichen Gründen verhindern.

Pfarrer Lee litt sehr unter der Mißachtung seiner Erfolge und ging nach Frankreich, wo man ihm aufgeschlossener begegnete. Selbst König Heinrich IV. kümmerte sich um ihn, und unter der Schirmherrschaft des Finanzministers Herzog von Sully konnte er mit seinem Bruder und einigen Arbeitern in Rouen die eingeführten Strickapparate in einer Werkstatt aufstellen.

Aber auch hier war sein Glück nicht von Dauer, denn nach der Ermordung Heinrichs IV. (1610) und der Flucht Sullys entzog ihm die Witwe des Königs als Regentin ihre Gunst. Nach

1610 – das genaue Todesjahr ist nicht festzustellen – starb Lee enttäuscht in Paris. Ein Teil seiner Arbeiter kehrte nach England zurück und führte das Maschinenstricken in Nottinghamshire wieder ein. Aber erst im 18. Jahrhundert wurde die Erfindung des Pfarrers die Grundlage eines wichtigen Industriezweiges in England.

Im Jahre 1685 zwang die Aufhebung des Edikts von Nantes durch König Ludwig XIV. viele Franzosen – unter ihnen auch zahlreiche Strumpfwirker – ihre Heimat zu verlassen, wo das katholische Bekenntnis wieder zur Staatsreligion erklärt worden war.

Unter dem Schutz des Großen Kurfürsten wurden in Brandenburg-Preußen zahlreiche Hugenotten mit ihren Wirkstühlen angesiedelt und der einheimischen Bevölkerung als Lehrmeister im Strumpfstricken empfohlen. Auch in Sachsen und Württemberg ließen sich französische Flüchtlinge nieder und gaben ihre Fähigkeiten an Einheimische weiter. So beherrschte man bald in vielen deutschen Gebieten die Maschinen-Strickkunst.

Nach der Erfindung der Strickmaschine wurde für den Vorgang, eine Masche mechanisch herzustellen, die Bezeichnung „wirken" eingeführt. Sie erschien sinnvoller und hatte einen besseren Klang, verstand man darunter doch vor allem die Herstellung von feineren Gestricken gegenüber den Handstrickarbeiten.

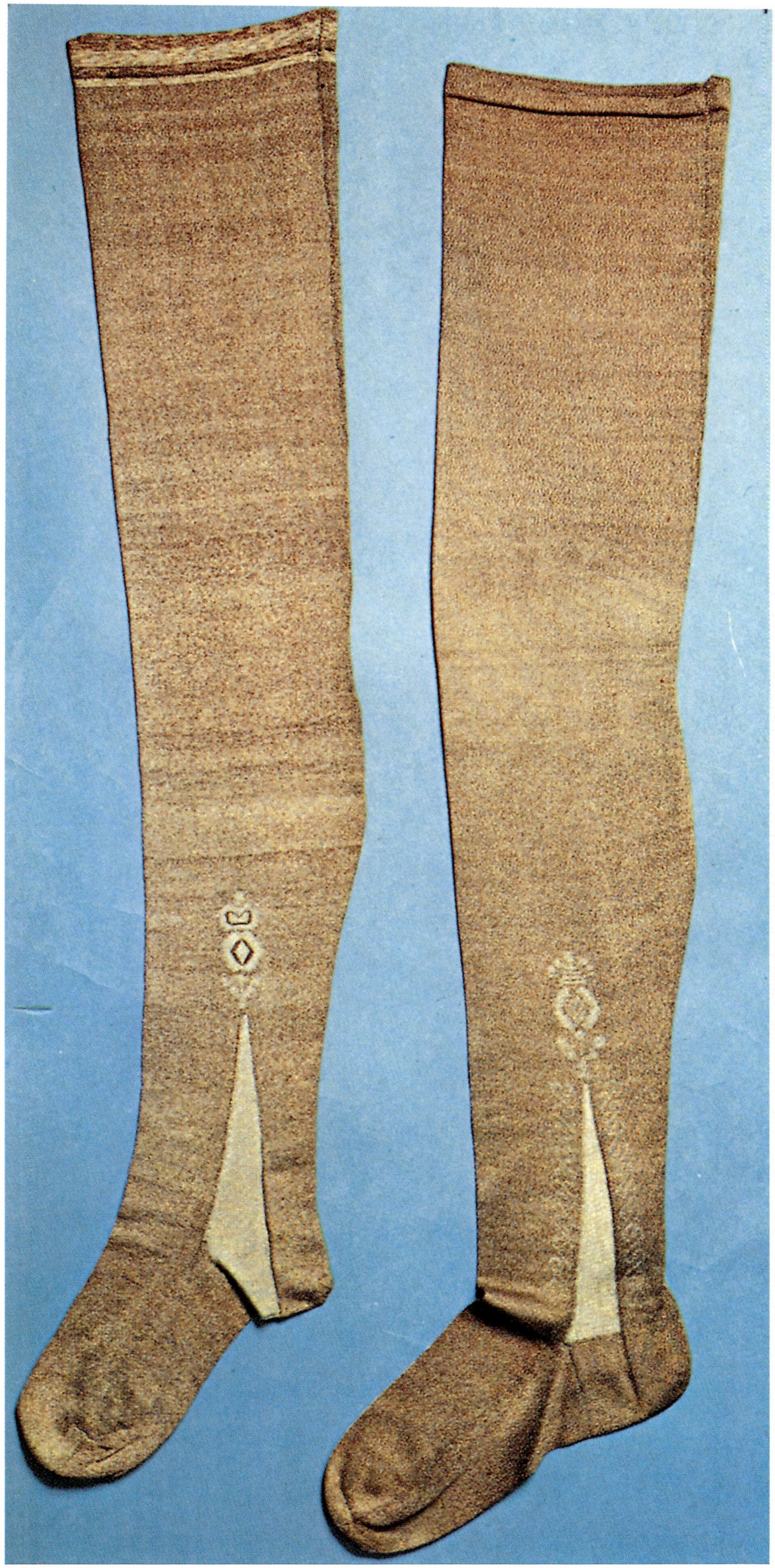

Abbildung 280: Maschinengestrickte Seidenstrümpfe mit Stickereien. Englische Arbeit, um 1600.

Volkstümlich wie zu alten Zeiten

Nur in wenigen Zentren Englands konnte sich das Handstrickgewerbe über das 18. Jahrhundert hinaus fortsetzen. Vor allem in den etwas abgelegenen Gebieten Yorkshire, Nordwales, Schottland und Irland strickte man auch nach der Erfindung der Wirkmaschine wie zu alten Zeiten. In den Küstengebieten entwickelten sich regional verschiedene Strickmuster, die im Laufe der Zeit zu Volkstraditionen wurden und dauerhaft erhalten blieben.

Abbildung 282: Shetland-Muster, wie sie noch heute gearbeitet werden.

Erwähnenswert sind die heute wieder gefragten Shetlandmuster, deren Effekt nur mit den Naturfarben Beige, Braun, Creme und Schwarz erzielt wird (Abbildungen 281/282).

Abbildung 281: Shetland-Mütze mit typischen Mustern in Naturfarben gearbeitet.

Ihren Ursprung sucht man in der Zeit um die Jahrtausendwende, als norwegische Aussiedler auf die Inseln kamen und ihre eigenen Strickgebräuche mitbrachten. Das ursprünglich nur von Frauen ausgeübte Strikken für den eigenen Bedarf wurde bald als organisiertes Gewerbe betrieben und ernährte ganze Familien.

Die karge Landschaft der Shetland-Inseln war auch eine Voraussetzung für die besondere Feinheit der stets handgesponnenen Wolle. Die überaus feine Faser, eine mit der Hand ausgezupfte Nackenwolle der Schafe, ermöglichte es den Inselbewohnern, die um 1800 begonnene Herstellung hauchzart gestrickter Shetland-Schals auszubauen.

Anregungen dazu gab ihnen die damals aufkommende und rasch verbreitete Spitzenmode. Die Schals bestanden oft aus mehreren verschiedenen Grundmustern, die kunstvoll miteinander verbunden waren (Abbildung 283). Gestrickt wurden die schwierigsten Muster mit feinen Stahldrähten. Weil der Volksmund behauptete, diese Arbeiten mit Hunderttausenden von Maschen ließen sich mühelos durch einen Damenring ziehen, wurden sie unter dem Namen „Ringschals“ bekannt.

Eine völlig andere Strickart ist auf einer Insel südlich der Shetlands, auf der Fair Isle, zu finden. Hier sollen nach der Überlieferung gestrandete spanische Matrosen im Jahre 1588, nach dem englischen Seesieg über die Armada, auf der Flucht vor ihren Verfolgern an Land gespült worden sein.

Die Inselbewohner hätten dann diese farbigen, auf rein geometrischen Formen basierenden Muster auf den Kleidungsstükken der Schiffbrüchigen nachgeahmt. Die Muster von Fair Isle wurden im Laufe der Zeit zu Symbolen mit verschiedener Bedeutung auf gestrickten Kleidungsstücken.

Auf den Aran-Inseln, im Westen von Irland vor der Galway-Bucht gelegen, nahm die Strickkunst einen bemerkenswerten Gang. Auch hier wird – wie auf den Shetland-Inseln – mit naturfarbener Wolle gearbeitet.

Das Stricken soll hier jedoch nach der Überlieferung nicht auf die Norweger, sondern auf die Kopten, die Bewohner Ägyptens, zurückzuführen sein. Weil die Motive sehr stark an die Ornamente im Mittelmeerraum erinnern, sollen Missionare die koptischen Muster auf dem Seeweg zunächst an die

Abbildung 283: Kinderkleid mit typischen Shetlandmustern mit feinen Stahldrähten in Spitzenstricktechnik.

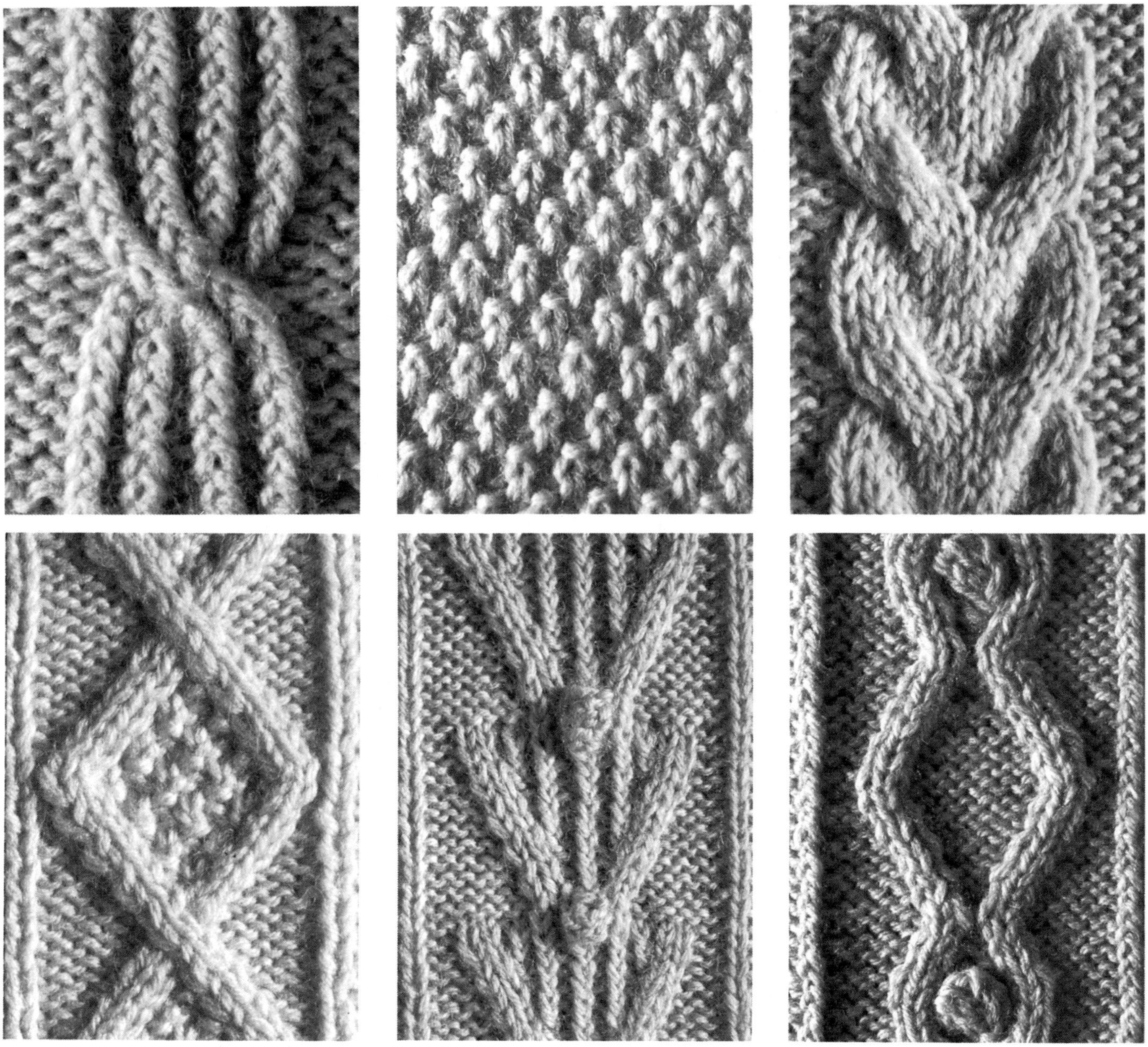

Abbildung 284: Strickproben mit typischen Aran-Mustern.

französische Atlantikküste und dann auch nach Irland gebracht haben. Viele Muster lassen sich allerdings bereits auf ältere keltische Ursprünge zurückführen. Symbole, die den Kelten langes Leben, Reichtum und Kindersegen bedeuteten, wurden in gestrickte Maschen umgesetzt. Das bekannte Zopfmuster soll zum Beispiel auf das keltische Kreuz zurückzuführen sein. Andere Muster mit magischer Bedeutung sollten Unheil abwenden. Sie unterschieden sich von Ort zu Ort, ja sogar von Familie zu Familie ganz erheblich und berücksichtigten oft deren sozialen Status, so daß man gelegentlich Familienmitglieder an ihren Strickmustern erkennen konnte. Einige Beispiele blieben bis heute erhalten (Abbildung 284).

In einem Hauptwerk der insularen vorkarolingischen Buchmalerei, dem bereits im I. Kapitel erwähnten „Book of Kells" (aus dem Jahre 700), das in der Trinity-College-Bibliothek der irischen Hauptstadt Dublin aufbewahrt wird, findet sich eine kolorierte Darstellung des alttestamentlichen Daniels, der angeblich Gestricktes von den Aran-Inseln trägt (Abbildung 285).

In dieser Handschrift dominiert übrigens eine aus dem keltisch-germanischen Kulturkreis stammende Ornamentik; ob man jedoch die Motive der Aran-Strickerei tatsächlich auf diese frühe irische Buchmalerei zurückführen kann, ist umstritten.

Abbildung 285: Initiale mit der Darstellung des Propheten Daniel. Auszug aus dem „Book of Kells“. Eines der Hauptwerke der insularen vorkarolingischen Buchmalerei, um 700 n. Chr. *Trinity College Bibliothek, Dublin.*

Abbildung 286: Strickbeutel aus blauer Seide mit gedrehtem Elfenbeinboden. Aus dem Besitz der ältesten Tochter Maria Theresias. *Kloster der Hl. Elisabeth, Klagenfurt/Österreich.*

Wie England mit Königin Elisabeth I. so hatte Österreich mit Maria Theresia (1740–1780) eine Monarchin, die nicht nur das Stricken förderte, sondern auch selbst äußerst geschickt im Umgang mit Nadel und Faden war. Unbeschadet ihrer Herrscherwürde ließ sie emsig Garn durch ihre Finger gleiten. Bei den Handarbeiten in ihrem Lande ging sie jedenfalls mit gutem Beispiel voran. So strickte sie eigenhändig für ihre älteste Tochter, Erzherzogin Marianne, aus blauer Seide einen Beutel, der ganz der damaligen Mode entsprach (Abbildung 286).

Ihr Gemahl, Kaiser Franz I., ehemaliger Herzog von Lothringen, drechselte dazu aus Elfenbein eine Schale als Boden. Man stelle sich dieses Familienidyll am österreichischen Hofe einmal bildlich vor!

In allen älteren Strickzeitschriften, besonders in der Zeitschrift „Iris", las man öfters die Bemerkung, man sollte das Stricken nicht als niederige Beschäftigung bewerten, denn selbst die Kaiserin Maria Theresia habe eine Strickarbeit verfertigt.

Es war für mich sehr verlockend, dieses Beispiel zu suchen und aufzuspüren. Aber keines der österreichischen Museen konnte mir in dieser Beziehung weiterhelfen. Bei einem Besuch in Klagenfurt im Kloster der Heiligen Elisabeth zeigte mir die Oberin verschiedene wertvolle Handarbeiten, die von der ältesten Tochter der Kaiserin gestrickt worden waren. Die Erzherzogin bewohnte nämlich ein Schloß in Klagenfurt, das mit dem Kloster durch einen Gang verbunden war. So hielt sie sich häufig im Kloster auf und hinterließ dort mehrere kirchliche Strickereien.

Beim Abschied erklärte mir die Oberin plötzlich, sie habe noch etwas, wofür ich mich sicherlich interessiere. Sie verschwand und brachte den hellblau gestrickten seidenen Beutel mit dem Boden aus Elfenbein, das Geschenk der Kaiserin für ihre Tochter. Man kann sich nicht vorstellen, wie ich als Strickexpertin mich in diesem Augenblick gefreut habe, denn die Auffindung dieses Strickbeutels bedeutete für mich ein wichtiges Kapitel in der Geschichte der Handarbeit.

Um die Mitte des 18. Jahrhunderts wurde das Stricken zum bürgerlichen Zeitvertreib und zur Beschäftigung der Damenwelt. Der maschinengestrickte Strumpf hatte zwar längst seinen Siegeszug angetreten, aber die Handstrickkunst erfreute sich nach wie vor großer Bedeutung.

Die Strickergilden und -zünfte konnten sich allerdings nicht länger halten; dies war jedoch auch bei den anderen organisierten Gewerben der Fall.

Viele Frauen fertigten für ihre sämtlichen Familienmitglieder wärmende Woll-Stricksachen wie Schultertücher, Schals, Handschuhe, Muffe und Kopfbedeckungen an. Gestrickte Mützen, wie eine auf Abbildung 288 zu sehen ist, waren schon im 17. Jahrhundert bei den Männern sehr beliebt, da man sich, um die unförmigen und ausladenden Perücken in der Öffentlichkeit tragen zu können, oft die Haare sehr kurz oder sogar ganz schneiden ließ. Da konnte man auch zu Hause die wärmenden, oft prachtvoll verzierten Seiden-, Woll- und später Baumwoll-Mützen gut brauchen. Eine derartige Strickmütze, die vermutlich im 18. Jahrhundert in Deutschland hergestellt wurde, befindet sich im Besitz des Germanischen Nationalmuseums in Nürnberg (Abbildung 289).

Modezeitschriften spiegelten damals die unterschiedliche Wertschätzung des Strickens deutlich wider. Einerseits wurde es in manchen Gegenden hoch gelobt, andererseits manchmal verächtlich behandelt. Das „Journal des Luxus und der Moden“ setzte sich jedoch 1799 in eigenartiger Weise für die fleißigen Strickerinnen ein: „Die Engländerinnen pflegen nicht zu stricken. Nur der Fächer ersetzt die Beschäftigung der Bewegung. Aber jeder wird mir doch zugeben, daß so lange das Strumpftragen noch nicht durchgängig für unnütz gehalten wird, es weit nützlicher ist, wenn 600 Frauenzimmer in einer Stadt nur im Jahre 600 Strümpfe für sich, für die ihrigen oder arme hilflose Menschen durch eine leichte Bewegung hervorbringen, als wenn sie vermittels einer Million Fächerwehungen die Luft in schnellen Umkreis gebracht hätten.“

Abbildung 287: Kaiserin Maria Theresia, Königin von Ungarn und Böhmen. Das Gemälde von Martin von Meytens d. J. (1695–1770) zeigt die Monarchin in einem Kleid, welches ein Geschenk der Brüsseler Spitzen-Manufaktur war. *Kunsthistorisches Museum, Wien.*

Strickte man für den privaten Bedarf meist mit Wolle oder, wenn man geübt war, mit Seide, so kam zwischen 1770 und 1780 das sogenannte „Weißstricken“ auf. Diese Technik wurde mit feiner Baumwolle, die der Handel mit östlichen Ländern, besonders Indien, jetzt verstärkt nach Europa brachte, und mit Leinenfäden ausgeführt. Die Muster dieser zarten Spitzenstrickerei ergaben sich durch die unterschiedliche Anordnung der rechten und linken Maschen sowie durch den Gebrauch von zahlreichen Umschlägen (Hohl-

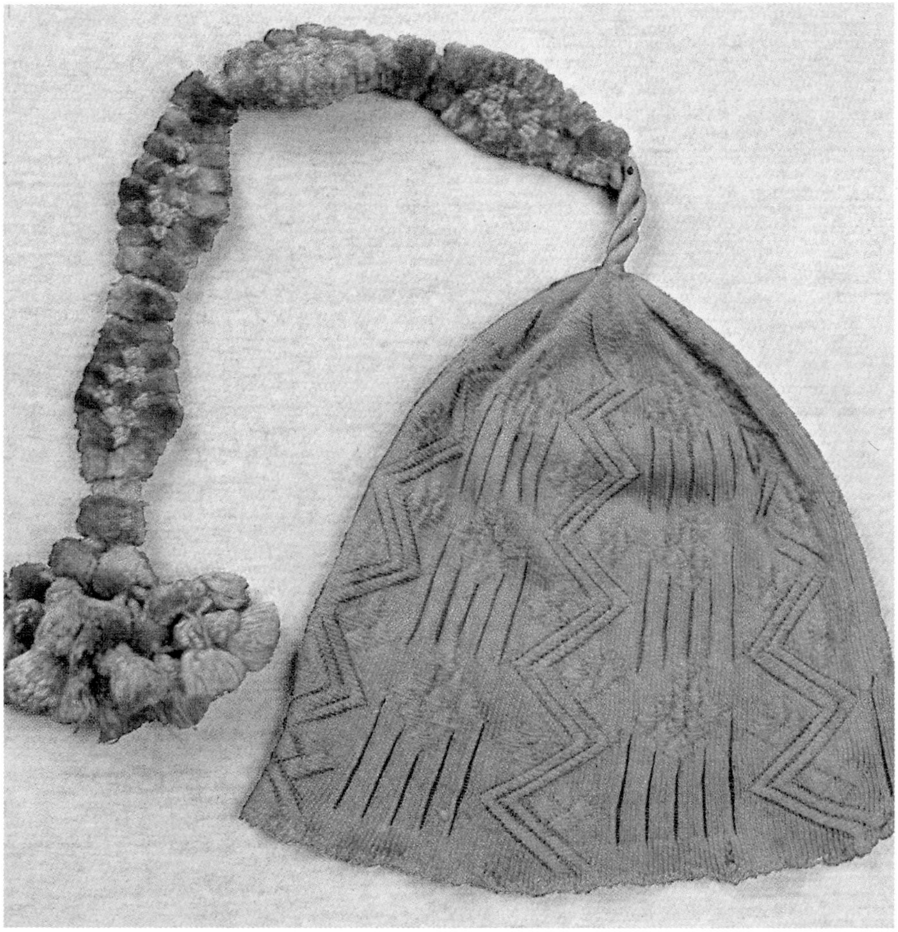

Abbildung 288: Mütze in Seiden-Strickerei, 17./18. Jahrhundert, vermutlich italienische Arbeit. *Viktoria und Albert Museum, London.*

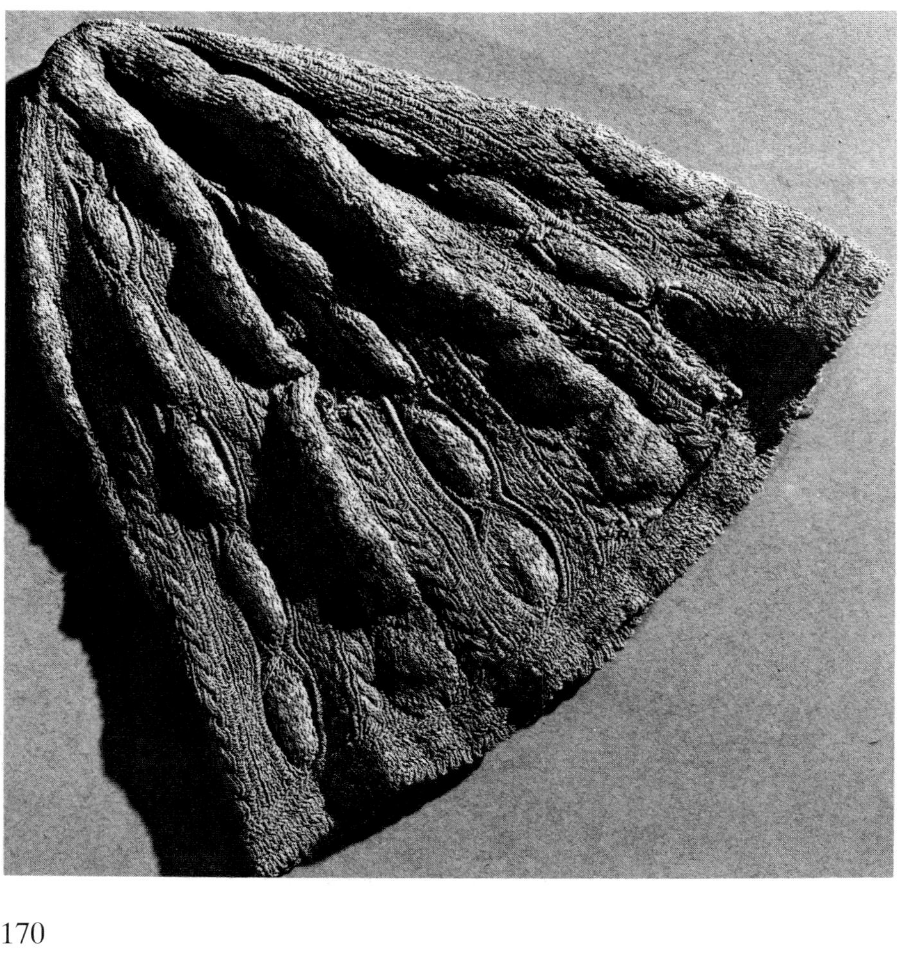

Abbildung 289: Strickmütze. Deutschland, 18. Jahrhundert. *Germanisches Nationalmuseum, Nürnberg.*

Abbildung 290: Wiener Hausgarten. Gemälde von Erasmus von Engert, 1828. *Staatliche Museen, Berlin* (gegenüberliegende Seite).

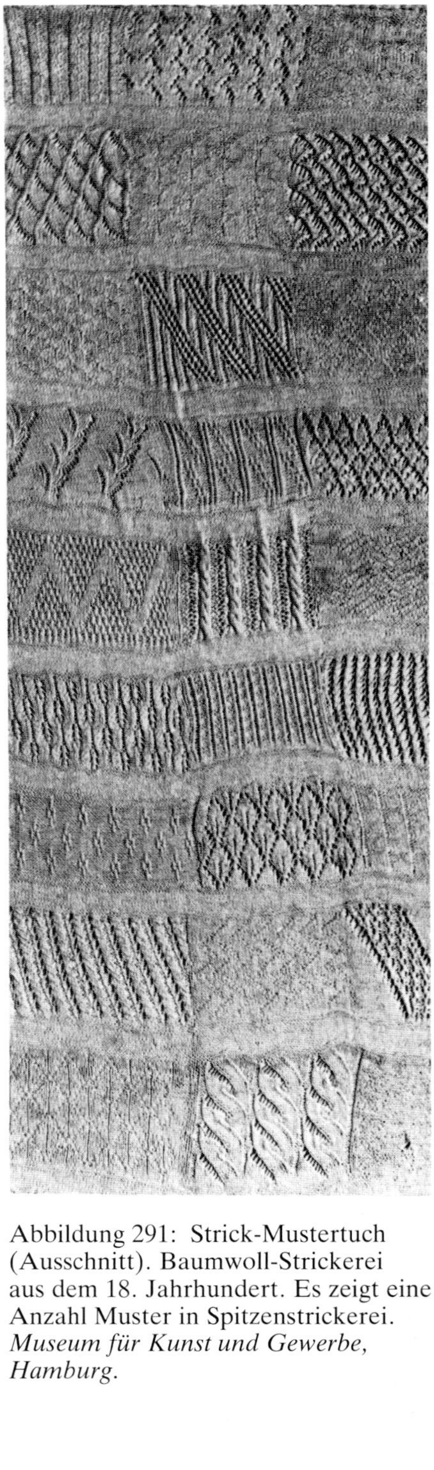

Abbildung 291: Strick-Mustertuch (Ausschnitt). Baumwoll-Strickerei aus dem 18. Jahrhundert. Es zeigt eine Anzahl Muster in Spitzenstrickerei. *Museum für Kunst und Gewerbe, Hamburg.*

Abbildung 292: Empire-Stil-Strickkleid aus Baumwolle. Wien 1806. *Österreichisches Museum für angewandte Kunst, Wien.*

Abbildung 293: Strickkleid aus feiner Näh-Baumwolle, gearbeitet von Sarah Ann Cunliffe. Sie soll daran 5 Monate lang täglich 7 Stunden gearbeitet haben. 3. Preis auf der Weltausstellung im Londoner Kristallpalast, 1851.

maschen). Ein Beispiel dieser Strickkunst, für die feine Drahtnadeln benötigt wurden, ist im Österreichischen Museum für angewandte Kunst in Wien zu sehen (Abbildung 292).

Etwas später entstand ein 1851 auf der Großen Ausstellung im Kristallpalast von London gezeigtes Taufkleidchen aus feinster Baumwolle, mit dem die Strickerin Sarah Ann Cunliffe – aus der Grafschaft Essex – bei einem Wettbewerb den 3. Preis gewann (Abbildung 293).

Initiator der weltweit beachteten Ausstellung war der Prinzgemahl Albert von Sachsen-Coburg-Gotha, der auf diese Weise das Kunsthandwerk und das Gewerbe im Sinne seiner Gemahlin, der Königin Viktoria, fördern wollte (Abbildung 294).

Auch die Babyjäckchen, Mützen und die Damen-Beuteltasche mit dem Datum 1807 in der Widmung sind mit dünnsten Drahtnadeln und feinem Leinen- oder Baumwollgarn gestrickt worden (Abbildungen 295–299).

Sehr beliebt wurden diese sogenannten Strickspitzen vor allem in Ländern, die keine eigene, traditionelle Spitzenherstellung besaßen und deshalb einen Ersatz für echte Spitzen – Klöppel- und Nadelspitzen – suchten. Dazu zählten Skandinavien, England und einige deutschsprachige Gebiete (Abbildung 300).

Abbildung 294: Eröffnung der Londoner Weltausstellung im Kristallpalast durch Königin Viktoria, 1851. Gemälde von H. C. Selous.

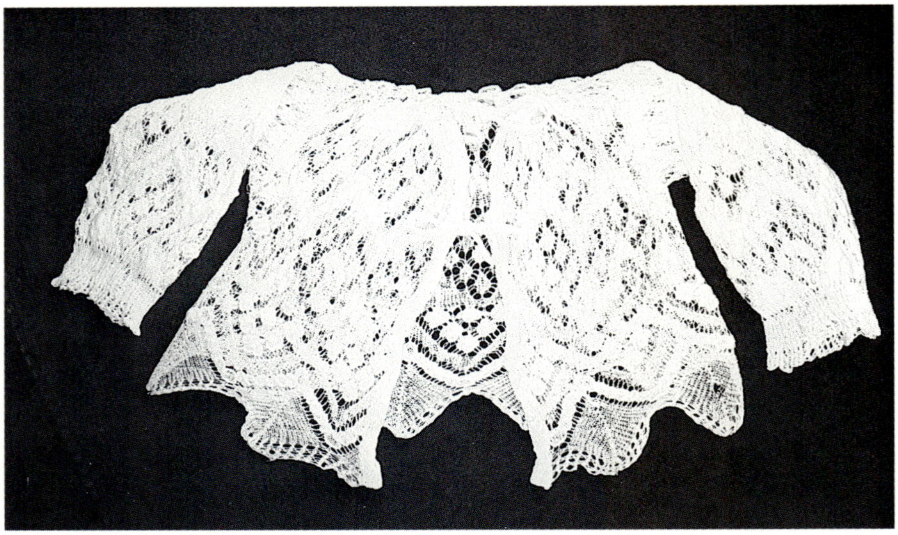

Abbildung 295: Tauf-Babyjäckchen. Strickarbeit in Baumwolle und Leinenspitze, um 1860. *Privatsammlung.*

Abbildung 296: Babyjäckchen. Spitzenstrickerei mit feinstem Leinengarn und mit Seidenstoff gefüttert, um 1850. *Privatsammlung.*

Abbildung 297: Baby-Taufhäubchen. Feinste Leinenstrickerei mit dem charakteristischen Biedermeierstern, um 1850. *Privatsammlung.*

Abbildung 298: Baby-Häubchen. Feinste Baumwollstrickerei mit Mustern in Spitzenstrickerei, um 1860–1875.
Privatsammlung.

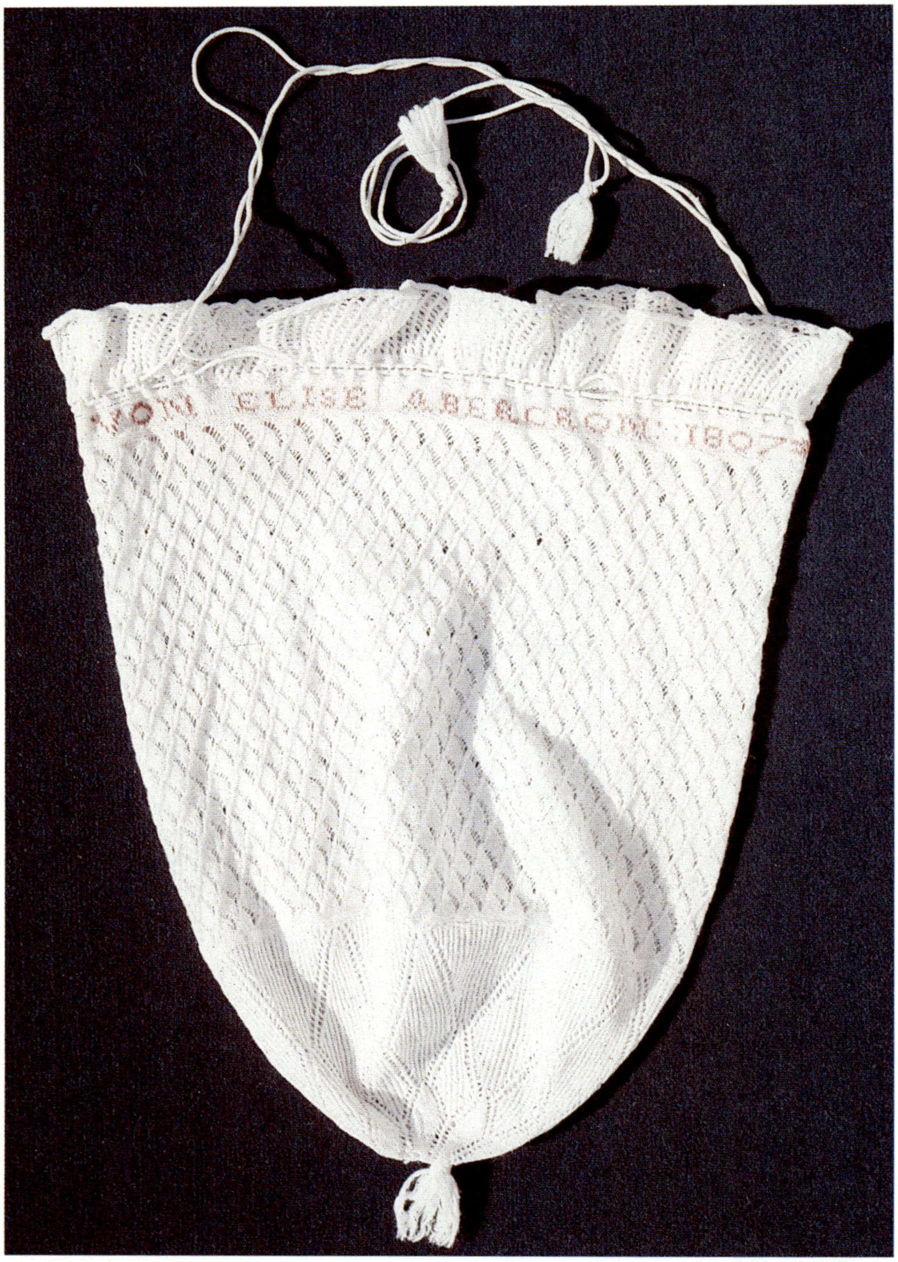

Abbildung 299: Toiletten-Damenbeutel mit eingestrickter Inschrift. Baumwollstrickerei, 1807. *Privatsammlung.*

Abbildung 300: Zierdeckchen. Spitzenstrickerei in Baumwolle, Jahrhundertwende. *Privatsammlung.*

Die Kunst der Perlstrickerei

Zur gleichen Zeit wie die Weißstrickerei entwickelte sich auch die Strickerei mit Perlen. Ihren Höhepunkt erreichte die Perlstrickerei in der Mitte des 19. Jahrhunderts. Bereits in Strümpfe wurden damit Monogramme, Namen und sogar Jahreszahlen eingestrickt (Abbildung 301). Es gehörte unendliche Geduld dazu, die Perlen, dem Muster entsprechend, aufzufädeln und dann mit einzuarbeiten. Dabei konnte man auf zweierlei Arten vorgehen. Wollte man ganze Muster wie romantische Szenen auf Handtaschen, Brillenetuis oder kleinen Behältern stricken, verteilte man die Perlen auf der ganzen Strickfläche. Ging es dagegen nur um Dekorationselemente, dienten Perlen als vereinzelte kontrastreiche Farbtupfer häufig auf gestrickten Krawatten, Gürteln und Handschuhen. Die Perlen wurden nach einer Vorlage – in umgekehrter Reihenfolge – auf das Strickgarn gereiht und dann, dem Muster entsprechend, mit eingestrickt.

Bereits in der Antike entdeckte man, daß sich aus Glas Perlen herstellen ließen, und man verwandte sie auch schon für Handarbeiten, wie Abbildung 302 zeigt. Von Ägypten ausgehend wurden die Kügelchen in den anderen Mittelmeerländern und schließlich auch weiter nördlich bekannt.

Als im 16. Jahrhundert die Glasmacher Venedigs eine noch heute angewandte rationelle Produktionsweise erfanden, nahm die Verbreitung in Europa weiter zu. Die Lagunenstadt behielt bis ins 19. Jahrhundert das Monopol der Glasperlenherstel-

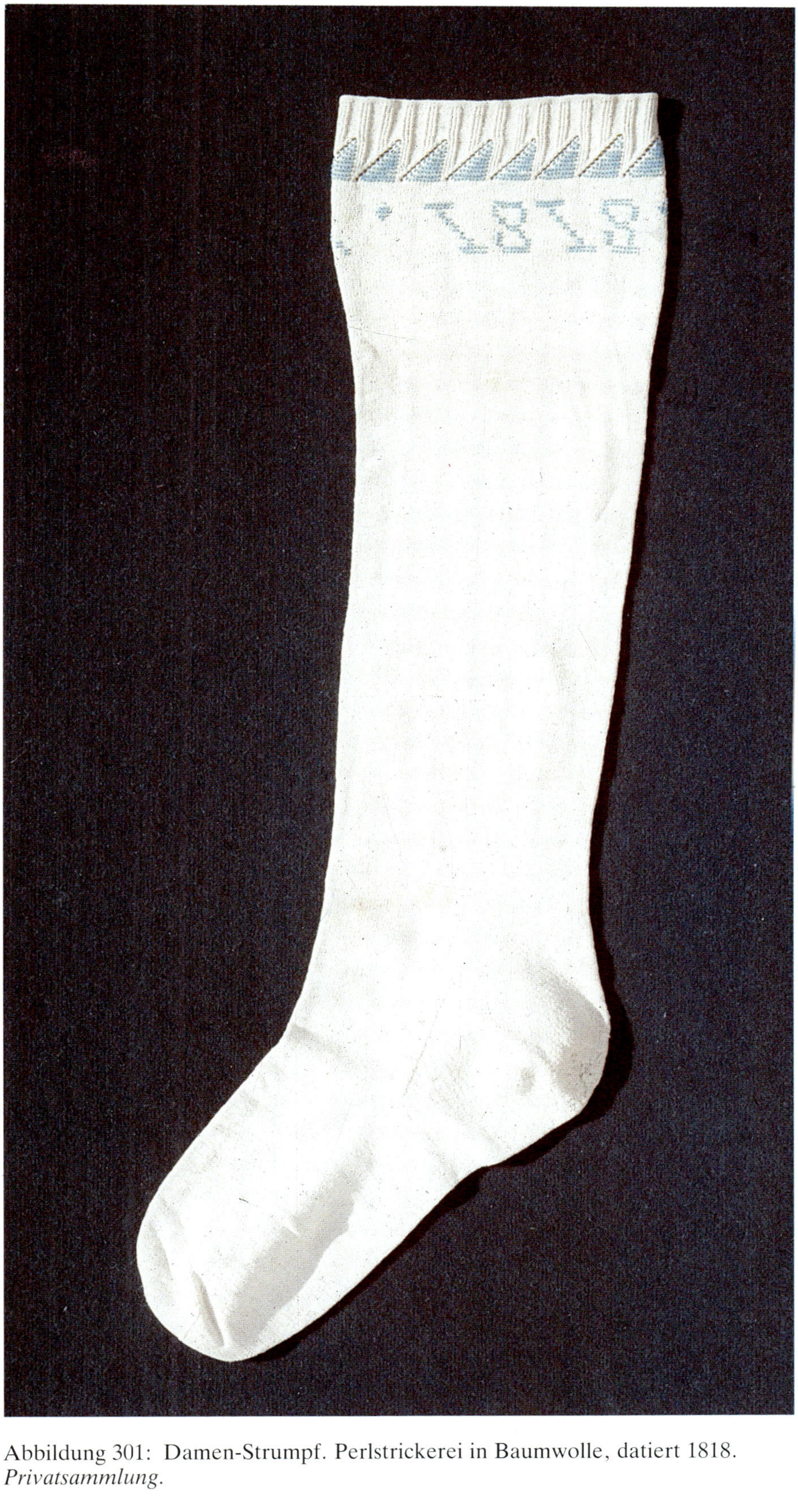

Abbildung 301: Damen-Strumpf. Perlstrickerei in Baumwolle, datiert 1818. *Privatsammlung.*

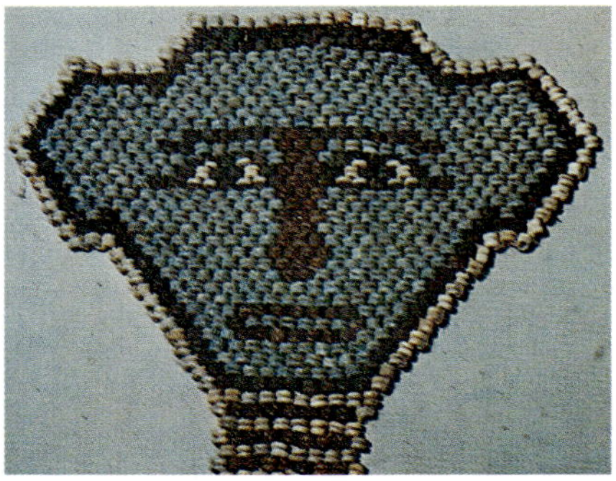

Abbildung 302: Gesicht aus ägyptischen Perlen, wahrscheinlich zwischen dem 1. Jahrhundert v. Chr. und dem 1. Jahrhundert n. Chr. entstanden. *Archeologisches Museum, Florenz.*

Abbildung 304: Strickendes Mädchen. Ölbild von Carl Spitzweg, um 1835. *Privatbesitz.*

lung; danach wurde die neue Glasindustrie Böhmens eine spürbare Konkurrenz.

Die Perlen wurden, auf Schnüre gezogen, vor allem den Strickerinnen angeboten, die auf zahlreiche, mit Holzschnitten illustrierte Vorlagen und Anweisungen für die Perlstrickerei zurückgreifen konnten. Diese Art

Abbildung 303: Biedermeier: Die Familie Begas. Gemälde von Karl Begas, 1821. *Wallraf-Richartz-Museum, Köln.*

der Handarbeit war so recht geeignet für die Biedermeierzeit in der ersten Hälfte des 19. Jahrhunderts. Man lebte in häuslicher Zurückgezogenheit, so daß fast alle Frauen und Mädchen ausreichend Zeit und Muße hatten, sich mit Handarbeiten zu beschäftigen (Abbildung 303).

Das Heim wurde mit einer Fülle selbstgearbeiteten Beiwerks ausgeschmückt. Die Kunst des Strickens, die meistens weniger beliebt als das Sticken war, wurde durch diese Häuslichkeit beträchtlich aufgewertet. Sie entsprach auch dem großen Verlangen der Damenwelt, ständig neue Dinge zu kreieren und so manche Wohnung wirkte dadurch mit der Zeit doch recht überladen.

Abbildung 305: Damen-Bügelhandtasche. Perlstrickerei in Baumwolle, deutsch um 1850. *Württembergisches Landesmuseum, Stuttgart.*

Die Kunst des Perlstrickens konnte man trotz zahlreicher Versuche nicht wieder neu beleben; sie ist den Strickerinnen zu schwierig. Auch ich habe es im Fernsehen, trotz größter Mühe, vergeblich versucht. Die einzige Möglichkeit war für mich, bei meinem Anschauungsunterricht mit größeren Perlen zu arbeiten und sie in gleicher Farbe ohne Muster einzustricken. So entstand eine Oberfläche im Wechsel von glatten und verkehrten Maschen; geeignet für die moderne Handtasche, das Brillenetui und dergleichen. Sie sind ein bescheidener Rest der vergangenen Perlstrickkunst des Biedermeiers (Abbildungen 306/307).

Die Perlstrickerei des Biedermeiers hat wahre Kunstwerke hervorgebracht, die wir heute nur bewundern können; in keinem der folgenden Jahrzehnte unseres Jahrhunderts ist es gelungen, Arbeiten von damals mit der gleichen Exaktheit und Anmut nachzuarbeiten (Abbildung 305).

Wenn man sich vorstellt, daß die überaus feinen Perlen in den verschiedensten Farben, oft bei völlig unzureichendem Licht, eingestrickt werden mußten, weiß man die erhaltenen Stücke aus jener Zeit als besondere Kostbarkeit zu schätzen. Das gilt für eine große Anzahl Taufhäubchen, aber auch für Handtaschen, Krawatten und andere Accessoires (Abbildungen 308/309).

Abbildung 306: Biedermeier-Motiv. Perlstrickerei auf Wolle.

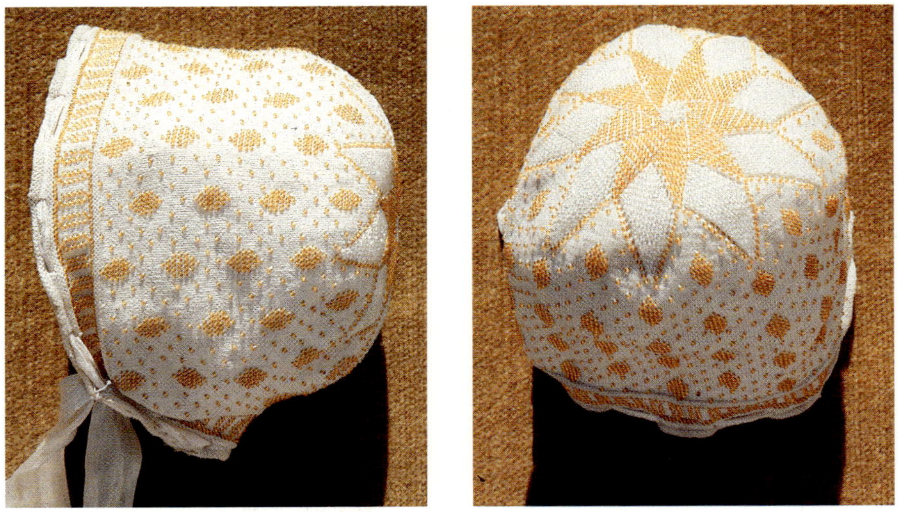

Abbildung 309: Baby-Taufhäubchen. Perlstrickerei mit Biedermeierstern, in feinstem Baumwollgarn gearbeitet, um 1825. *Privatsammlung.*

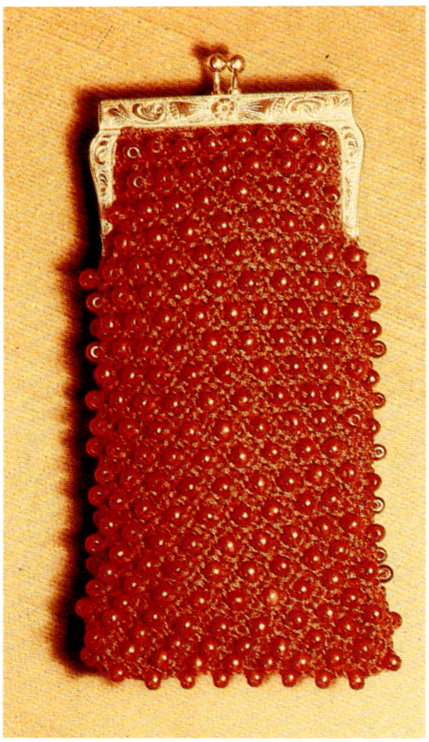

Abbildung 307: Brillenetui. Perlstrickerei.

Abbildung 308: Theaterbeutel. Perlstrickerei mit Biedermeiermotiv, um 1860. *Privatsammlung.*

Eine Wiener Theatertasche im chinesischen Stil, die damals große Mode war, veranschaulicht uns den Geschmack zu Beginn des 19. Jahrhunderts. Auch ein aus Baumwolle gestrickter Damen-Beutel aus Westfalen weist eine ähnliche Verarbeitung auf (Abbildungen 310/311).

Charakteristisches Muster war immer der Stern, der besonders deutlich auf den Babyhäubchen zu sehen ist und ein typisches Merkmal der Biedermeier-Strickerei darstellt.

Für die Wiener waren umstrickte Gläser und Becher eine Spezialität. Aus Rußland ist bekannt, daß auch kleine Flaschen mit einem kompletten Perlüberzug umstrickt wurden. Im sächsischen Erzgebirge fertigte man kleine Perltaschen in Heimarbeit für den Handel an. Beliebteste Motive waren das Füllhorn, Landschafts- und Liebesszenen, antike Tempelchen, geometrische Ornamente, Blütenranken und alle nur erdenklichen Arten von Blumenarrangements.

Unter der fast siebzigjährigen Regentschaft der Königin Viktoria von England stellten die Damen mit Perlstrickereien allerlei Kunstgegenstände her.

Überhaupt herrschte auf dem Gebiet der Handarbeiten wieder eine ebenso rege Tätigkeit wie im elisabethanischen Zeitalter – mit dem Unterschied, daß man damals das Stricken hauptsächlich als Broterwerb, jetzt jedoch mehr als Zeitvertreib ansah – mit Ausnahmen natürlich.

In der „Allgemeinen Musterzeitung“ von 1853 lautet die Anleitung für eine Perlstrickerei:

Abbildung 310: Damenbeutel in chinesischem Stil. Perlstrickerei in Baumwolle mit Biedermeiermotiven, um 1850. *Privatsammlung.*

Abbildung 311: Damenbeutel. Perlstrickerei in Baumwolle, Westfalen, Anfang 19. Jahrhundert. *Kunstgewerbemuseum, Köln.*

„Wir teilen hier unseren Leserinnen eine neue Art von Arbeit mit, die da, wo sie bis jetzt bekannt geworden ist, ungemein gefällt. Es werden Armbänder mit gewöhnlicher sächsischer Wolle gestrickt sowie mit Perlen aus schwarzem Schmelz oder aus geschliffenem Kristall von einer Farbe, die zu jeder Wolle paßt, verziert. Zuerst fädelt man die Perlen auf ein Strängchen Wolle und schlägt 9 Maschen auf einer einzigen Nadel an ..." Weiter unten heißt es dann:

„Auch mit Granaten verziert man diese gestrickten Bracelettes (Armbänder). Neu sind auch die gestrickten Perlquasten als Verzierung an Kissen und anderem. Auch einen Wäschebeutel strickt die Frau des Hauses, in welchen man die getragenen Ärmel, Kragen und Morgenhauben steckt, welche vermöge der Spitzen oder Stickereien, aus denen sie bestehen, vor der Wäsche der Ausbesserung bedürfen." Es war sicherlich nicht einfach, derartige Strickanleitungen folgerichtig zu interpretieren.

Miniaturbändchen und Frauenjournale

Um die Wende zum 19. Jahrhundert traten dann auch die ersten Strickbücher ihren Siegeszug an. Johann Friedrich Netto brachte bei Hinrichs in Leipzig seine „Miniaturbändchen“ heraus, die so klein waren, daß die Dame sie in ihrem „Ridikül“ (einem kleinen Handtäschchen) mittragen konnte.

Neben Handarbeitsanleitungen enthielten diese Büchlein oft auch eine Novelle, ein Gedicht, Anweisungen für die Schönheitspflege und zusammenfaltbare Muster für passende Täschchen. Eines der Bändchen erschien mit dem Titel: „Praktische Anleitung zu neuesten künstlichen Modestrickerey, besonders zur Anfertigung von Stufendecken, Sofa- und Stuhlkappen, Kleidern und Halstüchern, Schals, Strick- und Geldbeuteln mit und ohne Korallen und Perlen, vorzüglich auch neumoderne Stricknadelstickerey.“ Damit waren die meisten Gegenstände aufgezählt, die man damals für den Bedarf der Familie strickte.

Mit zu den ersten Strickmusterbüchlein zählte das 1810 in Pirna und Leipzig veröffentlichte „Portefeuille der eleganten Strickkunst mit deutschen und französischen Devisen von Claire Cecile Burdon“ (siehe Abbildung 312). Es enthielt für die „Freundinnen der eleganten Strickkunst“ eine Auswahl von Mustern wie: „Laub- und Blumenguirlanden, Kränze, Bouquets, Diademe, Kanten, Arabesken, Rosetten, gestreute Fonds von Blumen, Blätter mit umrankten Devisen, decorierte Namenszüge, Kinderkleidungsstücke, Westen, Handschuhe,

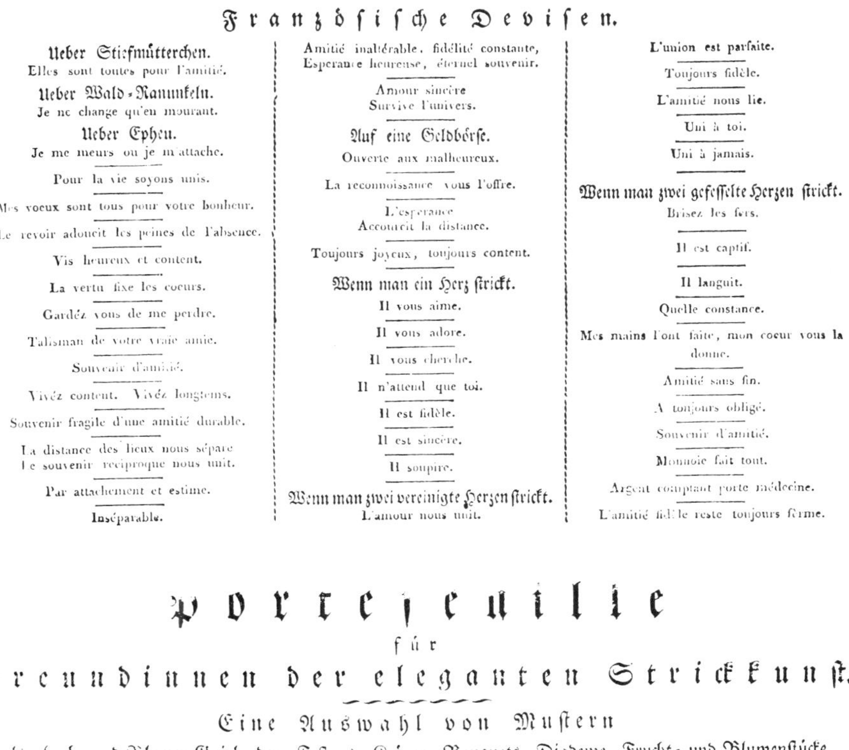

Französische Devisen.

Ueber Stiefmütterchen.
Elles sont toutes pour l'amitié.
Ueber Wald-Ranunkeln.
Je ne change qu'en mourant.
Ueber Epheu.
Je me meurs ou je m'attache.

Pour la vie soyons unis.

Mes voeux sont tous pour votre bonheur.

Le revoir adoucit les peines de l'absence.

Vis heureux et content.

La vertu fixe les coeurs.

Gardéz vous de me perdre.

Talisman de votre vraie amie.

Souvenir d'amitié.

Vivéz content. Vivéz longtems.

Souvenir fragile d'une amitié durable.

La distance des lieux nous sépare
Le souvenir reciproque nous unit.

Par attachement et estime.

Inséparable.

Amitié inaltérable, fidélité constante,
Esperance heureuse, éternel souvenir.

Amour sincère
Survive l'univers.

Auf eine Geldbörse.
Ouverte aux malheureux.

La reconnoissance vous l'offre.

L'esperance
Accourcit la distance.

Toujours joyeux, toujours content.

Wenn man ein Herz strickt.
Il vous aime.

Il vous adore.

Il vous cherche.

Il n'attend que toi.

Il est fidèle.

Il est sincère.

Il soupire.

Wenn man zwei vereinigte Herzen strickt.
L'amour nous unit.

L'union est parfaite.

Toujours fidèle.

L'amitié nous lie.

Uni à toi.

Uni à jamais.

Wenn man zwei gefesselte Herzen strickt.
Brisez les fers.

Il est captif.

Il languit.

Quelle constance.

Mes mains l'ont faite, mon coeur vous la donne.

Amitié sans fin.

A toujours obligé.

Souvenir d'amitié.

Monnoie fait tout.

Argent comptant porte médecine.

L'amitié fidèle reste toujours ferme.

Portefeuille
für
Freundinnen der eleganten Strickkunst.
Eine Auswahl von Mustern
als: Laub- und Blumen-Guirlanden, Festons, Kränze, Bouquets, Diademe, Frucht- und Blumenstücke, Kanten, Arabesken, Rosetten, gestreute Fonds von Blumen, Blättern ꝛc. umrankte Devisen, decorirte Namenszüge, allegorische Gruppen u. s. w.
zu
Frauenzimmer- und Kinderkleidungsstücken, Westen, Handschuhen, Strumpfbändern, Taschenbüchern, Strick- und Tabaksbeuteln, Geldbörsen, Etuis, Nähkistchen, Nadeldosen und andern Bedürfnissen der Toilette; Stock-, Lorgnett-, Uhrbändern u. s. w.
sowohl in Seide als in Perlen ꝛc. zu stricken
wie auch
zum Ausnähen en petit point in Gaze ꝛc.
von
Claire Cecile Burdon.
Mit französischen und deutschen Devisen.

Pirna und Leipzig 1810,
bei Carl August Friese.

Abbildung 312: Strickmusterbüchlein. Portefeuille der eleganten Strickkunst, mit französischen und deutschen Devisen, von Claire Cecile Burdon. Pirna & Leipzig, 1810, hrsg. von Carl August Friese. *Privatsammlung.*

Abbildung 313: Baby-Häubchen. Perlstrickerei aus dem späten 18. Jahrhundert. *Privatsammlung.*

Strumpfbänder, Strick- und Tabaksbeutel, Etuis, Nähkissen, Nadeldosen, Geldbörsen und andere Bedürfnisse der Toilette sowohl in Seide als in Perlen zu stricken wie auch zum Ausnähen en petit point in Gaze."

Der gestrickte Geldbeutel, ein typisches „Souvenir" jener Zeit, hat sich verhältnismäßig lange gehalten. Taufhäubchen in Spitzenstrickerei, mit Perlen verziert, wurden besonders häufig von Mutterhänden angefertigt.

Damit verband sich auch eine symbolische Bedeutung, weil dem Wollfaden schon von alters her eine Art Wunderglaube anhängt. Griechische Tempelbezirke zum Beispiel wurden mit Wollfäden umspannt – zum Schutz gegen das Böse. Man trug auch, und manche tun dies heute wieder, Wollfäden um das Handgelenk. Ohne Zweifel strickte eine Mutter in das Häubchen eines neuen Erdenbürgers mit jeder Masche gute Wünsche und alle Liebe ein, auch wenn sie nicht abergläubisch war (Abbildung 313/314).

Eines der interessantesten Strickbücher schuf Johann Friedrich Netto in Gemeinschaftsarbeit mit Philipp Lehmann. Es erschien 1800 bei Voss & Co. in Leipzig. Die Sammlung im Schloß Hetzendorf in Wien besitzt ein Exemplar dieses Buches, das ein Dr. Bartosch 1839 dem Fräulein Magdalena Schiech schenkte. Es enthält Vorschläge für verschiedene Muster und Strümpfe mit allen Verzierungen, ja sogar für das gleichzeitige Stricken von zwei Strümpfen. Aus dem Vorwort, dessen Tonfall den Geschmack der Leser gut zu treffen scheint, sei zitiert:

„Die gewöhnliche Beschäftigung der Damen der Gesellschaft, das Stricken, kann zugleich eine angenehme für sie werden, wenn sie etwas mehr als das Alltägliche von dieser Kunst verstehen und gute Muster zum Nachahmen vor sich haben. Allein nur wenige Damen haben das Glück, bei ihrem Unterricht mehr als das Gewöhnliche zu erlernen, und zwar aus dem natürlichen Grunde, weil die Lehrerinnen sollten etwas mehr verstehen. Wollen die Damen zu Strickmustern ihre Zuflucht nehmen, so ist ja bekannt, daß sie fast alle über einen Leisten geschlagen und nach dem alten Schlendrian entworfen sind. Wenn sich ja einige über das Gewöhnliche erheben, so hat man sie ohne alle schriftliche Anleitung in die Welt geschickt, daher sie für Anfängerinnen und gewöhnliche Strickerinnen ganz unbrauchbar und so gut als nicht da sind. Aus diesem Grunde glaubte ich, daß das Buch, worin die Strickkunst systematisch bearbeitet wäre, das neue Muster, mancherlei Arten des Strickens von gewöhnlichen und leichtesten bis zu den künstlichsten und schwersten, verbunden mit einer zweckmäßigen Anleitung, enthielte, allen Liebhaberinnen des Strickens willkommen sein würde."

Und weiter lesen wir: „In meinen jüngeren Jahren 1779–1780 wurde ich mit einem gewissen Herrn Dubois, einem Schweizer, dem größten Meister in der Strickkunst bekannt, der sich

Abbildung 314: Baby-Häubchen. Perlstrickarbeit mit Biedermeiermotiven in feinstem Baumwollgarn gearbeitet. *Privatsammlung.*

eine Zeit lang in Leipzig aufhielt und den Damen in der genannten Kunst Unterricht gab. Allein angerechnet, daß nur wenige an diesem Unterricht Teil nehmen konnten, da er sich in der Stunde mit einem Dukaten bezahlen ließ, so ist durch die Länge der Zeit und andere Umstände vieles von dem, was er lehrte, wieder in Vergessenheit geraten. Nur noch wenige Damen befinden sich in Leipzig, welche die Vollkommenheit jenes großen Künstlers erreichten. Sie haben an diesem Buch mitgeholfen."

Über diesen Schweizer Meisterstricker gibt es an anderer Stelle des Büchleins eine typische Beschreibung: „Herr Dubois war 1778 in Hannover und bekam für jede Stunde Unterricht einen Thaler. Er ging dann nach Leipzig und später nach Dresden und Breslau. Seine hohe Kunst hatte viele Bewunderinnen. Er strickte zum Beispiel die Geldbeutel mit starken Stricknadeln, an deren einem Ende eine Lücke eingefeilt war, die gleich einer Tambourinnadel ein Häkchen bildete. Den seidenen Garnknäuel hatte er in der Westentasche, und an der linken Seite der Brust war ein Hornring mit einem Häkchen befestigt, wodurch der Knäuelfaden ging."
Diese Art zu stricken war auch in England lange Zeit Mode, wie aus manch kurioser Be-

Abbildung 315: Strumpfstricker. Kupferstich aus der Carracci-Werkstätte in Bologna, um 1600. (Der Stricker trägt ein Brett mit Halterungen für zwei Garnrollen an der Hüfte, um so mit zwei Fäden gleichzeitig zu arbeiten.)

schreibung hervorgeht (siehe dazu auch Abbildung 315).

Weiter heißt es im Vorwort: „Die Leserinnen sehen also, daß ich mich nicht unberufener Weise zum Lehrer in einer Kunst aufgeworfen habe, die gewöhnlich nur von ihrem Geschlecht ausgeübt wird und dem unserigen in der Regel unbekannt bleibt. – Um diesem Werk einen noch höheren Wert von Brauchbarkeit und Vollkommenheit zu geben, vereinigte sich Herr Lehmann (der die Strumpfwirkerei versteht und sein Fach künstlermäßig betreibt) mit mir, welcher die Muster in den ersten 11 Kapiteln entworfen und gestochen hat.“

Außer mit Strümpfen beschäftigte sich Netto auch mit Nachtmützen, Röcken, Beinkleidern, Westen, Handschuhen, Arbeitsbeuteln, Kindermützen, Kinderkleidern, Stubendecken und Sofakissen. Über die Beschreibung von Reitdecken kann mancher Fachmann heute nur schmunzeln: „Die Reitdecke muß richtig $^7/_4$ Ellen lang werden und jedes Teil vom Rücken des Pferdes bis an die Bordüre am Steigbügel 2 Ellen breit sein.

Die Reihen werden immer abwechselnd gerade und geknüttelt gestrickt und zwar von strohfarbenem Paille, englischem wollenem Garn. Dazu noch die Farben schwarz, orange, weiß und etwas indigofarbig. Am Hinterteil in der Ecke wird jedesmal eine Masche abgenommen, weil die Schabracke nicht 4-eckig ist, sondern hier einen spitzen Winkel bildet. Die Dekke wird dann auf Stärkeleinwand aufstaffiert und, damit der Schweiß des Pferdes nicht eindringe, noch mit Glanzleinen aufgefüttert. Man kann in die Bordüre auch noch Goldfäden einsticken.“

Der Handarbeits-Autor Netto, der unzählige Bücher veröffentlichte, sprach mit seinen sogenannten Taschengeschenken auch speziell die elegante Strikkerin an. Die darin empfohlenen Muster waren so kompliziert, daß man sie heute kaum mehr nacharbeiten könnte.

Zu den damals beliebten Kapuzen und Nachthauben meinte

Abbildung 316: Bildnis der Schwester. Aquarell von Guido Schmitt, 1848. *Kurpfälzisches Museum der Stadt Heidelberg.*

ein anderes Strickbuch: „Für ältere Damen, besonders aber auch für solche, die durch rheumatische Zahnschmerzen oder Gicht leiden, im Kopf empfindlich für die Kälte geworden sind, strickte man Schlafhauben“ (wie z. B. Abbildung 317).

Strickerinnen von heute seufzen oft über den allzu gekürzten Anleitungstext zu einer Arbeit, in dem zum Beispiel Maschen mit einem Buchstaben bezeichnet werden. Diese Kürzungen und Bezeichnungen sind dann auch noch in verschiedenen Publikationen uneinheitlich.

Derartigen Kummer kannten allerdings die Strickerinnen schon vor 180 Jahren. In dem „Ersten Toilettengeschenk für Damen“, einer Art Jahrbuch oder Album von 1805, macht Johann Friedrich Netto den Versuch, eine neue Bezeichnung der Strickmuster einzuführen. Dort heißt es:

„Dieses hat mich veranlaßt, ein ganz neues System der Maschenbezeichnung ausfindig zu machen, welches ich den Damen hiermit vorlege in der schmeichelhaften Hoffnung, ihnen ein angenehmes Geschenk damit zu machen. Wie ein musikalisches Stück die Stimmung der Seele des Komponisten verräth, so werden meine komponierten Gedanken durch die verschiedene Bezeichnung der Maschen ohne Schwierigkeit aufgefaßt und weit schöner als bisher ausgeführt werden. Dieses neue System enthält 17 verschiedene Maschen ohne künstliche Verschlingungen, vermittels welcher man alles zu stricken imstand ist, was nur vorkommt, es sey ordinäre, durchbrochene oder Patentstrickerei. Die Namen der Maschen sind folgende:

Abbildung 317: Schlafhaube. Baumwollstrickerei in Strickspitze mit Biedermeierstern, um 1865. *Privatsammlung.*

1. die ordinäre (rechte)
2. die geknüttelte oder verwendete oder linke
3. die gedrehte
4. die zugenommene
5. die abgenommene
6. die liegengebliebene
7. die aufgehobene ordinäre
8. die aufgehobene verwendete
9. die herübergezogene
10. die hervorgezogene
11. die übereinandergezogene
12. die schräg oder diagonal gezogene
13. die hohl gezogene Felbel- oder Sammet-Masche
14. die hervorgeschlagene
15. die hinterschlagene
16. die rechts laufende
17. die links laufende …“

Abbildung 318: Strickendes Mädchen. Bleistift-Zeichnung von Georg Ferdinand Waldmüller, 1865. *Österreichische Nationalbibliothek, Wien.*

Das Team Netto und Lehmann verfaßte ein weiteres Werk für emsige Frauen: „Die Kunst zu stricken in ihrem ganzen Umfange; oder vollständige und gründliche Anweisung, alle sowohl gewöhnliche als künstliche Arten von Strickerei nach Zeichnungen zu verfertigen." Eine zweite, ganz umgearbeitete und verbesserte Auflage mit 50 Illustrationen und schwarzen Kupferstichen kostete damals 10 Taler.

Etwa um die Mitte des 19. Jahrhunderts eroberten die Modejournale und Frauenzeitschriften einen breiten Markt. Großes Vergnügen bereitete den Leserinnen neben allerlei Wissenswertem für die Frau und einem Unterhaltungsteil mit Geschichten und Anekdoten vor allem die stets reiche Auswahl verschiedenartigster Handarbeitstechniken.

Die Journale wandten sich in erster Linie an die wohlhabende Bürgerin, die Zeit und Muße für die angeblich schönen Seiten des Lebens hatte. Die anderen Frauen, deren Tage mit harter Arbeit ausgefüllt waren, konnten sich müßige Tändeleien nicht leisten.

Die Zeitschriften brachten Bastelanleitungen für manche notwendigen Gebrauchsgegenstände, aber noch mehr für vielerlei unnötigen Zierat. Sie erläuterten z. B. die Herstellung von Hosenträgern, Pferdezügeln, Kaffeefiltern, Sesselschonern, Eier- und Kaffeewärmern.

Sie sorgten dafür, daß ganze Generationen von Puppen ausstaffiert und gestrickte Bälle im Kinderzimmer eine Selbstverständlichkeit wurden.

Das „Illustrierte Strickbuch" der Autorin L. Owens aus dem Jahre 1847 enthielt eine lange Liste von Gegenständen, die sie den Damen des viktorianischen England empfahl: Boleros (bekannt auch als Seelenwärmer), Halskrausen, Puls- und Kniewärmer, Muffe, Möbelschoner, Dessertdeckchen, Kapuzen, Schals, sogar Hüte und eine Anzahl Babykleidungsstücke.

Die Möglichkeiten des Strickens und Umstrickens von Flaschenhüllen, Lampenfüßen und Lampenschirmen waren grenzenlos und alle Arten von Garnen dafür geeignet.

Abbildung 319: Strickender Soldat. Ölgemälde von Karl Spitzweg, um 1865. *Privatbesitz.*

Dem Maler, Poet und Kritiker Carl Spitzweg, der mehr als nur Biedermeieridyllen schuf und der aus diesem Grunde zugleich auch als Gesellschaftskritiker bezeichnet werden kann, bescheinigen sogar namhafte Kunstkritiker bei aller vordergründigen Biederkeit eine gesellschaftskritische Komponente. Er hat sich neben dem Aufzeigen des alltäglichen Lebens auch mit den Außenseitern der Gesellschaft sowie den allzu menschlichen Schwächen auseinandergesetzt und nahm auch die verschrobenen Intellektuellen unter seine oftmals zeitkritische Lupe.
Wiederholt hat Spitzweg, einer der bekanntesten Maler des Biedermeiers und wohl der volkstümlichste Vertreter der bürgerlichen Malerei im süddeutschen Raum – mit gewisser Vorliebe – die Bildthemen des strumpfstrickenden Wachpostens dargestellt. Sie spiegeln mit der „entrückten Strategie" der Einsiedler-Soldaten auf veralteten Festungsanlagen die Stimmung des ländlichen Bayerns wider (Abbildungen 319/320).

Durch die Vermittlungspolitik zwischen Preußen und Österreich war Bayern unter König Ludwig II. ungewollt in den Krieg mit einbezogen worden, für den es keineswegs gerüstet und vorbereitet war. Spitzwegs Darstellungen vermitteln gerade durch die strickenden Soldaten diesen verteidigungspolitischen Notstand.

Abbildung 320: Strickender Kanonier auf Wache. Ölgemälde von Karl Spitzweg, um 1860/62. *Städtisches Museum, Braunschweig.*

Vom Trachtenjanker bis zum modischen Pullover

Neben der Handarbeit in adeligen und bürgerlichen Kreisen erfreute sich die bäuerliche Strickkunst besonders in den Alpenländern großer Beliebtheit. Hier züchtete man die Schafe, deren Wolle gesponnen und verstrickt werden konnte.

Hier gehörte auch das Spinnrad, das eigentlich eine Erfindung der neueren Zeit ist, zur Ausstattung vieler Haushalte. Vorher benützte man den sogenannten Spinnwirtel, der ursprünglich aus runden, durchlöcherten Steinen bestand, wie man sie schon in vorchristlichen Gräbern entdeckte. Die Wolle wurde daran befestigt und durch die Drehung der Hand langsam ein Faden gebildet. Einfacher wurde die Gewinnung eines Fadens danach mit Hilfe einer Spindel und erst recht, als später das leichter zu handhabende Spinnrad zur Verfügung stand.

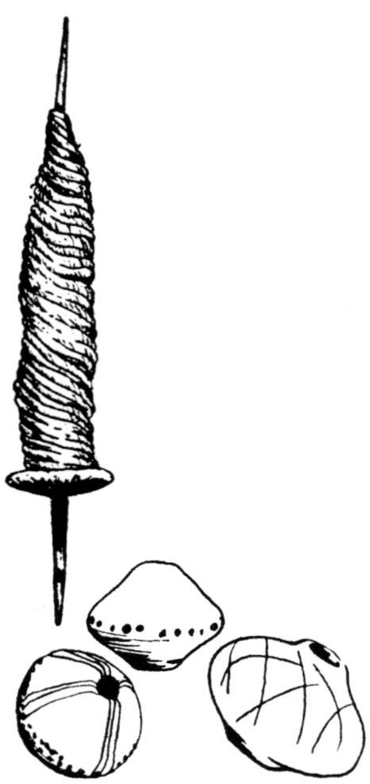

Abbildung 321: Spinnwirtel und Spindel. *Prähistorische Staatssammlung München.*

Ich habe es einmal erlebt, wie mit einem Spinnwirtel gesponnen wurde. Nach dem Besuch eines griechischen Frauenklosters, das eine ganz besondere Handarbeit auf dem Webstuhl übte, wollten wir die Bucht von Salamis mit einem Floß überqueren. Dabei mußten wir auf den Schiffer warten, der in seiner Schilfhütte saß. Davor stand seine Frau und spann Schafwolle. Sie verwendete dazu keinen Stein, sondern eine Kartoffel, die mit einem Stab durchlöchert war. Sie zog ihren Spinnfaden so hindurch, wie man ihn schon vor dreitausend Jahren gebildet hat. Das gab es also noch im Land der Urenkelinnen Penelopes, der Gemahlin des Odysseus, die sich während seiner Irrfahrten die Freier mit einer Handarbeit vom Leibe hielt. In der Odyssee beschreibt Homer ein Gewebe, an dem Penelope tagsüber arbeitete und welches sie in den einsamen Nachtstunden wieder auftrennte. Ob es sich hier vielleicht schon um ein Gestrick gehandelt haben mag?

In den bäuerlichen Alpengegenden wurden vorwiegend Strümpfe gestrickt, mit Schafwolle, in Spitzenmustern zur ländlichen Tracht passend.

Auch Schützer für die Gelenke, sogenannte Pulswärmer oder Stützerl, die oft bis zum Daumen reichten und manchmal sogar mit Perlen verziert waren, strickte man. Die ursprünglich meist einfarbigen Strümpfe wurden später, wie dies – durch die Stilrichtung des Biedermeiers beeinflußt – in den Städten bereits üblich war, geringelt. Für diese beliebten Ringelstrümpfe wählte man gern zwei Farben in den Kombinationen rot/weiß oder rot/blau.

Wer den Wadenstrumpf nicht richtig angezogen hatte, mußte sich Spottverse wie diesen anhören: „Der Wirt z'Florian hat die Wadln voran und die Schienboana hint, darum rennt er so g'schwind.“ Bei den sogenannten Stutzen bevorzugte die Strickerin das Bienenwabenmuster auf grünem Grund, das sie mit grauen Gittern und Streifen in grün und grau versah. Etliche alpenländische Museen können noch diese alten Wadenstrümpfe zeigen.

Abbildung 322: Die Eisenbergerin von St. Anton. Zeichnung von E. Kreidolf, 1895. *Werdenfelser Museum.*

Im 19. Jahrhundert, als der Frauenrock kürzer und dadurch das Bein sichtbar wurde, entwickelte sich der Damenstrumpf zu einem beliebten modischen Attribut. Elegante Strümpfe waren sogar bestickt und mit Spitzeneinsätzen verziert.

In vielen Frauenzeitschriften wurde er jedoch zum Gegenstand teilweise heftiger Debatten. Die „Allgemeine Modezeitung" bemerkte versöhnlich, daß es wohl nichts Galanteres gibt als einen seidenen Strumpf an einem schönen Frauenbein. Ab dieser Zeit kamen auch die „durchbrochenen" Strümpfe in Mode. Man strickte damals auch schon die Pantalons, die Urahnen der heutigen Strumpfhosen.

Von großer Bedeutung waren auch immer wieder die Handschuhe. Die Dame von Welt mußte auf dem Spaziergang schwarzseidene, gestrickte, durchbrochene und in verschiedenen Mustern gearbeitete Handschuhe, passend zu der jeweiligen Kleidung, zeigen können.

Diese beliebten Mode-Accessoires findet man noch reichlich in Museen und im Privatbesitz. Die in Abbildung 323 dargestellten ellenbogenlangen Handschuhe sind mit zahlreichen verschiedenen Mustern in Spitzenstricktechnik aus feinem Baumwollgarn hergestellt.

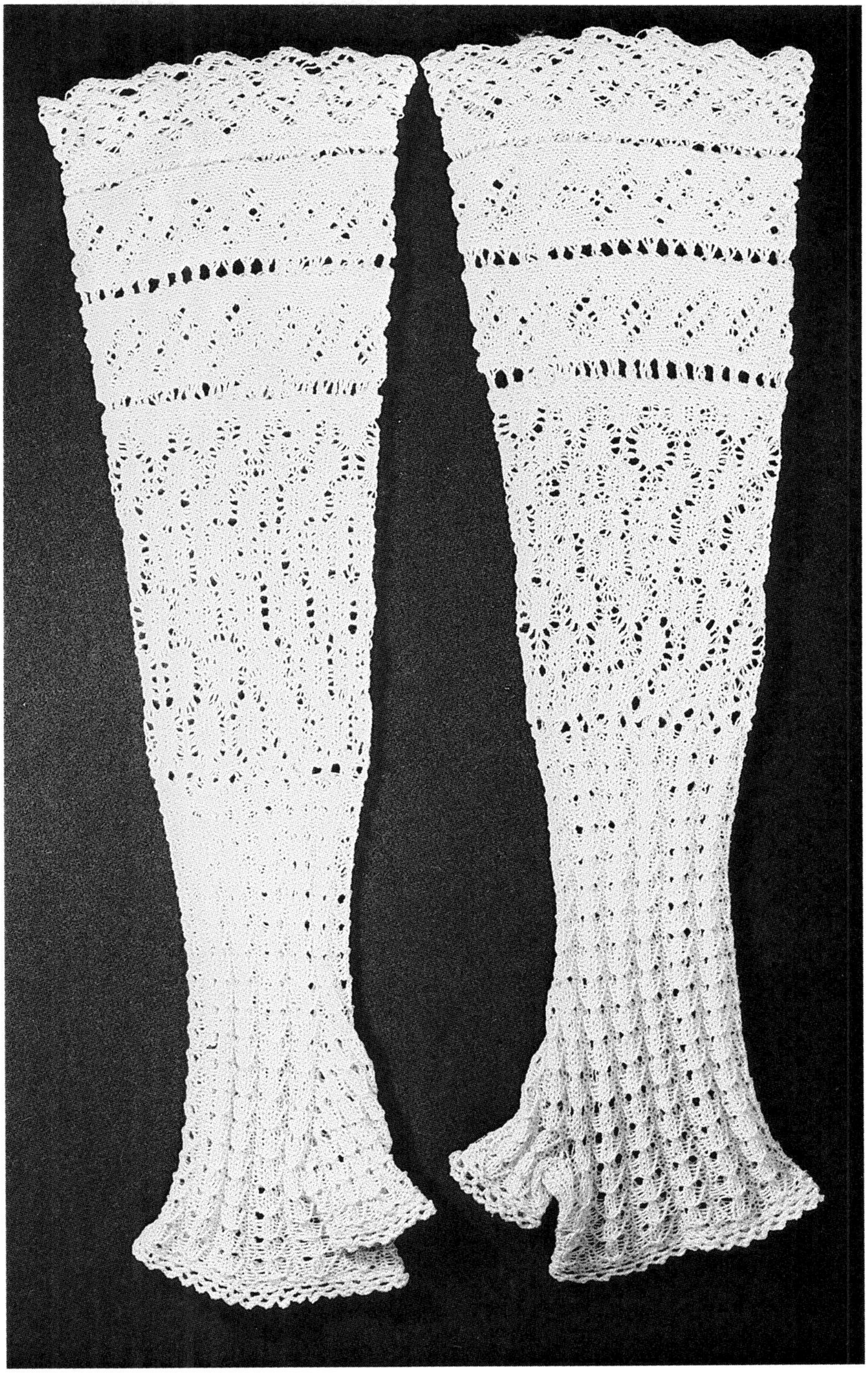

Abbildung 323: Damen-Handschuhe. Spitzenstrickerei in Baumwolle, um 1880. *Privatsammlung.*

Nicht nur bei der Strickkunst, sondern bei der Handarbeit allgemein wechselten zu bestimmten Zeiten bezahlte Arbeit und Liebhaberei. Besonders deutlich wird dies bei der Herstellung von Hauben und Mützen in allen erdenklichen Formen: Die Nachthauben des 19. Jahrhunderts strickte man mit wahrer Begeisterung, die Schneehauben dagegen, die während des Ersten Weltkriegs 1914–1918 von Schulkindern für die Soldaten an der Front gestrickt werden mußten, wurden im Gegensatz zu früheren gestrickten Mützen weder für Geld noch aus Freude an der Arbeit hergestellt.

Abbildung 324: Damen-Unterrock. Wollstrickerei um die Jahrhundertwende. (Nach einem Strick-Musterbuch von J. F. Netto aus dem Jahre 1809 gearbeitet.) *Privatsammlung.*

Neben Ohrenwärmern und Umhängen, den sogenannten Pelerinen, hielt sich noch lange der gestrickte Unterrock als wichtiger Bestandteil der Frauenkleidung. Er wärmte mehr als die vielen leichten Batist- und Leinenröcke, und der Strickerin wurde in den Strickjournalen eine Unzahl von Mustern angeboten (Abbildung 324).

Nicht zu vergessen sei auch das gestrickte Umschlagtuch, ein Vorläufer der heutigen Stolen. Es wurde in den verschiedensten Farben und Formen gearbeitet, teils in bäuerlicher Tradition, teils der zeitgenössischen Mode entsprechend als Cape. Manche Schultertücher wurden sogar wie eine Tischdecke rund gestrickt. Sehr modische Modelle enthalten die Strickbücher des 19. Jahrhunderts. Die Entwicklung vom Cape zum Jäckchen steht wohl am Beginn der modischen Strickkleidung (Abbildungen 325/326).

Gegen Ende des 19. Jahrhunderts versuchten viele wohlhabende Frauen dem beschaulichen Teil ihres Lebens zu entrinnen. Ihnen genügte als anzustrebender Lebensinhalt nicht mehr nur die Beschäftigung mit Handarbeiten, Klavierspielen, Malen und Journallesen. Sie trachteten nach einer neuen Rolle; sie wollten sich vor allem auf die eigenen Beine stellen und im Gesellschaftsleben selbständige Leistungen erbringen.

Mehr und mehr Frauen verließen immer wieder die häusliche Atmosphäre, trieben Sport, pflegten kulturelle Kontakte und schlossen sich Diskussionskreisen an – kurzum, sie hatten nun weniger Zeit für ein Dasein am heimischen Herd.

Dies resultierte in einem beträchtlichen Zuwachs der weiblichen Berufstätigkeit, die das Selbstwertgefühl der Frauen stärkte. Je eigenständiger sie wurden, desto entschiedener stellten sie das Handarbeiten in den Hintergrund.

Großbritannien erließ 1872 ein Gesetz, das verlangte, daß Mädchen in den öffentlichen Schulen lernen mußten, mit Nadel und Faden umzugehen. In dieser Zeit wandelten sich auch die Frauenjournale und paßten sich den veränderten Bedingungen an.

Sie verlegten sich nunmehr auf gesellschaftspolitische Probleme und brachten, wozu auch die Kriegsverhältnisse beigetragen haben mögen, hauptsächlich Anleitungen zur Herstellung nützlicher und brauchbarer Gegenstände und Bekleidungsstükke – im Gegenssatz zu vielen unnützen Kleinigkeiten im vorigen Jahrhundert.

Gab es bis dahin noch keine gestrickten Bekleidungsstücke jener Art, wie wir sie heute kennen, so spricht doch einiges dafür, daß das Stricken vieler praktischer Dinge während des Ersten Weltkrieges und in den „Goldenen Zwanzigerjahren" eine ausgesprochene Strickmode mit Kleidern und Jacken hervorbrachte. Plötzlich entstanden in Paris Werkstätten, die gestrickte Spitzenkleider herstellten. Auch andere Länder erlebten eine stürmische Entwicklung, wobei das Interessanteste war, daß man überall gleich strickte – auch die Muster waren sich ähnlich.

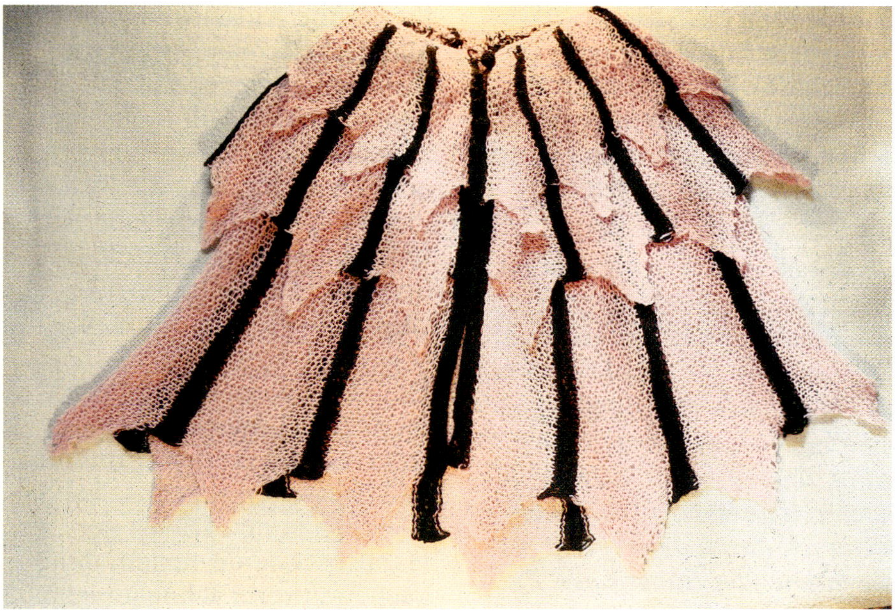

Abbildung 325: Damen-Cape. Strickarbeit nach einer Vorlage aus dem Jahre 1830. *Privatsammlung.*

Ich habe in Wien einmal selbst versucht, als Studentin Spitzenkleider zu stricken. Sie waren sozusagen meine ersten Kunststücke. Aber sehr schnell fingen unsere Strickgarnfabriken an, entsprechende Modelle zu zeigen. Eines der ältesten Modelle mit kompletter Strickanleitung brachte 1928 die damalige Esslinger Wollfabrik heraus.

Abbildung 326: Camisölchen. Wollstrickerei, Berliner Arbeit, 1901. *Privatsammlung.*

Eine besondere Art der Strickerei entwickelte sich unabhängig von der Mode und hielt sich auch über lange Zeit: das war die Trachtenstrickerei. Im Berchtesgadener Land werden zum Beispiel noch heute Jacken getragen, wie man sie schon vor hundert Jahren gearbeitet hat. Übrigens trat die Strickjacke, gewöhnlich mit Zopfmuster gestrickt und mit bunten Blumen bestickt, ihren Siegeszug um die Welt zusammen mit der bekannten Operette „Im Weißen Rößl" an. Weil darin handgestrickte Janker für Damen und Herren mit verschiedenen Accessoires aus der Gegend des Wolfgangsees und des Salzkammerguts üblich waren, wurde die Trachtenstrickerei in aller Welt und vor allem in Amerika ein begehrter Artikel.

Neben dem gestrickten Kleid kam jetzt auch der Badeanzug auf, der die Frau allerdings noch von oben bis unten bekleiden mußte und höchstens mit einer Häkelspitze verziert werden durfte. Erst im Laufe der Zeit war zunächst der gestrickte kurze Anzug und schließlich der Bikini erlaubt.

Eine „Hoffart des Weibervolks"

Über die historische Entwicklung des Häkelns ist – im Gegensatz zum Sticken und Stricken – bisher noch recht wenig bekannt. So gibt es auch über das genaue Alter der Häkelkunst recht unterschiedliche Meinungen, da verschiedene Grabfunde oft den unterschiedlichsten Handarbeitstechniken zugeordnet wurden. Die Häkeltechnik, wie sie heute auch praktiziert wird, ist mit größter Wahrscheinlichkeit erst im 16. Jahrhundert entstanden.

Die österreichische Kunsthistorikerin Luise Schinnerer ist bei der Untersuchung der schon erwähnten Funde aus koptischen Gräbern in Ägypten auf Gewebeteile in einer Art Flechttechnik gestoßen, die sie als evtl. Vorläufer des Häkelns beschreibt, weil sie nur aus einem fortlaufenden Faden gemacht wurden. Diese spitzenähnlichen Textilienfunde können jedoch eher der Sprang- und Filettechnik zugeordnet werden. Moorgräberfunde aus nordischen Ländern zeigen eine Flechttechnik ähnlicher Art. Charakteristisch dafür sind das Haarnetz von Borum und die Frauenkappe von Skrydstrup, die beide der Bronzezeit zugeschrieben werden (siehe dazu Abbildung 245). Dann aber schweigt die Kulturgeschichte des Häkelns bis zum späten Mittelalter; zumindest gibt es keine Zeugnisse, die früher datiert werden können.

Die ersten Häkelkanten als Verzierung von Gewändern tauchen neben den Spitzen als „gezackelte" Ränder an Kleidern und Hemden auf, wobei das mittelhochdeutsche Wort „gezakkelt" natürlich auch auf eine genähte Kante hinweisen könnte. Gegen die „gezackelten Ränder" als „Hoffart des Weibervolks" wird in einer mittelalterlichen Predigt gewettert.

Während die Nähnadel und vor allem die Stricknadel in den vergangenen Jahrhunderten meistens der Herstellung praktischer Dinge dienten, hat die Häkelnadel stets nur verziert. Thérèse de Dillmont nennt das Häkeln in ihrer Enzyklopädie „die leichteste, dankbarste und angenehmste Handarbeit". Die Häkelkunst erlebte im europäischen Raum ihre Blütezeit vor allem im 17. und 18. Jahrhundert.

Abbildung 328: Der Liebesbrief. Gemälde von Karl Spitzweg (1808–1885). *Nationalgalerie Schloß Charlottenburg, Berlin.*

Häkeln ist eine der anmutigsten und graziösesten Handarbeiten. Als ich einmal in Stuttgart einen Handarbeitsvortrag hielt, sprach der damalige Oberbürgermeister Klett sehr nette Einleitungsworte. Er meinte, sein großer Landsmann Friedrich Schiller habe die Aufgaben der Hausfrau mit schwäbischer Besinnlichkeit formuliert und dabei die Auffassung vertreten, daß besonders die Handarbeit lobenswert sei. Die Frau solle tun, sagte Schiller, was über ihre Pflichten des Bewahrens und Vermehrens von häuslichen Gütern hinausreiche, nämlich „sie füge zum Guten den Glanz und den Schimmer". Dies gilt auch für die Handarbeit im allgemeinen, besonders aber für das Häkeln.

Unerschwingliches wurde nachgeahmt

Als man Ende des 15. Jahrhunderts begann, Spitzen zu nähen und zu klöppeln, war dies nicht nur sehr mühsam, sondern auch äußerst aufwendig. Die Ergebnisse dieser kunstvollen Arbeiten waren deshalb fast unerschwinglich für den normal Sterblichen. Nur der Adel und die Kirchenfürsten konnten sich im allgemeinen prachtvolle Spitzen leisten.

Die ärmere Bevölkerung sah im Herstellen dieser kostbaren Gebilde eine Möglichkeit, ihren Verdienst aufzubessern; im Gegensatz dazu wurden die üblichen Dienstbotenleistungen sehr schlecht bezahlt. Der über die Iberische Halbinsel und die Niederlande herrschende König Philipp II. sah sich schon 1590 aus Mangel an Dienstboten gezwungen, den niederländischen Mädchen das Spitzenherstellen zu verbieten (Abbildung 329).

Abbildung 329: Die Spitzenklöpplerin. Gemälde von Caspar Netscher, 1664. *Wallace Collection, London.*

30 Jahre früher gab es auch in Böhmen ein solches Verbot. Später wurde aus diesem Grunde sogar das Tragen von Spitzen in England und Frankreich untersagt. Das Verbot blieb allerdings vor allem in Frankreich weitgehend unbeachtet; im Gegenteil, es förderte nur noch den Wunsch der Bevölkerung nach dem Besitz dieser schönen Spitzen.

Ein Edelmann, so berichtet die Chronik, soll einmal erklärt haben: „Ich trage ein ganzes Weingut um meinen Hals"; gemeint war sein Kragen aus Spitze, wie er z. B. auf Abbildungen 330/331 zu sehen ist. Bis zur Mitte des 17. Jahrhunderts wurden gezackte Spitzen bevorzugt, wie sie der flämische Maler van Dyck auf seinen Porträts malte.

In England, wo er 1632 zum Sir erhoben wurde und neun Jahre später starb, benannte man diese Spitzenart nach ihm. Abbildung 332 zeigt den englischen König Karl I. – ein Gemälde des Hofmalers van Dyck –, der ein Liebhaber dieser Mode war und auf zahlreichen weiteren Porträts mit Spitzenkragen dargestellt ist.

Die Kaiserin Eugenie, die eitle Gattin Napoleons III., trug ein Kleid mit drei Volants aus Nähspitze, an der laut Überlieferung 36 Frauen 18 Monate lang gearbeitet haben sollen (Abbildung 333).

Da das Häkeln durch Nachahmen dieser begehrten Kostbarkeiten zu großem Ansehen gelangte und schon bald eine eigenständige und sehr beliebte Handarbeitstechnik wurde, sei hier nochmals etwas ausführlicher auf die Entwicklung der doch so verschiedenen Spitzentechniken eingegangen.

Die Spitze entwickelte sich vermutlich unter zwei verschiedenen Voraussetzungen: der Saum eines Stoffrandes stellte den Ursprung für die Nadel- oder Nähspitze dar, die Franse jenen für die Klöppelspitze.

Abbildung 330: Van Dyck-Spitzenkragen, Klöppelspitze, 17. Jahrhundert. *Gruuthusmuseum, Brügge.*

Abbildung 331: Selbstbildnis Peter Paul Rubens mit Isabella Brant in der Geißblattlaube, 1609/10. *Bayerische Staatsgemäldesammlungen. Alte Pinakothek, München.*

Abbildung 332: Karl I. König von England. Ausschnitt eines dreifachen Porträts von Anthonis van Dyck, um 1635. *The Royal Library, Winsor Castle (Copyright reserved to Her Majesty Queen Elizabeth II.).*

Abbildung 333: Kaiserin Eugénie mit ihren Hofdamen (Ausschnitt). Gemälde von F. X. Winterhalter, um 1860. *Château de Compiègne.*

Die Nadelspitze entstand, als man versuchte, im Leinengewebe einen Durchbruch zu erhalten; man zog die Kett- oder Schußfäden aus dem Gewebe und bündelte sie, wie wir das vom Hohlsaum kennen. Dem einfachen Leinendurchbruch folgte dann der doppelte Durchbruch, bei dem sowohl die Kett- als auch die Schußfäden entfernt wurden. Die Löcher am Schnittpunkt der Fadenkreuze wurden ausgefüllt, indem man Fäden spannte und diese mit Stickstichen umnähte. Danach ging man einen Schritt weiter und spannte Fäden ohne Gewebegrundlage auf Pergament. Somit löste sich die Spitze vom Leinengrund – die erste freie Spitze war geschaffen. Diese Entwicklungsphasen sind sehr eindrucksvoll auf Abbildung 334, 335 und 336 dargestellt.

Vom mehrfachen Leinendurchbruch zur ersten vom Leinengrund gelösten Nähspitze, der Reticella-Spitze, kam man Ende des 15., Anfang des 16. Jahrhunderts im italienischen Venedig. Daß hier der Leinendurchbruch Pate stand, beweisen die geometrischen Muster und die quadratischen Grundeinheiten.

Für dieses Renaissance-Erzeugnis sind die übersichtliche geschwungene Musterung und kleine Rapporte charakteristisch (Abbildung 337).

Die Kompliziertheit und Kostbarkeit dieser Spitze führte dazu, daß sie nur von gelernten Facharbeiterinnen hergestellt und nur von wohlhabenden Bevölkerungsschichten gekauft werden konnte.

Deshalb bemühte man sich, mit der Häkelnadel verschiedene Nähspitzen nachzuahmen. Unser Vergleich zeigt eine Reticella-Spitze aus dem 17. Jahrhundert (Abbildung 338) und kostbare Häkelspitzen des 18. Jahrhunderts, welche die Formen der Reticella ins Häkeln umgesetzt darstellen (Abbildung 339).

Dem aus der Flachsfaser gewonnenen kochechten, unverwüstlichen Leinenfaden verdanken wir die Erhaltung dieser Nachahmungen. Auch Abbildung 340 verdeutlicht recht anschaulich das Nacharbeiten dieser Reticella-Spitze in Häkeltechnik.

Abbildung 334: Doppelter Leinendurchbruch mit Reticella-Spitze (Nadelspitze). *Museum für Kunst und Gewerbe, Hamburg.*

Abbildung 335: Doppeldurchbruch mit den typischen geometrischen Mustern der Reticella-Spitze. *Museum für Kunst und Gewerbe, Hamburg.*

Abbildung 336: Besatzspitze. Ausschnitt einer Nadel- und Klöppelspitze. Italien, 17. Jahrhundert. *Museum für Kunst und Gewerbe, Hamburg.*

Abbildung 337: Lavabo-Tuch mit Reticella (Besatz in Klöppelspitze, sog. Genueser Spitze). Italien, 1. Drittel des 17. Jahrhunderts. *Museum für Kunst und Gewerbe, Hamburg.*

Abbildung 338: Ausschnitt einer Reticella-Spitze. 17. Jahrhundert.

Abbildung 340: Häkelspitze des 19. Jahrhunderts, für welche die Reticella-Spitze als Vorlage benutzt wurde. *Privatsammlung.*

Abbildung 339: Häkelspitzen. Nachahmungen einer Reticella-Spitze, 18. Jahrhundert. *Privatsammlung.*

Abbildung 341: Reticella-Spitze (punto in aria). Aus der Reticella-Spitze entstand der punto in aria, eine Bezeichnung für frühe selbständige Nadelspitzen, im Gegensatz zu Durchbrucharbeiten. Italien, frühes 17. Jahrhundert. *Privatbesitz.*

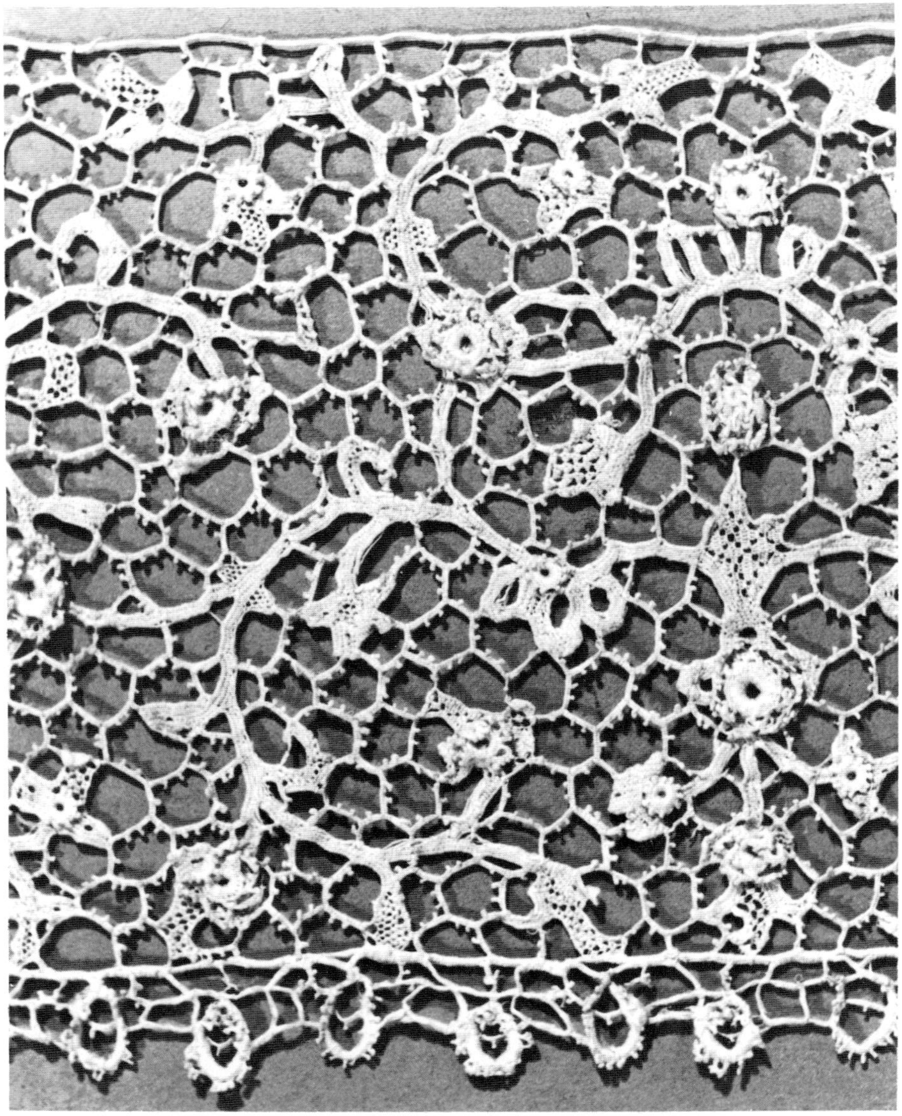

Abbildung 342: Rosalienspitze (Ausschnitt), 17. Jahrhundert (hier sieht man besonders deutlich die eingearbeiteten Röschen, die ein Hauptmerkmal der Irischen Häkelspitze sind). *Museum für Kunst und Gewerbe, Hamburg.*

Abbildung 343: Irische Häkelspitze, Ende 18. Jahrhundert.

Abbildung 344: Irische Häkelspitze, Anfang 19. Jahrhundert.

In der ersten Hälfte des 17. Jahrhunderts vergrößerte sich die Reticella-Spitze mit verfeinerter Technik zu großflächigen Rankenmustern (Abbildung 341).

Jahrzehnte später erreichte die italienische Nadelarbeit mit der Rosalienspitze ihre höchste Vollkommenheit (Abbildung 342). Mit der Irischen Häkelspitze – einer der schönsten Nachahmungen einer Nähspitze – wird diese reliefartige Rosalienspitze besonders eindrucksvoll nachgearbeitet (Abbildungen 343/344).

Französische Klosterfrauen führten um 1830 die Häkelspitze in Irland ein. Um während der großen Hungersnot 1847 der notleidenden Bevölkerung zu helfen, brachten Schwestern des Ordens der Ursulanerinnen den Frauen im Kloster Blackrock/Cork das Häkeln von Spitzen bei. Von dort aus breitete sich diese „Irische Häkelei" rasch aus und wurde durch die Londoner Weltausstellung 1851 sehr schnell bekannt. Ihre Blütezeit erlebte diese Spitzentechnik nach 1870, als vom Kontinent die Einfuhr echter Spitzen auf die britischen Inseln unterbrochen war. Die Irische Häkelspitze gehört seitdem als einzige Häkeltechnik zu den echten Spitzen. Eine Heimindustrie wuchs in Irland vor allem in der Umgebung von Dublin und Belfast und in Frankreich in seinem westlichsten Gebiet, der Bretagne. Hier erweist sich deutlich die über das Meer hinwegreichende Verbundenheit der irischen und der bretonischen Bevölkerung – nicht nur in den Sprachwurzeln und in der Religion, sondern auch in ihrer charakteristischen Handarbeit.

Über die Entstehung der Irischen Häkelei habe ich eine recht ansprechende Legende gehört: Eine arme Pächtersfrau, deren Kinder bitter hungerten, betete in der Kirche zur Mutter Gottes um Hilfe. Die Marien-Statue war geschmückt mit einem Kragen aus Rosalienspitze. Dieses Bild nahmen die Augen der Betenden auf, und sie versuchte, die Röschen und Blättchen dieser kostbaren Nähspitze in Häkelarbeit zu übertragen. Weil dies den geschickten Händen der frommen Frau gelang, kaufte die Gutsherrin den Spitzenkragen, und die erste Not war gemildert.

Abbildung 345: Kragen aus irischer Häkelspitze. Wien, Ende 19. Jahrhundert. *Privatsammlung.*

Abbildung 346: Jabot. Klassisches Beispiel einer irischen Häkelei, um 1850. *Privatsammlung.*

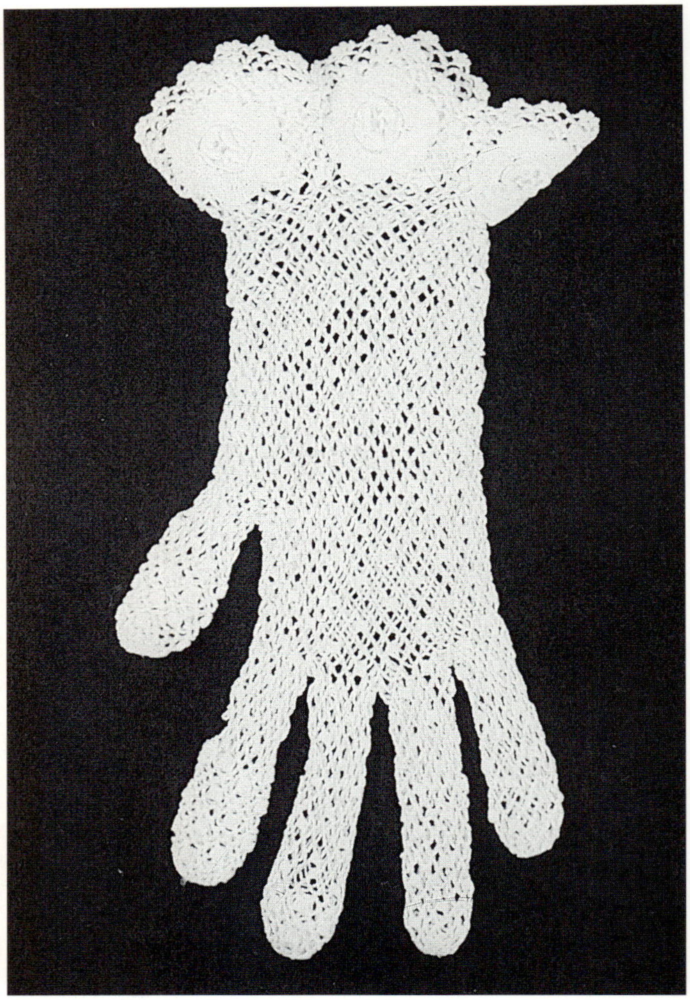

Abbildung 347: Damen-Handschuh in irischer Häkelspitze, Ende 19. Jahrhundert. *Privatsammlung.*

Abbildung 348: Zierdeckchen. Irische Häkelspitze aus der Bretagne. Zeitgenössische Arbeit aus Baumwolle. *Privatsammlung.*

Die Irische Häkelei als Nachahmung der Nadel- bzw. Nähspitze besteht aus zwei Elementen: dem Grundnetz – ein picotierter Steggrund –, das in verschiedenen Spitzentechniken gearbeitet wird, und den eingearbeiteten oder aufgenähten Verzierungen. Deren besondere Kennzeichen sind erhaben gearbeitete Röschen und das Kleeblatt.

Ein schönes Beispiel aus dem 19. Jahrhundert ist ein in Wien entstandener Kragen und eine Passe von einem Kinder-Kleidchen (Abbildungen 345/349). Außerdem wurden Spitzenhandschuhe, Deckchen, Jabots und was sonst als Bekleidungs-Schmuck dienen konnte, in Irischer Häkelei gearbeitet (Abbildungen 346–348).

Charakteristisch sind die aus feinem Baumwollgarn gearbeiteten Motive wie erhaben gehäkelte Margeriten, verschiedene Kleeblatt-Variationen und die kleinen zarten Röschen. Sie werden vorwiegend aus festen Maschen, gelegentlich aber auch aus Stäbchen oder Luftmaschen hergestellt.

Das Grundnetz besteht aus Luftmaschenstegen mit eingearbeiteten Pikots, in welches die verschiedenen Motive eingearbeitet werden (Abbildungen 350/351).

Die K. und K. Spitzenschule in Wien lehrte ab der Jahrhundertwende diese ursprünglich volkstümliche Handarbeit als kunstvolle Spitze, die als Wiener Häkelgipür (Crochet Guipure) bekannt und beliebt wurde.

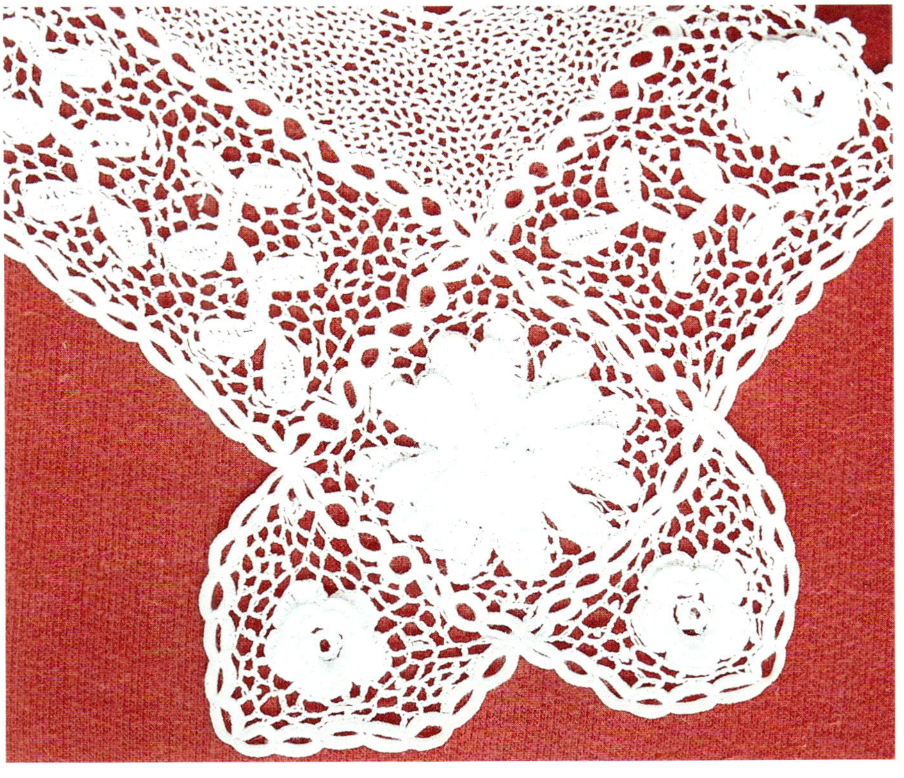

Abbildung 349: Passe für ein Kinderkleid. Irische Häkelei, Jahrhundertwende. *Privatsammlung.*

Abbildung 350: Damen-Kragen in irischer Häkelspitze. Arbeit in Baumwollgarn, Jahrhundertwende. *Privatsammlung*.

Abbildung 351: Verschiedene Motive der irischen Häkeltechnik.

Das aus dem vergangenen Jahrhundert erhaltene Batist-Taschentuch in Abbildung 352 zeigt recht anschaulich, wie zart und luftig echte Spitzen gearbeitet wurden und läßt ahnen, wie begehrenswert solche Kostbarkeiten einst gewesen sein mochten.

Es gehörte schon sehr viel Handarbeitskunst dazu, eine echte Spitzenarbeit in Häkeltechnik umzusetzen und nachzuahmen. Wer auch immer die Schöpferin des in Abbildung 353 dargestellten Fragments eines Kragens aus dem letzten Jahrhundert gewesen sein mag und welche Vorlage sie auch benutzte, sie muß mit großer Liebe, viel Geduld und Detailtreue ihre Arbeit ausgeführt haben, um letztlich ein solch vollendetes Kunstwerk in Häkeltechnik zu schaffen.

Abbildung 352: Ziertaschentuch. Spitzenarbeit aus dem frühen 19. Jahrhundert. *Privatsammlung.*

Abbildung 353 Häkelspitze. Eine Imitation alter Steggrundspitzen in Häkeltechnik. 19. Jahrhundert. *Privatsammlung.*

Die Klöppelspitze, die zweite Form des Randabschlusses eines Gewebes, entwickelte sich aus der Franse – daher auch der Name „Flechtspitze" – durch Verflechten und Verknoten der Kettfäden eines Stoffes.

Sie hat ihren Ursprung ebenso wie die Nadelspitze wahrscheinlich in Italien, von wo aus sie durch Kaufleute in der ersten Hälfte des 16. Jahrhunderts in die Schweiz und von hier aus in die Niederlande kam.

In Flandern entstanden nach 1600 die ersten kostbaren Klöppelspitzen. Sie werden durch paarweises Kreuzen und Verzwirnen mit der Klöppelmaschine oder von Hand gebildet, eine Technik, die sowohl beim Flechten als auch beim Weben angewandt wird. Man kann Klöppelspitzen entweder mit fortlaufenden Fäden oder mit geschnittenen Fäden herstellen.

Die Brügger Klöppelspitze, die aus geklöppelten Bändchen besteht, welche man schlingenartig zu den schönsten Mustern verbindet, ist nach der Stadt Brügge in Westflandern benannt. Sie war das Vorbild für die Brügger Häkelei, die Muster im Stil der russischen Leinenrißspitze aufweist (Abbildungen 355–357). Bei dieser Häkelarbeit wird die Klöppelspitze nachvollzogen.

Die Bändchen sind hier mit kleinen Luftmaschenketten aneinander befestigt, so daß sich ein genaues Abbild der Brügger Klöppelspitze ergibt (Abbildungen 354/358). Bei dieser Häkeltechnik werden erst Streifen aus Stäbchen gearbeitet, die an den Außenkanten reihenweise versetzte kleine Bogen haben.

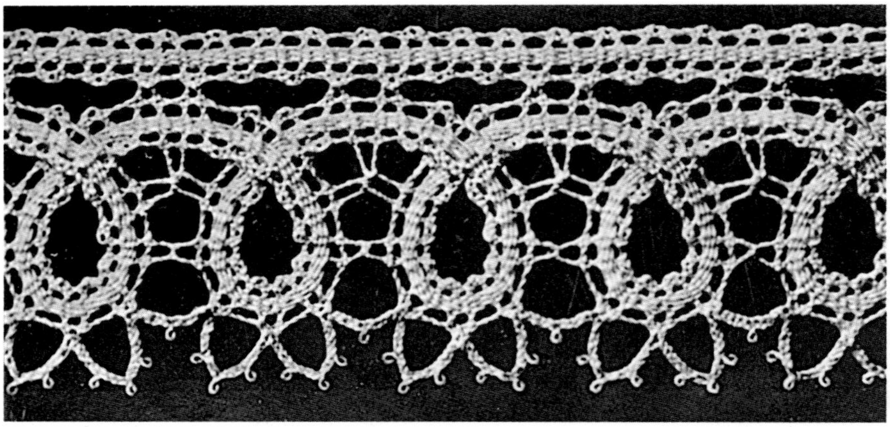

Abbildung 354: Brügger Klöppelspitze (Ausschnitt), 18. Jahrhundert.

Abbildung 355: Motiv in Brügger Häkelspitze, für welche die Brügger Klöppelspitze als Vorlage benutzt wurde.

Abbildung 356: Brügger Häkelspitze. Ausführung einer Ecke in Häkeltechnik.

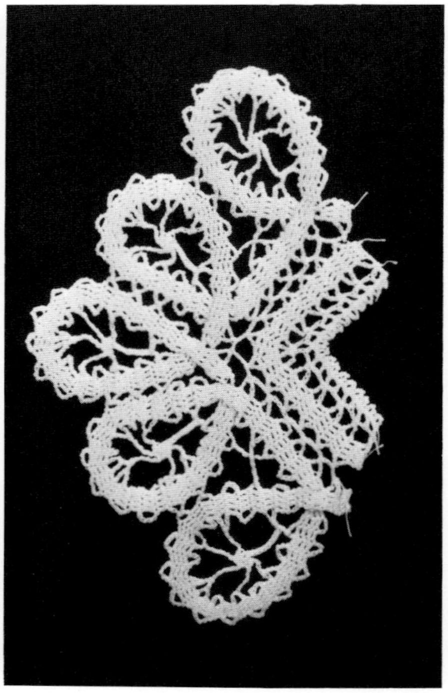

Abbildung 357: Brügger Häkelspitze. Eckenvariation.

Abbildung 358: Fächer in Brügger Klöppelspitze, 18. Jahrhundert. *Privatsammlung.*

Diese entstehen dadurch, daß man beim Wenden der Häkelarbeit zusätzliche Luftmaschen einfügt, die man dann, einem Muster entsprechend, zusammenfaßt und mit festen Maschen zusammenhäkelt.

Abbildung 359 zeigt ein in Brügger Häkelei gearbeitetes Jäckchen, welches diese Technik sehr deutlich und anschaulich demonstriert.

Abbildung 359 Brügger Häkelspitze, Ausschnitt aus einem Jäckchen.

In der Biedermeierzeit beliebt

Allgemeinere Verbreitung fand die Häkeltechnik erst Ende des 18. Jahrhunderts. Ein frühes Beispiel ist ein Damen-Täschchen in brauner und grüner Baumwolle (Abbildung 360). Die durchgehend festen Maschen des Beutels wurden nur hinten eingestochen, wodurch man das bändchenartige Muster erhielt.

In der Biedermeierzeit, zu Beginn des 19. Jahrhunderts, waren zierliche Häkeldeckchen für die Vitrine oder die silbernen Tabletts sehr beliebt. Man verzierte auch Kragen mit zarter Häkelspitze, ebenso Unterhemdchen und Beinkleider am Ausschnitt und an den Wäscherändern. Bettwäsche wurde mit Häkeleinsätzen verschönert, und Tischwäsche bekam aparte Häkelkanten (Abbildungen 361–363).

Typisch für die Biedermeierzeit ist das Bild einer jungen Frau, die in einem der ersten englischen Eisenbahnwaggons an einer Häkelspitze arbeitet (Abbildung 364).

Perlen wurden damals nicht nur eingestickt und eingestrickt, sondern auch eingehäkelt. Auf einen Tabakbeutel in Perlhäkelei hat die Handarbeiterin z. B. den charakteristischen Stern der Biedermeier-Strickerei in Häkeltechnik übertragen (Abbildung 365).

Ein sehr langes Wickelband aus festem Baumwollgarn ist über und über mit eingehäkelten Perlen bedeckt. Es stammt noch aus der Zeit, in der die unglücklichen Babys mit Wickelbändern fest verpackt und ihnen dadurch ihre Bewegungsfreiheit eingeschränkt wurde.

Dieses gehäkelte Wickelband aus dem Sudetenland ist mit blauen böhmischen Glasperlen besetzt und vermutlich zu Beginn des vergangenen Jahrhunderts gearbeitet worden (Abbildung 366).

Aus der gleichen Zeit stammt eine aus rotem Baumwollgarn gehäkelte Geldbörse, in die zierliche, goldfarbene Perlen eingearbeitet wurden (Abbildung 367).

Abbildung 360: Damentäschchen. Häkelarbeit um 1800. *Privatsammlung.*

Abbildung 361: Hosen-Spitze. Häkelarbeit in Baumwolle, Mitte 19. Jahrhundert. *Privatsammlung.*

Abbildung 362: Häkelspitze für ein Damen-Beinkleid in Baumwolle, Ende 19. Jahrhundert. *Privatsammlung.*

Abbildung 363: Kopfkisseneinsatz. Häkelspitze in Baumwolle, Ende 19. Jahrhundert *Privatsammlung.*

Abbildung 364: „Die Rückkehr – Erster Klasse." Gemälde von Abraham Solomon, 1854. *Courtesy National Railway Museum, York, England.*

Abbildung 365: Tabakbeutel. Perlhäkelei in Baumwollgarn, um 1850. *Privatsammlung.*

Abbildung 366: Baby-Wickelband. Sudetendeutsche Perlhäkelei mit böhmischen Glasperlen, Anfang 19. Jahrhundert. *Privatsammlung.*

Abbildung 367: Geldbörse. Perlhäkelei aus Baumwolle, 1. Hälfte 19. Jahrhundert. *Privatsammlung.*

Im Württembergischen Landesmuseum befindet sich ein Geldbeutel in Perlhäkelei aus Seide und Brokat, der 1830 datiert ist. Im unteren Teil besteht er vorwiegend aus festen Maschen, während den Abschluß ein Luftmaschennetz bildet (Abbildung 368).

Ein gehäkeltes Baumwoll-Lätzchen, mit einer Doppelreihe hellblauer Glasperlen verziert, beweist uns, daß sich das Schmuckbedürfnis selbst auf einfachste Gebrauchsgegenstände erstreckte (Abbildung 369).

Die Baby-Häubchen des vergangenen Jahrhunderts waren vorwiegend in Spitzen- und Perlstrickerei gearbeitet. Abbildung 370 zeigt jedoch ein mit Baumwollgarn gehäkeltes Beispiel.

Wie zum Sticken und zum Stricken verwendete man von der zweiten Hälfte des 19. Jahrhunderts an auch zum Häkeln verschiedene Mustertücher, auf welchen Muster-Beispiele für den eigenen Gebrauch und für kommende Generationen festgehalten waren.

Sie bestanden meistens aus langen, aufrollbaren Bändern, die mit Baumwollgarnen gehäkelt und mit pastellfarbenen Seidenstoffen unterlegt waren. Seidenbänder, Rüschen und Spitzen zierten die Mustertücher zusätzlich und verliehen ihnen ein kostbares Aussehen (Abbildungen 371–373).

Abbildung 368: Geldbeutel. Perlhäkelei in Seide und Brokat, deutsch 1830. *Württembergisches Landesmuseum, Stuttgart.*

Abbildung 369: Baby-Lätzchen. Perlhäkelei mit Baumwollgarn, um 1860. *Privatsammlung.*

Abbildung 370: Baby-Häubchen. Baumwollhäkelei, Ende des 19. Jahrhunderts. *Privatsammlung.*

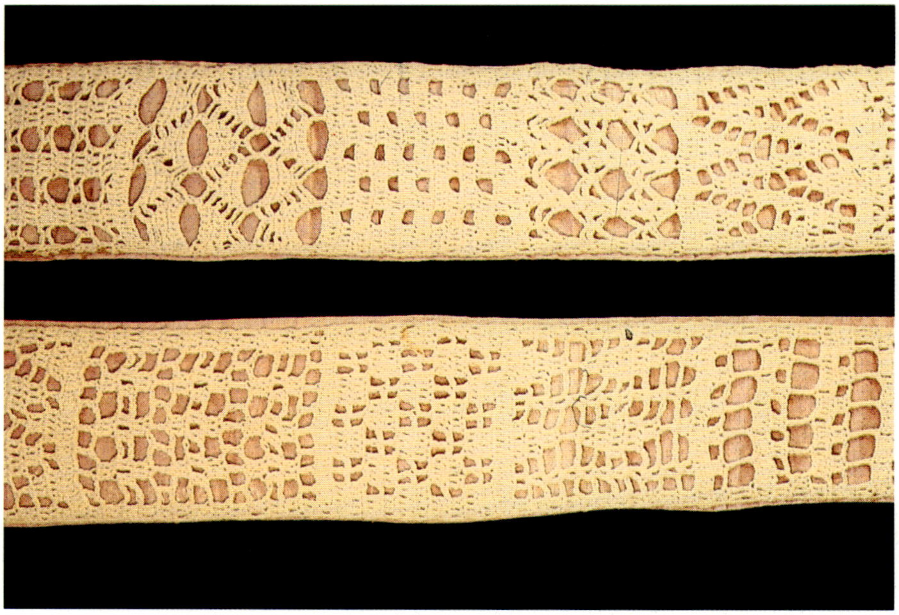

Abbildung 371: Häkel-Musterband, Baumwolle, 2. Hälfte 19. Jahrhundert. *Privatsammlung.*

Abbildung 372: Häkel-Musterband, Baumwolle, 2. Hälfte 19. Jahrhundert. *Privatsammlung.*

Abbildung 373: Häkel-Musterband. Baumwollgarn, Ende 19. Jahrhundert. *Privatsammlung.*

Erst in der zweiten Hälfte des 19. Jahrhunderts begann man, auch Gebrauchsgegenstände wie z. B. Mützen, Schals, Umschlagtücher und Capes zu häkeln. Damals tauchten in den ersten Handarbeitszeitschriften detaillierte Häkelanleitungen auf.

Nach einer derartigen Anweisung wurde das in Abbildung 374 gezeigte Cape gehäkelt, das mit einem glatt gestrickten Futter ausgeschlagen ist und hauptsächlich aus einem Luftmaschennetz besteht, in welches in gleichmäßigen Abständen mehrere Reihen Woll-Muschen eingearbeitet sind.

Abbildung 374: Damen-Cape. Häkelarbeit mit gestricktem Innenfutter, 1894. Nach einer Vorlage von Friedrich Netto. *Privatsammlung.*

Abbildung 379: Fragment einer Filetstickerei. Gerades Netzfilet mit Baumwollgarn ausgestickt, 19. Jahrhundert. *Privatsammlung.*

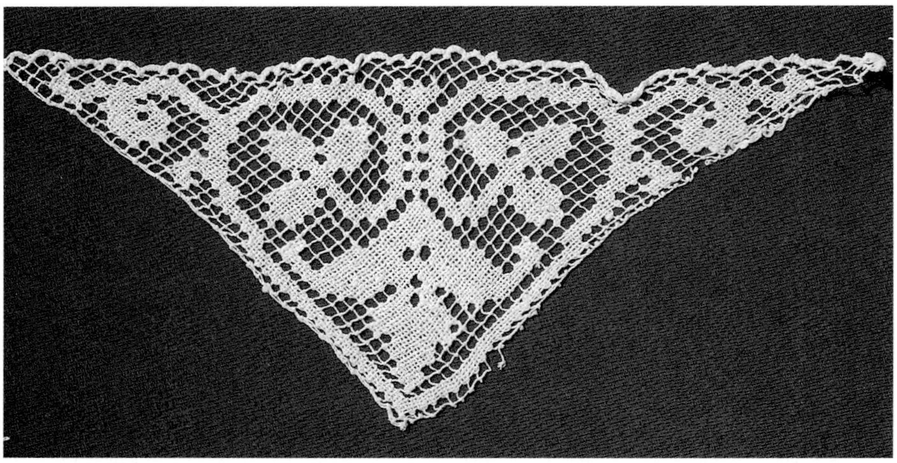

Abbildung 380: Filetspitzen-Einsatz in Filetstickerei. Netzfilet mit Baumwollgarn ausgestickt, Ende 19. Jahrhundert. *Privatsammlung.*

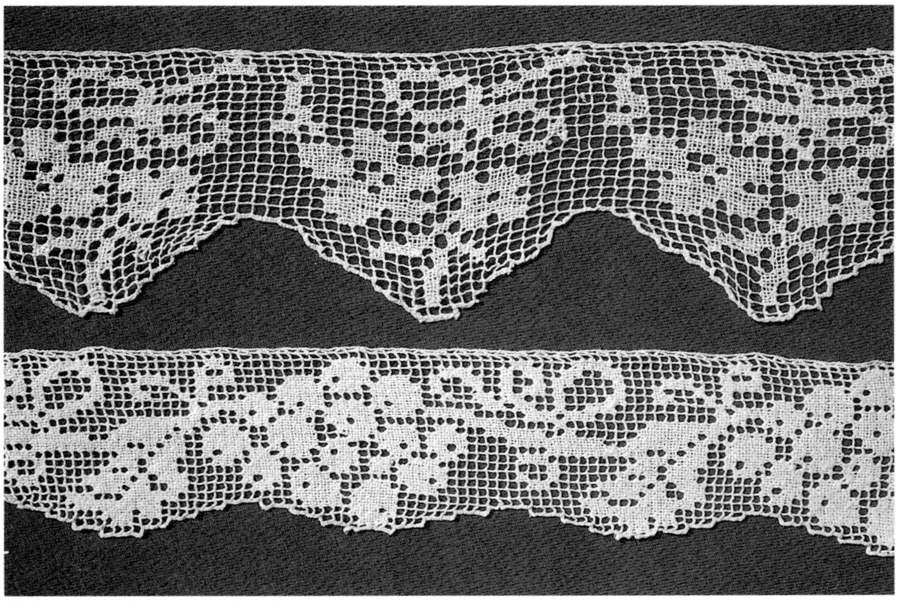

Abbildung 381: Filetspitzen-Besatz in Filetstickerei. Jahrhundertwende. *Privatsammlung.*

Abbildung 382: Taschentuchumrandung in Filethäkelei, Ende 19. Jahrhundert. *Privatsammlung.*

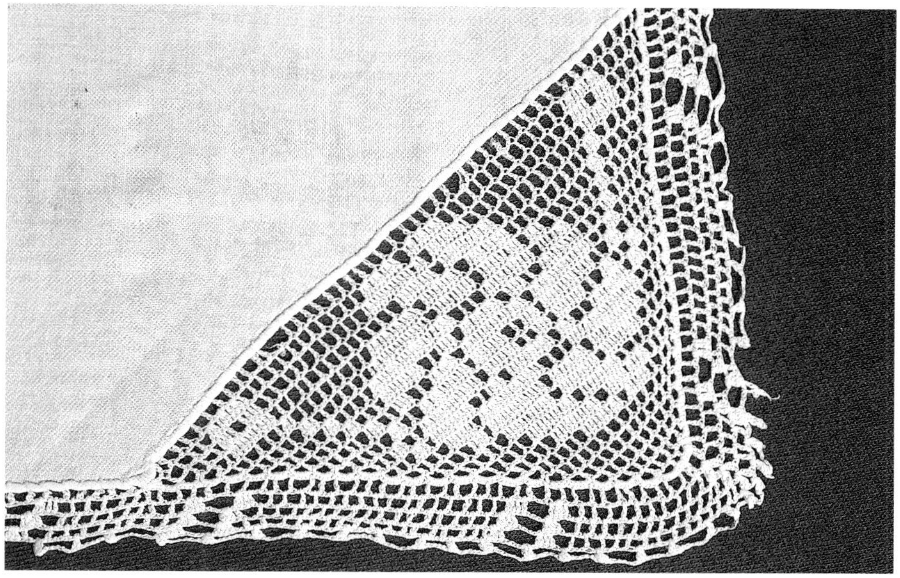

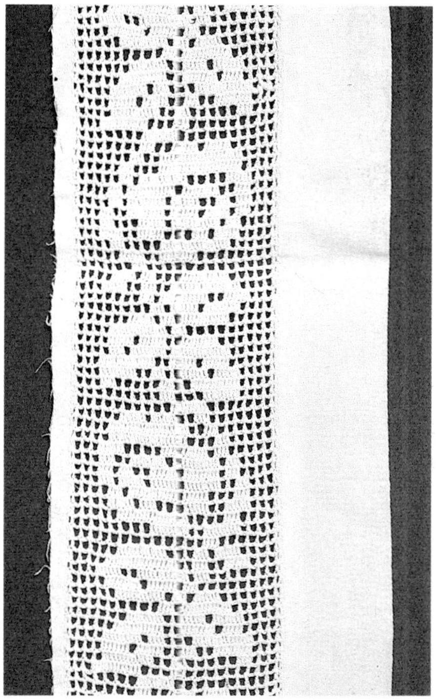

Abbildung 383: Bettdeckeneinsatz in Filethäkelei mit Biedermeiermotiv, Ende 19. Jahrhundert. *Privatsammlung.*

Abbildung 384: Kopfkisseneinsätze in Filethäkelei, Jahrhundertwende. *Privatsammlung.*

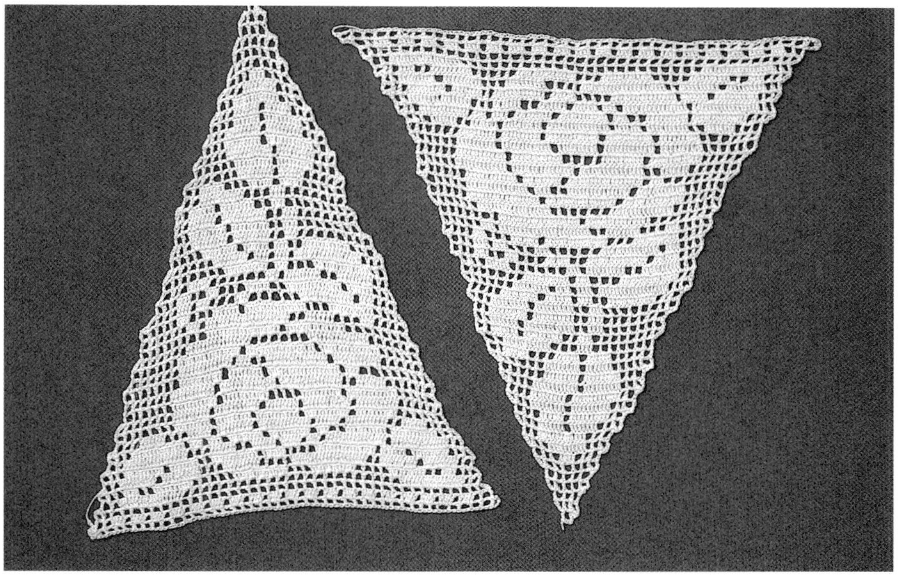

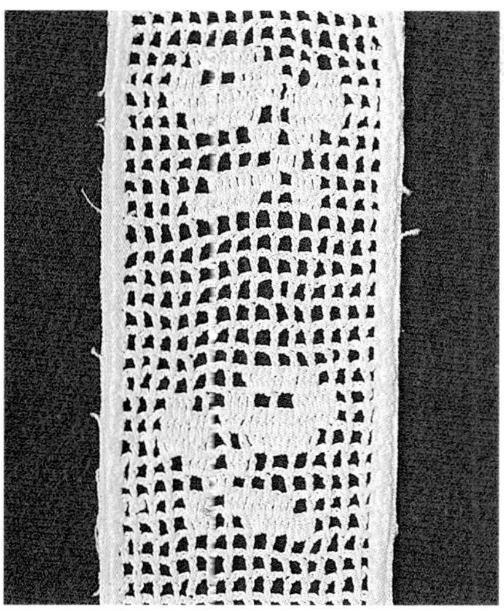

Abbildung 385: Kopfkisseneinsatz in Filethäkelei. Baumwolle mit Biedermeiermotiv, Jahrhundertwende. *Privatsammlung*

Abbildung 386: Kopfkisseneinsätze in Filethäkelei mit typischem Biedermeiermotiv, Jahrhundertwende. *Privatsammlung*

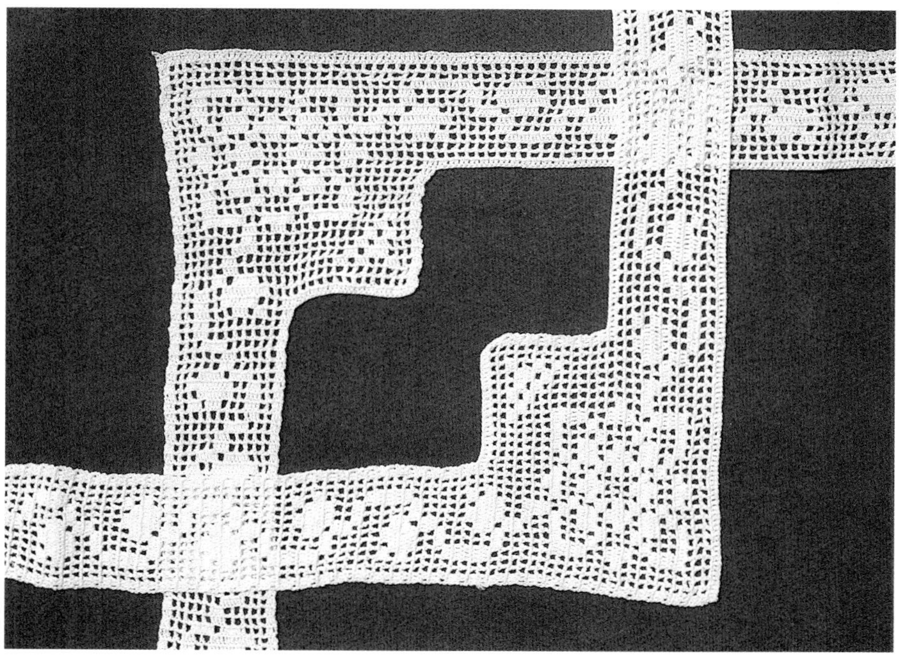

Abbildung 387: Zier-Taschentuch mit Occhi-Spitze, Schweden 1867. (Hier wurden nur Ringe mit zahlreichen Picots verwendet. Die Verbindungsstiche sind mit der Nähnadel durchgeführt.) *Württembergisches Landesmuseum, Stuttgart.*

Abbildung 388: Occhi-Schiffchen mit Drahtemail-Verzierung, Ende 18. Jahrhundert. *Historisches Museum, Neuchâtel/Schweiz.*

Bei der Schiffchentechnik, auch Occhi oder Frivolitätenarbeit genannt, handelt es sich jedoch nicht um eine reine Häkelarbeit, weil die Häkelnadel nur als Hilfsgerät zum Anschlingen der Picots dient. Diese Bogen und Picots werden jedoch erst seit der Mitte des vergangenen Jahrhunderts verwendet (Abbildung 387).

Am wichtigsten bei dieser Spitzentechnik ist das Schiffchen, das heute nur aus Kunststoff besteht, früher jedoch aus kostbaren Materialien wie Gold, Elfenbein, Porzellan und manchmal sogar mit Edelsteinen besetzt, hergestellt wurde. Später waren sie aus Holz oder Schildpatt (Abbildung 388).

Das 1750 in Leipzig erschienene Buch „Nutzbares, galantes und curioses Frauenzimmer-Lexikon“ beschreibt das Schiffchen folgendermaßen: „Schifflein zu den Knötgen sind zwei kleine von sauberen und glatten Holz oder Elfenbein, länglich breit geschnitzte, oben und unten zugespitzte und aneinander gehefftete Platten, worauf das Frauenzimmer den Zwirn bey dem Knötgen machen zu winden und mit selbigen statt der Stricke-Nadel den Knoten zu schlingen pfleget.“

Die Bezeichnung „Occhi“ könnte von dem italienischen Wort für „Auge“ kommen, weil die Spitze etwas an die Form der Augen erinnert. Der Name „Frivolitätenspitze“ wurde 1750 in Frankreich geprägt und auch in Holland benutzt. Er soll darauf zurückzuführen sein, daß diese Besatzspitze vor allem zum Verzieren der Unterwäsche, also der „frivolen Wäschestücke“, verwendet wurde.

Abbildung 389: Madame Marie Adélaide. Gemälde von Jean-Marc Nattier, 1756. *Schloß Versailles, Paris.*

Abbildung 390: Anne, Herzogin von Albemarle. Gemälde von Joshua Reynolds, um 1760. *Nationalgalerie London.*

Abbildung 391: Schiffchen-Behälter, 19. Jahrhundert. Angefertigt aus Filz mit aufgenähten Pailletten und Goldstickerei. *Privatsammlung.*

In ihrem Buch „Spitzenkunde", das 1894 in Leipzig herauskam, deutet Tina Frauberger die Bezeichnung „frivolité" auf andere Art: „Dem Umstande, daß die Arbeit eine der anmuthigsten, leicht und ohne besondere Vorrichtungen auszuführen ist . . ., ferner daß sie nach der ursprünglichen Auffassung an sich zwecklos nur zur Hinbringung müssiger Stunden diente, verdankt sie die Bezeichnung ‚frivolité'; ein Name, der ihr auch in der Folgezeit geblieben ist."

Ihren Ursprung hat die Schiffchentechnik sicher nicht im europäischen Raum; nach Überlieferungen sollen Vorläufer dieser Technik bereits im alten China und bei den Ägyptern bekannt gewesen sein. Vermutlich ist sie aus dem Orient, wo sie noch heute unter der Bezeichnung „Makuk" bekannt ist, nach Europa gekommen.

Sie fand vor allem beim Hochadel große Beachtung, weil sie zur persönlichen Darstellung benutzt werden konnte. Von Madame Pompadour wird erzählt, sie habe während einer Theatervorstellung ihr kostbares Schiffchen verloren und deshalb 1755 ein goldemailliertes für 690 Francs erstanden.

Im 18. und 19. Jahrhundert war die Schiffchenarbeit neben der Gobelin-Stickerei eine Lieblingsbeschäftigung der vornehmen Dame. Ein Gemälde des französischen Rokokokünstlers Jean-Marc Nattier zeigt Madame Adelaide, die Tochter Ludwigs XV., mit einem Occhi-Schiffchen in der Hand (Abbildung 389). Auch der englische Maler Joshua Reynolds stellte die Herzogin von Albemarle mit einem Occhi-Schiffchen dar (Abbildung 390).

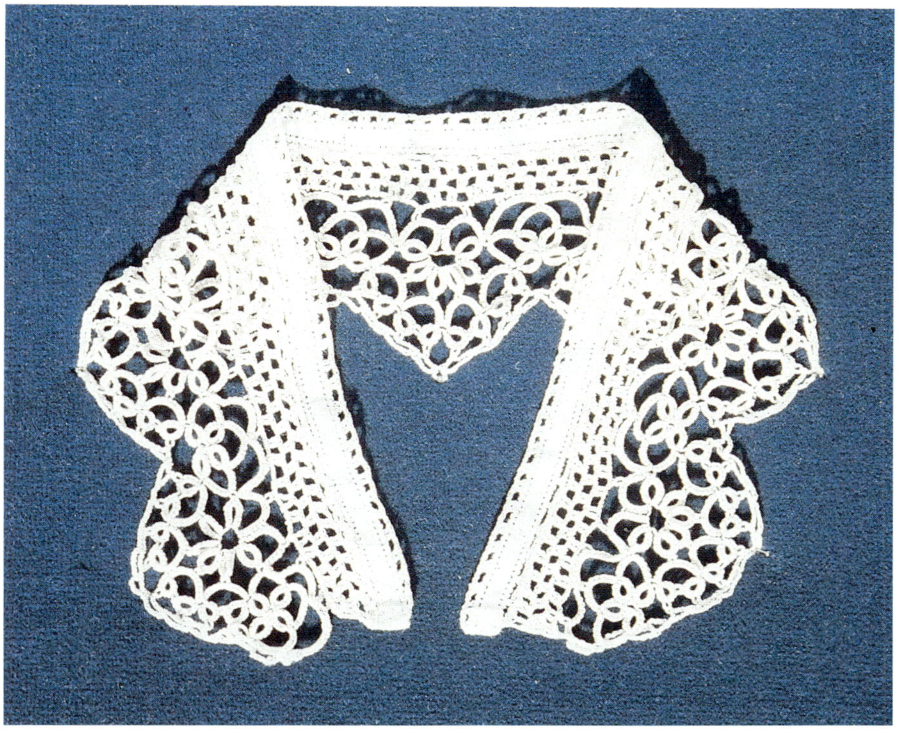

Abbildung 392: Kragen in Occhi-Technik. Ende 19. Jahrhundert. *Privatsammlung.*

Im Foyer eines Klosters in Klagenfurt erinnert eine lebensgroße Figur an die älteste Tochter der Kaiserin Maria Theresia mit einem Occhi-Schiffchen in der Hand.

Auch Bügerinnen spazierten durch die Kurparks und trugen den zierlichen Occhi-Behälter mit sich (Abbildung 391).

Viele Meter der beliebten Spitze zum Verzieren von Wäsche und Taschentüchern sind auf diese Weise entstanden (Abbildung 393 und 396).

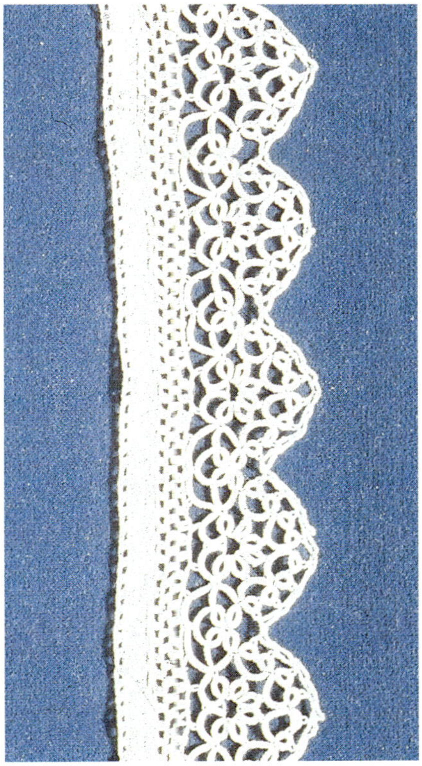

Abbildung 393: Wäschebesatz in Occhi-Spitze, Ende 19. Jahrhundert. *Privatsammlung.*

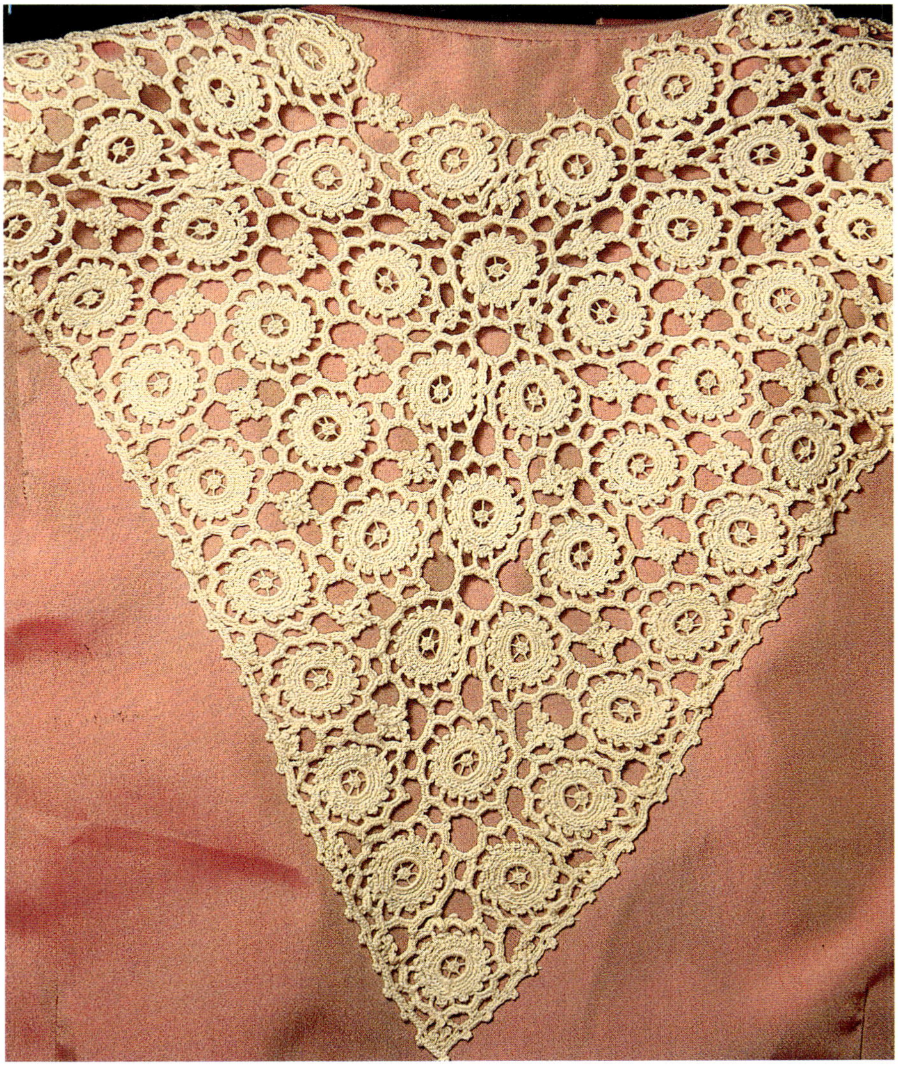

Abbildung 394: Kleider-Einsatz in Occhi-Technik, spätes 19. Jahrhundert. *Privatsammlung.*

Abbildung 395: Zierdeckchen in Occhi-Technik. Ende 19. Jahrhundert. *Privatsammlung.*

Die Schiffchenarbeit, die nicht einfach zu erlernen ist, erfordert viel Geduld und Geschicklichkeit. Daß in unserer Zeit diese Handarbeit wieder mehr Anklang findet, kommt vor allem daher, daß der Arbeitsfaden wesentlich stärker als früher ist.

Auf diese Weise haben phantasievolle Häklerinnen die Schiffchenarbeit zur Erzeugung der beliebten Occhi-Spitze früherer Jahrhunderte wieder fortgesetzt (Abbildungen 392, 394, 395 und 397).

Abbildung 396: Taschentuchumrandung in Schiffchentechnik. Ende 19. Jahrhundert. *Privatsammlung.*

Abbildung 397: Zierdeckchen in Occhi-Häkelei, Ende 19. Jahrhundert. *Privatsammlung.*

Mit Gabeltechnik und Tunesischer Häkelei

Bei der Gabelhäkelei handelt es sich um eine Häkeltechnik, die mit einer Gabel und einer Häkelnadel hergestellt wird. Man nennt diese Arbeit auch Gimpenhäkelei, weil man auf diese Weise eine früher sehr gebräuchliche Gimpenschnur – ein Band mit fester Mittelrippe und Schlaufen an den Kanten – herstellen kann. Für die Gabelhäkelei benötigt man außer der Häkelnadel als zweites Instrument eine Gabel, die heute meist mit zwei Zinken verwendet wird (Abbildung 398).

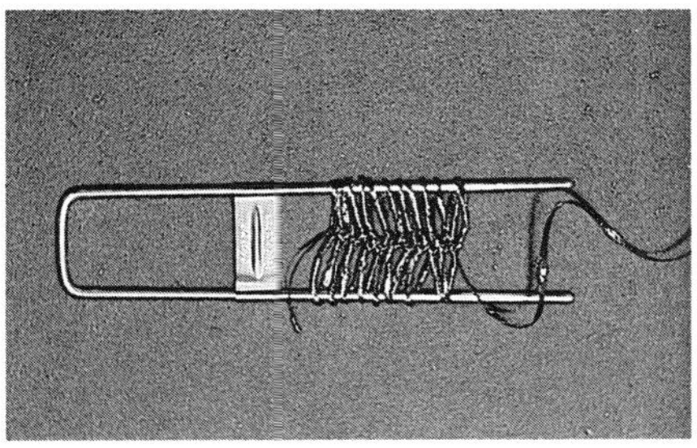

Abbildung 398: Häkel-Gabel mit 2 Zinken.

Im vorigen Jahrhundert benützte man häufig drei Zinken, speziell für die damals beliebte Bortenhäkelei. Eine Madam Besson aus Paris brachte 1851 sogar eine Gabel mit 4 Zinken auf den Markt (Abbildungen 399 und 401).

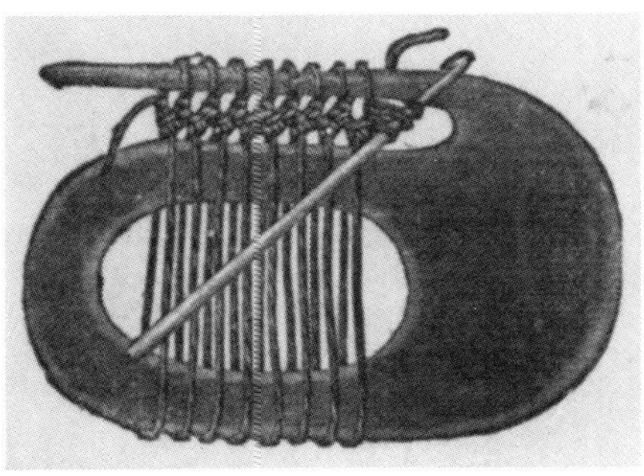

Abbildung 399: Häkelgabel mit 3 Zinken, geeignet für Bortenhäkelei, 19. Jahrhundert. *Privatsammlung.*

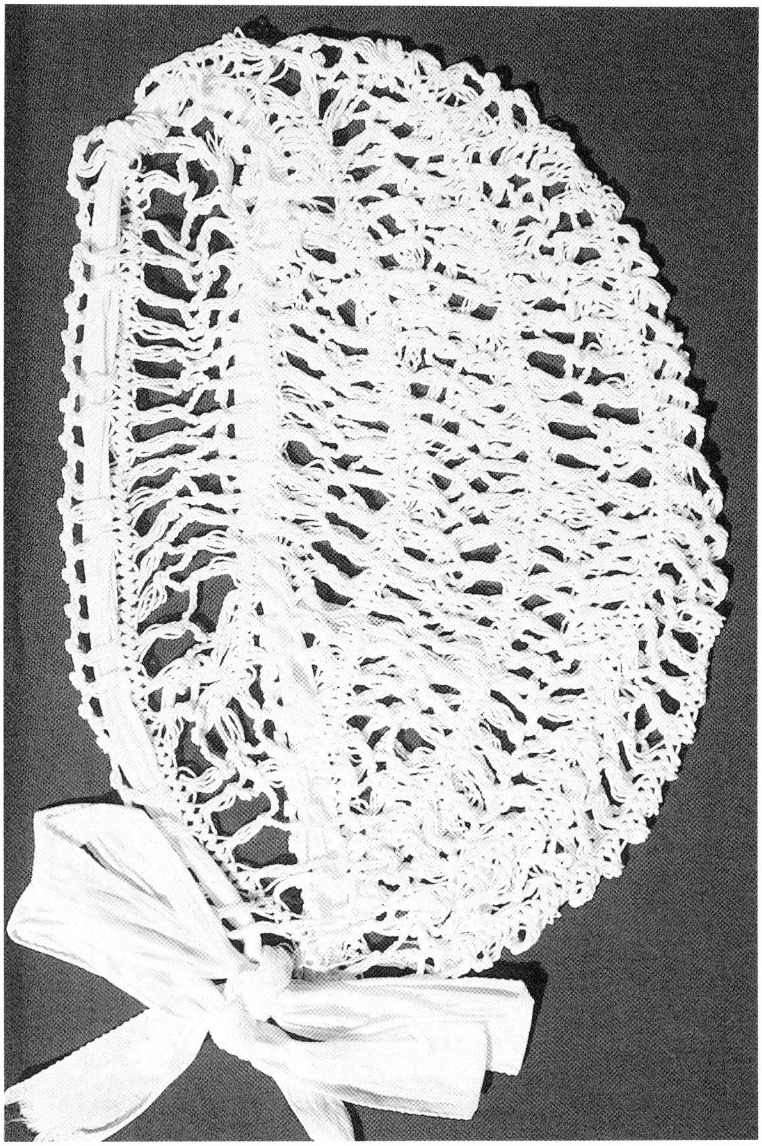

Abbildung 400: Nacht-Haube in Gabelhäkelei und Ausschnitt. Baumwollarbeit, Ende 19. Jahrhundert. *Privatsammlung.*

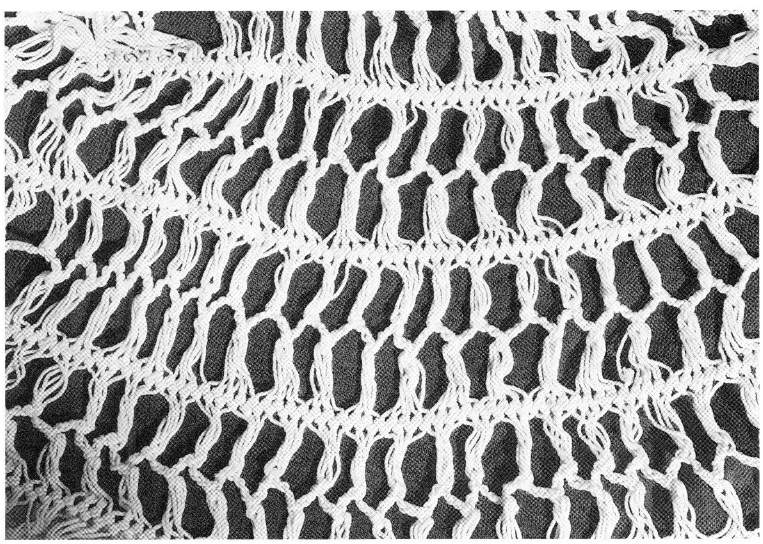

Abbildung 401: Häkel-Gabel aus Holz, nach Madam Besson mit 4 Zinken, auch „Gimpe“ genannt, 19. Jahrhundert. *Privatsammlung*.

Bei dieser Technik werden über einer Gabel Schlingen gebildet, die anschließend mit der Häkelnadel gebündelt werden und ein spitzenartiges Aussehen dadurch erreichen.

Der Ursprung der Gabelhäkelei wird Frankreich zugeschrieben. Sie war besonders von der Mitte bis zum Ende des 19. Jahrhunderts sehr beliebt und wurde hauptsächlich zum Herstellen von Gardinen und Umschlagtüchern verwendet.

Die heutige Gabel mit 2 Zinken wird in verschiedenen Breiten angeboten, damit man schmale und breitere Streifen arbeiten kann, die dann mit der Häkelnadel verbunden werden können (Abbildung 402). Mit Hilfe der Gabelhäkelei kann sowohl der Schal und die Stola als auch die Umhängetasche und jede Art von Borte aus unterschiedlichen Materialien wie Bast, Wolle, Baumwollgarn oder Mohair gehäkelt werden.

Eine besondere Art der Handarbeitstechnik, die sogenannte Tunesische Häkelei, soll ihren Namen von einer in Tunis gebräuchlichen und ähnlich aussehenden Webart haben. Sie wird im Gegensatz zu sonstigen Arbeiten mit einer langen Häkelnadel ausgeführt; wobei beim Zustandekommen einer Reihe immer auf der Hinreihe alle

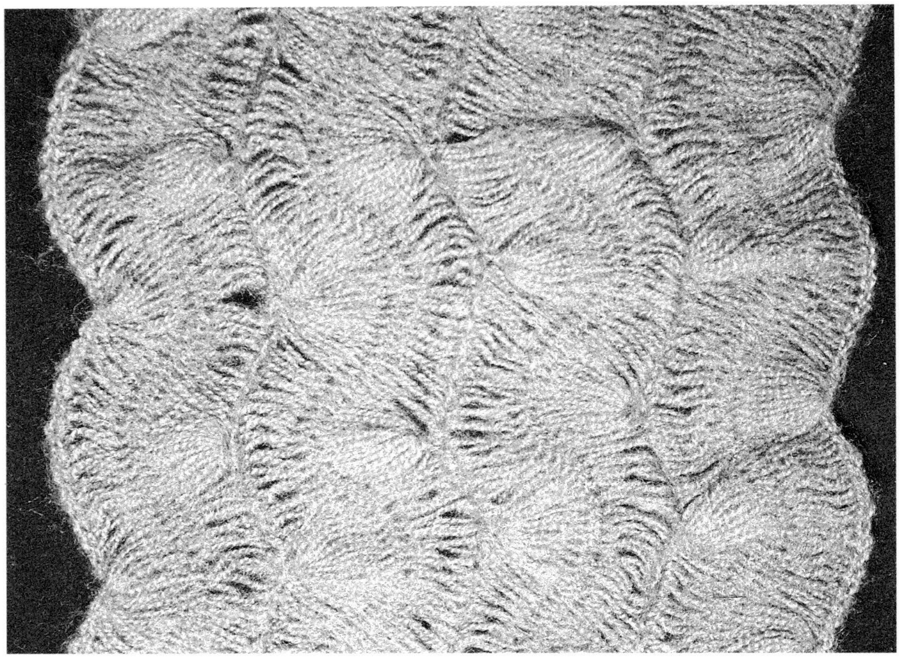

Abbildung 402: Gabel-Häkelei aus feinster Wolle gearbeitet, zeitgenössische Arbeit.

Schlingen auf der Nadel bleiben, weshalb gelegentlich auch von „Strickhäkelei“ gesprochen wird, und auf der Rückseite abgemascht wird (Abbildung 403).

Während man früher vor allem Teppiche, Tücher für den Hausgebrauch und wärmende Stücke häkelte, wird die Tunesische Technik jetzt in erster Linie zum Anfertigen von Babyjäckchen verwendet, da sich das Grundmuster sehr gut zum Besticken eignet.

Der Tunesische Häkelstich ist wegen seiner festen und kompakten Beschaffenheit gegenüber den anderen leichten und luftigen spitzenartigen Techniken die eigenartigste Häkelei.

Abbildung 403: Arbeitsprobe in Tunesischer Häkelei.

Durchbruch nach dem Ersten Weltkrieg

Gegen Ende des 19. Jahrhunderts begannen die Frauen, Capes, Schals und andere Bekleidungsstücke nach modischen Gesichtspunkten zu häkeln. Modebüchlein der Jahrhundertwende veröffentlichten ausreichend Zeichnungen und auch gut nachvollziehbare Anleitungen von gehäkelten Modellen. Eine Prägedruck-Bildpostkarte aus dem Jahre 1905, ein montiertes Originalfoto, stellt ein häkelndes Mädchen jener Zeitepoche dar. Die Karte kommt aus dem Raum Bernburg an der Saale (Abbildung 404).

Abbildung 404: Bildpostkarte (Ausschnitt) mit montiertem Originalfoto eines häkelnden Mädchens aus Bernburg/Saale, 1905. *Privatbesitz.*

Der große Durchbruch der Häkelarbeit erfolgte – ähnlich dem der Strickerei – nach dem Ersten Weltkrieg, nachdem jahrzehntelang der Handarbeit im allgemeinen nur noch wenig Interesse entgegengebracht wurde. Damals fing man auch

Abbildung 405: „Ein Brief von ihm." Häkelnde Alpenländerin, Gemälde von Emma von Müller, Jahrhundertwende. *Privatbesitz.*

Abbildung 406: „Großmutter." Gemälde von W. Thiem, 1870. *Privatbesitz.*

Abbildung 407: „En Fanøpige." Häkelnde Dänin. Gemälde von I. Exner, 1890. *Privatbesitz.*

an, Spitzenkleider zu häkeln. In den dreißiger Jahren folgten vor allem Pullover, duftige Blusen, Badeanzüge und zarte Handschuhe. Zugleich erschienen zahlreiche Anleitungen mit Häkelmodellen von Wollfirmen und Häkelbücher mit neuen Mustern. Dem Eifer und der Phantasie der Häklerin waren keine Grenzen mehr gesetzt. Ihre Handarbeit wurde zwar immer wieder totgesagt, aber die Häkelmode hat sich seit der Entwicklung der Chemiefaser immer stärker durchgesetzt.

In den zwanziger Jahren brachte eine Bohnerwachsfirma Sammelbilder in Umlauf, die auch verschiedene Handarbeitstechniken darstellten und beschrieben (Abbildung 408). Auf der Rückseite des Bildes zum Häkeln kann man lesen: „Eine beliebte Technik jüngeren Ursprungs ist nicht nur eine der leichtesten und angenehmsten Handarbeiten, sondern auch eine der dankbarsten, da die Gegenstände, die durch dieselbe angefertigt werden, vielfach zur Ausschmückung der Kleider und der Wohnräume dienen. Außerdem ist es im wahren Sinne des Wortes eine Gesellschaftsarbeit, nicht eintönig, nicht veraltet, immer Aufmerksamkeit erfordernd, ohne jedoch der Teilnahme an der Unterhaltung hinderlich zu sein.

Die Häkelei besteht aus Maschen, die mit einer mit einem Häkchen versehenen Nadel aus dem Arbeitsfaden gebildet werden. Obwohl es nur einen Häkelstich gibt, läßt sich in der Verschlingung doch große Mannigfaltigkeit erzielen. Es werden drei Hauptarten unterschieden: die einfache oder deutsche Häkelei, die tunesische oder Strickhäkelei und die Gabel- oder Gimpenhäkelei." Soweit das Reklame-Bild und seine Definition von der Häkelei.

In unserer Zeit entstehen wieder verschiedene Kleidungsstücke in Häkeltechnik. Viele junge Leute mit einer Vorliebe für Herkömmliches schätzen gehäkelte Sachen eigener Herstellung. Die Handarbeitszeitschriften liefern gerade auf diesem Gebiet schöne Entwürfe, so daß man selten auf die eigene Phantasie angewiesen ist. Ein gewisser Vorteil ist auch darin zu sehen, daß das Häkeln weniger Aufmerksamkeit als das Sticken und das Stricken beansprucht, daß man also nebenher leichter Unterhaltung oder Ansprachen folgen kann. Beste Voraussetzungen also für eine gute Zukunft dieser Handarbeit.

Abbildung 408: „Häkelnde Mädchen." Reklame-Sammelbild einer Bohnerwachs-Firma aus den 20er Jahren.

Abbildung 409: „Immer fleißig." Häkelnde Frau, Gemälde von B. Meissner, um 1870. *Privatbesitz*.

Schlagwortverzeichnis

Literaturverzeichnis

Brandt, Paul: Schaffende Arbeit und bildende Kunst. Alfred Kröner Verlag. Leipzig 1927. Band I und II

Braun, Joseph: Handbuch der Paramentik. Herdersche Verlagsbuchhandlung. Freiburg im Breisgau 1912

Brittain, Judy; Harding, Sally: Enzyklopädie der Handarbeiten. Tomus Verlag München 1982

Cowley, Robert: Die Herrscher Britanniens – Schatzkammern und Herrscherhäuser der Welt. Christian Verlag, München 1983

Die hohe Schule der Handarbeit. Time-Life International (Nederland) B. V. 1973

Dillmont, Therese de: Enzyklopädie der Handarbeiten. Editions Therese de Dillmont, Mulhouse 1973. Otto Maier Verlag Ravensburg 1983

Dolz, Renate: Alter Hausrat. Wilhelm Heyne Verlag, München 1976

DuBourgnet, P. S. J.: Die Kopten. Holle Verlag, Baden-Baden 1967

Ganz, Paul: Die Gemälde von Hans Holbein. Phaidon Verlag, Köln 1949

Gierl, Irmgard: Alte Strickkunst. Sammlung Bavaria. Süddeutscher Verlag 1979

Gombert, Thekla: Die Schwälmer Weißstickerei. Frech Verlag, Stuttgart 1981

Gostelow, Mary: Das große BLV-Buch der Stickkunst. BLV Verlagsgesellschaft, München 1980

Graff-Höfgen, Gisela: Die Spitze – Ein Lexikon zur Spitzenkunde. Callwey Verlag, München 1983

Gregor-Dellin, Martin: Richard Wagner – Eine Biographie in Bildern. R. Piper & Co. Verlag, München 1982

Lammèr, Jutta: Das große Ravensburger Lexikon der Handarbeiten. Otto Maier Verlag, Ravensburg 1983

Lewis, Felicity: Gestickte Mustertücher. Frech Verlag, Stuttgart 1981

Maler-Lexikon. Georg Westermann Verlag, Braunschweig 1982

Paramente des 19. Jahrhunderts aus Kölner Kirchenbesitz. Museen der Stadt Köln, Ausstellungskatalog 1980

Rijksmuseum, Amsterdam. Verlag M. DuMont, Schauberg, Köln o. J.

Schinnerer, Luise: Antike Handarbeiten. Wien 1895

Schmedding, Brigitta: Mittelalterliche Textilien in Kirchen und Klöstern der Schweiz. Katalog. Schriften der ABEGG-Stiftung Bern. Verlag Stämpfli & Cie. AG, Bern 1978

Schneider, Jenny: Schweizerische Bildstickereien des 16. und 17. Jahrhunderts. Schweizerisches Landesmuseum, Zürich 1960

Schuette, Marie; Müller-Christensen, Sigrid: Das Stickereiwerk. Ernst Wasmuth Verlag, Tübingen 1963

Stradal, Marianne: Häkeln und Makramee. Falken Verlag, Niedernhausen 1973

Tidow, Klaus; Jordan, Eva: Alte Spitzen, Gestricke und Stickereien. Heft 7 des Fördervereins Textilmuseum, Neumünster. Karl Wachholtz Verlag, Neumünster 1983

Trudel, Verena: Schweizerische Leinenstickerei. Verlag Paul Haupt, Bern 1954

Wichmann, Siegfried: Carl Spitzweg. Ausstellungskatalog. Schuler Verlagsgesellschaft, Herrsching 1985

Wilson, Erica: Das große Stickbuch. Höremann Verlag, Bonn-Röttingen 1977

Zaloscer, Hilde: Die Kunst im christlichen Ägypten. Verlag Anton Schroll & Co., Wien-München 1974

Zedler, Johann Heinrich: Großes vollständiges Universallexikon aller Wissenschaften und Künste . . ., Leipzig und Halle 1749

Zischka, Ulrike: Stickmustertücher aus dem Museum für Deutsche Volkskunde, Berlin. Gebr. Mann Verlag, Berlin 1978